우리 집 식탁을
더 맛있게 해 줄 요리 수업을
함께 시작할까요?

레시피팩토리는 행복 레시피를
만드는 감성 공작소입니다.
레시피팩토리는 모호함으로 가득한
세상 속에서 당신의 작은 행복을 위한
간결한 레시피가 되겠습니다.

문화센터
인기요리수업
한 권으로 끝내기

레시피팩토리

Prologue

요리는 타고난 손맛이 아니라 배움을 통해 얻을 수 있는 행복의 맛입니다

"선생님은 언제부터 요리를 하셨어요?" 제가 요리를 가르칠 때 자주 받는 질문입니다. 어린 시절 저희 어머니는 음식을 만들면 주변 사람들 입맛을 모두 만족시키는 '미다스급 손맛'을 가지고 계셨지만 음식을 오밀조밀 예쁘게 담지는 못하셨어요. 감수성 풍부한 여고생 시절의 저에겐 음식이란 맛도 중요하지만 모양도 놓칠 수 없는 것이었습니다. '그렇다면 내가 반찬을 만들어볼까' 싶어 학교 수업이 끝나면 동네 시장에서 장을 보기 시작했어요. 직접 재료를 골라 세 가지 반찬을 만들고, 예쁘게 도시락에 담아두면 등굣길이 소풍 가듯 설렜지요. 두 남동생들도 은근히 내일의 메뉴를 기대하는 눈치였고요. 달걀말이와 김구이, 시금치무침 같은 기본 반찬을 만든 순간, 음식 만들기의 행복을 처음 맛보았습니다.

주부가 되어 난생처음 제과 제빵을 배우게 되었고 주변 사람들과 따끈한 빵을 나누는 즐거움에 빠져 도시락 반찬을 만들던 여고생이, 레시피를 나누는 요리 선생님이 되었습니다. 저도 기초를 튼튼히 다지는 마음으로 한식, 양식, 일식, 중식, 제과 제빵 자격증 취득을 준비하던 시절이 있었어요. 그래서인지 문화센터 요리 수업이나 이 책을 통해 만날 여러분들의 마음을 잘 알고 있지요. '과연 내가 이 요리를?' 하는 심정으로 처음 오는 분들도 한 주 한 주가 지나면서 스스로 만든 요리를 대견한 듯 바라보고, 가족들의 적극적인 후원을 받으며 환한 미소를 짓게 되는 것을 볼 수 있었어요. 문화센터에서는 요리 수업 시작 후 1시간 30분만 지나면 회원들의 솔직한 반응을 살필 수 있습니다. <u>20년 동안 주부 회원들이 고민하던 그 순간의 마음을 읽으며 〈문화센터 인기 요리 수업 한 권으로 끝내기〉에 요리 초보를 위한 노하우를 모두 풀어놓았습니다.</u>

이 책은 '오늘 뭘 만들어서 먹지?'가 고민인 주부, 저의 여고생 시절처럼 요리가 즐거운 학생, 요리를 하고 싶거나 해야 하는 남자, 요리에 배움이 필요한 모든 이를 위한 책입니다. 저를 직접 만나기 힘든 분들도 이 책을 통해 저와 요리 수업을 하게 되어 반갑습니다. 문화센터에서는 2시간 안에 3가지 메뉴를 제가 먼저 시연한 후, 회원들이 그 음식을 맛보고 나서 요리하는 방식으로 수업을 진행합니다. <u>이 책을 보는 여러분도 한 번에 장을 봐서 한 끼에 세 가지 메뉴를 차리게 될 거예요.</u> 그동안 문화센터 요리 수업에서 만난 회원들이 열광해주신 계절별 반찬, 원 데이 특강에서 선보였던 특별한 날을 위한 이벤트 요리까지 160여 가지의 알짜배기 메뉴를 그릇에 담듯 한 권의 책에 담았습니다. 제가 공개한 레시피로 함께 밥상을 차려볼까요? 요리를 배우기로 마음먹었으면 1년은 집에서 저와 만나셔야 해요! 요리는 타고난 손맛이 아니라, 배움을 통해 얻을 수 있는 행복의 맛이니까요. 많은 분이 인터넷의 그럴듯한 음식 사진에 반하여 그 레시피대로 요리했다가 실패한 경험이 있으실 거예요. 하지만 이 책의 레시피를 통해 여러분도 맛있는 요리에 성공할 수 있습니다.

봄, 여름, 가을, 겨울 학기 48주의 요리 수업을 통해 요리 초보에게도 맛난 식사 시간이 기다려지기를 바랍니다. 이 책이 나오기까지 응원해주신 현대백화점 문화센터 회원 분들, 제게 손맛을 물려주신 엄마, 제가 좋아하는 일 하느라 많이 챙겨주지 못한 남편과 아들 얼굴이 떠오르네요. 끝으로, 저의 레시피를 하나하나 검증하며 저를 감동시킨 레시피팩토리 가족들과 편집자에게도 감사한 마음 전합니다. 그럼 이제 요리 수업을 시작해볼까요?

현대백화점 문화센터 요리 교실에서 **요리 연구가 김선영**

Contents

- 002 프롤로그

김선영 선생님의 기초 레슨
- 008 불 조절하기 "손맛보다 불 맛"
- 009 계량하기 "제대로 맛내는 계량법"
- 010 양념하기 "2% 부족한 맛을 채워주는 양념들"
- 012 수업을 시작하기 전에 꼭 읽어보세요!
- 301 인덱스

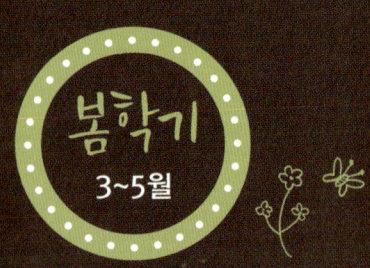

봄학기 3~5월

1주차
- 018 봄나물 해산물냉채
- 019 달래 오이무침
- 020 육개장

2주차
- 024 봄나물 닭불고기피자
- 025 오이 비트 무피클
- 026 새우 크림소스 스파게티 *(화이트데이)*

3주차
- 029 참나물전
- 030 바지락살 강된장찌개와 쌈채소
- 031 제육 고추장볶음

4주차
- 034 뚝배기 달걀찜
- 035 참나물 잔멸치볶음밥
- 036 주꾸미볶음

5주차
- 040 숙주나물·콩나물무침
- 041 아삭 깍두기
- 042 매콤한 돼지갈비찜

6주차
- 046 해물잡채
- 047 오징어 오이 두반장무침
- 048 쇠고기샤부샤부

7주차
- 052 깻잎·대파채를 곁들인 삼겹살조림
- 053 햇양파김치
- 054 생선매운탕

8주차
- 058 쇠고기샐러드
- 059 바질 토마토떡볶이
- 060 버섯떡갈비 *(가정의 달)*

9주차
- 064 표고버섯 닭강정
- 065 깻잎 된장절임
- 066 묵은지 맛 돼지고기 김치찜

10주차
- 070 방풍나물무침
- 071 간장양념 닭불고기
- 072 골뱅이 파무침과 소면

11주차
- 076 간장게장
- 077 버섯 순두부 들깨탕
- 078 장아찌 3종
  (곰취장아찌·깻잎장아찌·양파장아찌)

12주차 *(특강)*
문화센터 회원들이 열광한
별미 김밥 3가지
- 081 매콤 제육김밥
- 082 와인조림 김밥
- 083 견과류 멸치김밥

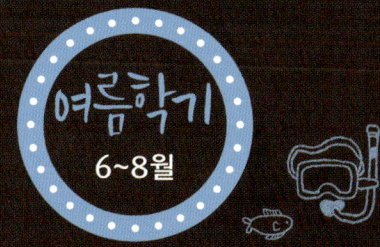

여름학기 6~8월

1주차
- 088 차돌박이 감자 고추장찌개
- 089 코다리강정
- 090 도라지 깻잎무침

2주차
- 093 비빔냉면
- 094 오이고추무침
- 095 과일양념 삼겹살구이

3주차
- 098 차돌박이 두부조림
- 099 쇠고기 깻잎전골
- 100 중화풍 냉잡채

4주차
- 104 숙주 셀러리 건새우전
- 105 새우 해파리냉채
- 106 여름동치미

5주차
- 110 어묵 가지볶음
- 111 꽈리고추 콩가루찜
- 112 순두부찌개

6주차 (초복)
- 116 미역 토마토무침
- 117 영양부추무침
- 118 흑미 보양삼계탕

7주차
- 122 푸딩 달걀찜
- 123 쇠고기 달걀덮밥
- 124 닭고기 가지볶음

8주차
- 128 애호박나물
- 129 어묵 꽈리고추조림
- 130 꽃새우 아욱된장국

9주차
- 133 감자채 파프리카볶음
- 134 마늘종 건새우볶음
- 135 버섯불고기

10주차
- 138 오이 미역냉국
- 139 사천식 가지조림
- 140 감자 양파조림

11주차 (말복)
- 144 양배추김치
- 145 절임무 오징어젓갈무침
- 146 궁중 약선 닭죽

12주차 (특강)
문화센터 회원들이 가장 배우고 싶어 한
과일 깎기 9가지
- 149 사과, 자몽, 키위 깎기
- 150 파인애플, 참외, 망고 깎기
- 151 멜론, 수박, 바나나 깎기

Contents

가을학기 9~11월

1주차
- 156 황태 양념구이
- 157 우엉조림
- 158 오징어볶음

2주차
- 162 토란대볶음
- 163 개성식 돼지불고기
- 164 갈치 무조림

3주차 (추석)
- 168 갈비찜
- 170 시금치나물·고사리나물
- 171 도라지나물
- 172 고기 반죽
- 173 새우전
- 174 오징어전
- 175 고추전

4주차
- 178 닭볶음탕
- 179 깻잎채 생선전조림
- 180 느타리버섯볶음

5주차
- 184 마파두부
- 185 두반장 오이피클
- 186 깐풍새우

6주차
- 190 연근조림
- 191 닭고기 두반장 채소볶음
- 192 매콤한 아귀찜

7주차
- 196 무생채
- 197 꽃게 양념무침
- 198 대구 맑은탕

8주차
- 202 쇠고기 뭇국
- 203 바삭한 멸치볶음
- 204 낙지 미나리볶음

9주차
- 208 연근 새우무침
- 209 부추 달걀탕
- 210 부추잡채와 꽃빵

10주차 (김장)
- 214 배추 포기김치
- 215 생강소스 삼겹살찜
- 216 백김치

11주차
- 220 LA갈비 양념구이
- 221 고등어 김치조림
- 222 두부 새우볶음

12주차 (특강)
수강생들이 최고로 뽑은
김선영표 샌드위치 3가지
- 225 양파잼샌드위치
- 226 새우 루콜라샌드위치
- 227 케이준 치킨샌드위치

겨울학기 12~2월

1주차
- 232 중국식 채소절임
- 233 새우 브로콜리볶음
- 234 희한한 생선찜(정정위)

2주차
- 238 코다리조림
- 239 쇠고기 미역국
- 240 무말랭이 고춧잎무침

3주차 〈동지〉
- 244 시금치 사과껍질이
- 245 팥칼국수
- 246 새알심 팥죽

4주차 〈크리스마스〉
- 250 와인 치킨조림
- 251 스테이크 & 와인소스
- 252 쌀국수샐러드

5주차 〈새해〉
- 256 어리굴젓
- 257 매생이 굴떡국
- 258 안동식 찜닭

6주차
- 262 유린기
- 263 단호박샐러드
- 264 매콤 쌀국수볶음

7주차
- 268 쇠고기장국
- 269 파래 무생채무침
- 270 매콤한 꽁치 무조림

8주차
- 273 파래자반볶음
- 274 샤부샤부 부대찌개
- 275 메추리알 버섯조림

9주차 〈설날〉
- 278 김치 고기만두
- 280 만두전골
- 281 호박식혜
- 282 녹두전

10주차
- 286 맥적
- 287 채소 들깨소스 무침
- 288 홍합 굴짬뽕

11주차 〈정월대보름〉
- 292 보름잡곡밥 & 호박고지나물
- 293 말린 고구마줄기볶음
- 294 말린 취나물볶음
- 295 말린 가지볶음

12주차 〈특강〉
김선영이 추천하는 홈 파티에 어울리는
참 쉬운 디저트 4가지
- 297 초간단 맛탕
- 298 달걀푸딩
- 299 단팥퐁듀
- 300 녹차티라미수

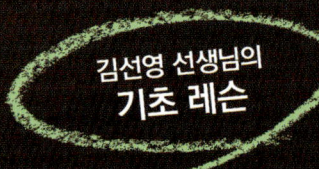

김선영 선생님의
기초 레슨

손맛보다 불 맛

음식은 손맛이라는 말이 있지요. 하지만 손맛보다 더 중요한 것이 불 맛이랍니다.
불 조절만 잘해도 음식의 맛은 물론 음식의 색, 모양까지 훌륭한 요리를 만들 수 있어요.

어떤 조리 기구 쓰세요?

가스레인지
많은 가정에서 사용하고 있는 만큼 자유자재로 불 조절이 가능하죠. 튀김이나 찜, 조림 등 어떤 요리에도 사용할 수 있습니다. 또한 다양한 재질의 조리 도구, 용기를 활용해도 무방하지요.

인덕션
열 전달이 빠르고 끓는 속도, 즉 열이 오르는 속도가 빨라 조리 시간을 단축시켜요. 물기가 없도록 단시간에 빨리 볶아야 하는 볶음 요리나 국물 요리를 만들 때 적합하죠. 하지만 기기 내에서 발생한 자기장으로 열을 내는 원리이므로 자성을 지닌 금속에만 반응해 스테인리스 재질 같은 금속 용기는 사용할 수 있지만 뚝배기나 유리 그릇은 사용할 수 없어요.

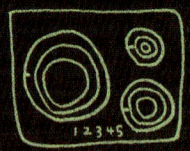

하이라이트
화구에서 원적외선 불빛이 나와 직접 열을 내 상판의 열이 냄비에 그대로 전달되는 방식이에요. 조리 도구에 제한이 없지만 열이 오르기까지 시간이 걸리고 전원을 꺼도 여열이 없어질 때까지 시간이 걸려요. 최고 온도가 높지 않아 튀기기에는 적합하지 않지만 뭉근히 끓이는 요리에는 아주 좋아요.

불 세기는 이렇게!

가스레인지 불꽃과 냄비의 간격이 중요해요!

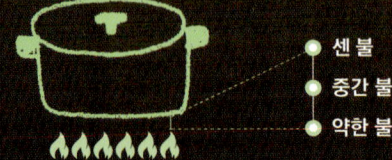

● 센 불
● 중간 불
● 약한 불

센 불 : 불꽃이 냄비 바닥까지 닿는 정도
중간 불 : 불꽃이 냄비 바닥에서 0.5cm가량 떨어지는 정도
약한 불 : 불꽃이 냄비 바닥에서 1cm가량 떨어진 정도

인덕션이나 하이라이트(1~14까지 단계가 있는 경우)
센 불 : 13~14단계 정도
중간 불 : 7~8단계 정도
약한 불 : 3~4단계 정도

조리법에 적합한 불 세기를 찾았다!

조리기 센 불 → 끓기 시작하면 중간 불 → 국물이 거의 없이 자작해지면 약한 불
★ 연근, 우엉조림처럼 색과 윤기를 내야 하는 요리는 완성되기 1~2분 직전에 센 불로 조리면 좋아요.

끓이기(국, 찌개, 탕) 센 불 → 끓어오르면 중간 불

볶기 팬을 센 불로 달구기 → 재료를 넣고 중간 불
★ 재료와 양념이 겉돌지 않고 잘 어우러져요.

굽기 팬을 센 불로 달구기 → 재료를 넣고 중약 불
★ 재료가 타지 않고 속까지 맛있게 익어요.

튀기기 채소류 : 센 불(160~170℃까지 올린 후) → 중간 불
육류 : 센 불(180℃까지 올린 후) → 중간 불
★ 재료가 많이 들어가 온도가 낮아지면 센 불로 올려 기름의 온도를 일정하게 맞추세요.

제대로 맛내는 계량법

언제 만들어도 실패하지 않으려면 레시피대로 정확히 계량하는 것이 중요하죠.
아직 요리 맛내기에 자신이 없다면 계량 도구를 사용해보세요.

계량 도구랑 친하게 지낼까요?

계량스푼
- 1큰술(TS) : 15㎖
- 1작은술(ts) : 5㎖ (전 세계적으로 동일)

> **큰술, 작은술, 밥숟가락 응용하기**
> 1큰술 = 3작은술
> 밥숟가락(일반) = 약 2/3큰술, 2작은술(10㎖)

가루류 사용법

1큰술

1과 1/2큰술

액체류 사용법

1큰술

1/2큰술

- 가루류 : 흔들어가며 수평으로 평평하게 담으세요.
- 액체류 : 수평으로 넘치지 않을 정도까지 가득 부어 담으세요.
- 장류(된장 고추장 등) : 가득 담은 후 윗부분을 평평하게 깎으세요.

계량컵
- 1컵(C) : 200㎖ (우리나라와 일본 기준)

> **종이컵으로 응용하기**
> 일반적인 크기의 종이컵 = 1컵
> (넘치지 않을 정도로 가득 담았을 때 200㎖)

가루류 사용법(1컵 기준)

알갱이류 사용법(1컵 기준)

- 가루류, 장류 : 가득 담은 후 윗부분을 평평하게 깎으세요.
- 알갱이류 : 가득 담은 후 윗면을 깎아 담으세요.
- 액체류 : 수평으로 넘치지 않을 정도까지 가득 부어 담으세요.

전자 저울
양념류를 제외한 재료는 g으로 측정해 적었어요.
전자 저울로 레시피의 분량만큼 계량해서
조리하면 원래 맛 그대로 재현할 수 있답니다.
종류 : 가정용 2kg, 5kg

손대중으로 계량하기

시금치 1줌
(50g)

부추 1줌
(50g)

참나물 1줌
(50g)

느타리버섯
(팽이버섯) 1줌(50g)

알배기 배추
1장(30g)

양배추
1장(30g)

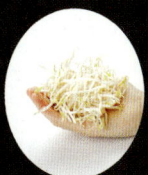
콩나물(숙주)
1줌(50g)

김선영 선생님의 기초 레슨

2% 부족한 맛을 채워주는 양념들

집에서 잘 쓰지 않는 양념이 필요한 요리는 어렵게 느껴지시죠?
이 책에는 집에 항상 있는 기본 양념과 몇 가지 특별 양념만 있으면 만들 수 있는 요리를
담았습니다. 잘 알고 제대로 쓴다면 기본 양념만으로도 맛있게 요리할 수 있어요.

이 책에 자주 등장하는 양념 소개

맛을 살려주는 특별 양념

새우 가루 국이나 탕, 찌개, 나물 무침용으로 사용하면 구수한 감칠맛을 살려줘요. 보리새우나 꽃새우를 마른 팬에 볶아 수분을 날린 뒤 믹서에 갈아 체에 내려 만듭니다. 만든 날짜를 적어 냉동실에서 6개월간 보관 가능해요.

두반장 중국식 된장과 간 고추로 만든 양념입니다. 매콤한 요리를 만들 때 넣으면 풍미를 더해줘요. 우리나라의 쌈장과 유사하니 두반장이 없을 경우 쌈장으로 대체해도 되지만 특유의 향이 있어 제대로 맛을 내고 싶다면 두반장을 사용하세요.

굴소스 굴을 발효시켜 만든 양념으로 감칠맛을 살려줘요. 간장보다 염도가 높으니 간 조절에 주의하세요.

생강술 생강이 필요한 요리에는 술도 함께 넣는 경우가 많아요. 그때 간편하게 쓸 수 있도록 생강술을 미리 만들어두고 사용하면 좋아요. 다진 생강과 술(소주, 청주, 매실주, 와인 등)을 1:7 비율로 섞거나 믹서에 껍질을 제거한 생강과 술을 1:7 비율로 넣고 갈아 만드세요. 만든 날짜로부터 1년간 상온 보관 가능합니다.

참치 액젓 참치를 훈연해서 말린 가쓰오부시 숙성액과 인삼, 표고버섯, 꿀을 넣어 만들고 MSG나 보존료가 들어 있지 않아요. 간을 할 때 소금, 간장, 참치 액젓을 함께 쓰면 서로 부족한 부분을 채워 훨씬 맛있어요.

골라 쓰는 기본 양념

간장 나물 무침, 국, 찌개의 간 맞춤용으로 사용하는 국간장(집간장)과 조림, 소스, 무침용으로 쓰는 양조간장(진간장, 왜간장)이 있어요.

고추장 태양초가 10% 이상 함유되어 있고 물엿 대신 꿀이나 조청으로 만든 것을 고르세요.

된장 대형 마트에서 판매하는 개량 된장과 직접 만드는 집 된장(재래 된장)이 있지요. 개량 된장은 무침용으로, 집 된장은 국이나 찌개를 끓일 때 사용하면 좋아요.

소금 가정에서는 꽃소금과 구운 소금을 많이 쓰지요. 제조사별로 염도가 조금씩 다르니 처음 구입한 소금은 기존 소금과 비교한 후 사용하세요.

설탕 시판 설탕은 정제당인 경우가 많습니다. 황설탕, 흑설탕에는 캐러멜이나 당밀을 입힌 것으로 특유의 향이 있으니 요리용으로는 백설탕을 사용하는 것이 좋아요.

통깨 한 번 더 볶으면 더욱 구수해져요. 마른 팬에 통깨를 넣고 약한 불에서 5분간 저어가며 타지 않도록 주의하며 볶으세요.

청주 잡내 제거용으로 많이 씁니다. 맛술과는 달라요. 맛술은 청주를 끓여 알코올을 날린 후 포도당과 올리고당을 넣어 단맛이 있죠. 쓰임이 다르니 두 가지 모두 구비해두면 좋아요.

새우 가루

두반장

깨알 팁! 레시피 분량을 조절할 땐 이렇게!

레시피를 무조건 2배로 늘리거나 1/2로 줄이면 간이 잘 맞지 않을수 있어요.
레시피와 조리하고자 하는 인분 수가 맞지 않을 때 따라 해보세요.

2인분을 4인분으로 늘리기(2배로 조리하기) 레시피의 재료는 2배로 늘리고 양념은 1.8배 정도만 늘리세요. 또는 양념은 2배로 늘리고 주재료나 부재료를 2.2배 늘리세요.

4인분을 2인분으로 줄이기(1/2로 조리하기) 레시피의 재료는 반으로 줄이고 양념은 40%(2/5) 정도만 줄이세요. 또는 양념은 반으로 줄이고 주재료나 부재료를 60%, 반보다 조금 더 많이 줄여도 된답니다.

수업을 시작하기 전에 꼭 읽어보세요!

이 책은 실제로 문화센터에서 김선영 선생님이 강의하는 방식대로 집에서도 요리를 배울 수 있게 구성했습니다.
김선영 선생님 요리 수업의 특장점인, 적은 재료비로 한 끼에 차려도 잘 어울리는
세 가지 메뉴를 소개했고 유용한 조리 팁, 메뉴와 관련된 재료에 대해서 자세히 적었어요.
레시피 구성을 꼼꼼히 확인하고 미리 준비해 알찬 수업을 시작해보세요.

❶ 4학기, 학기별 12주차로 구성했어요
봄, 여름, 가을, 겨울 학기 주차별 시점에 맞춰 메뉴를 소개했습니다. 하지만 언제, 어느 때 만들어도 맛있게 즐길 수 있는 메뉴이므로 사계절 내내 따라 해도 좋아요.

❷ 수업을 시작해요
미리 읽어두면 유용한 메뉴 기본 정보를 적었어요. 선생님이 구성한 세 가지 메뉴에 대해 소개하고 영양 정보와 제철 재료 등 본격적인 수업에 도움을 주는 내용을 적었으니 꼭 읽어보세요.

❸ 세 가지 메뉴를 한꺼번에 장 봐요
주차별로 소개한 세 가지 메뉴의 재료를 한꺼번에 장 볼 수 있도록 적었어요. 대형 마트의 코너별로 편리하게 구입할 수 있도록 적었으니 휴대전화 카메라로 찍어 장 볼 때 활용하세요. 양념류는 포함되어 있지 않으니, 각 레시피의 양념을 확인하고 혹시 없는 것이 있으면 메모해서 함께 구입하세요.

❹ 세 가지 메뉴를 한끼에 차려요
세 가지 메뉴를 효율적으로 한 끼에 차릴 수 있는 방법을 소개했습니다. 밑간해야 하는 재료나 숙성시켜야 하는 양념 등, 먼저 시작해야 하는 과정들부터 정리하고 시간을 효율적으로 쓸 수 있으며 세 가지 메뉴가 최대한 동시에 완성될 수 있도록 조리 순서를 제안했어요. 위에서부터 차근차근 따라 해보세요.

❼ 레시피를 200% 활용해요.

제철 재료 소개(장보기, 손질하기, 보관하기 등)와 조리 원리, 활용 레시피, 요리 이야기 등 레시피 부가 정보를 적었어요. 선생님만의 유쾌한 읽을 거리도 담았으니 재미있게 읽어보세요. 아래 리스트는 Cooking Note 중 재료 소개가 담겨 있는 쪽수를 정리한 것입니다. 식재료 장보기와 손질법, 보관법 등의 유용한 정보를 수업에 활용하세요.

봄 학기
- 21쪽 봄나물 이야기 1탄 (달래, 돌나물, 참나물)
- 37쪽 주꾸미 이야기
- 55쪽 양파 이야기
- 73쪽 봄나물 이야기 2탄 (방풍나물, 곰취)

여름 학기
- 94쪽 여름 고추 이야기
- 119쪽 영양부추 이야기
- 125쪽 가지 이야기
- 141쪽 감자 이야기
- 147쪽 은행 이야기

가을 학기
- 159쪽 오징어 이야기
- 165쪽 갈치, 토란대 이야기
- 181쪽 가을 버섯 이야기
- 187쪽 새우(대하) 이야기
- 193쪽 아귀 이야기
- 199쪽 대구, 꽃게 이야기
- 205쪽 낙지 이야기
- 211쪽 연근 이야기
- 223쪽 고등어 이야기

겨울 학기
- 259쪽 매생이, 굴 이야기
- 289쪽 홍합 이야기

❺ 재료를 준비해요.

레시피마다 손대중 양과 무게(g), 대체 재료와 분량, 생략 가능한 재료 등을 꼼꼼히 표시했어요. 인분 수는 각 메뉴에 맞게 2~3인분, 3~4인분 기준이며 저장 반찬과 김치에 한해 한 번에 만들기 적합한 분량으로 넉넉히 잡았습니다.

❻ 수업 중, 조리팁과 조리 포인트를 놓치지 마세요.

레시피를 따라 하면서 놓치지 말아야 할 조리 팁과 포인트를 적었어요. 요리를 할 때 필요한 설명은 말풍선에 담고, 플러스 레시피와 재료 소개, 요리 이야기 등의 정보는 Cooking Note에 적은 후 중요한 것은 스티커로 표시했답니다.

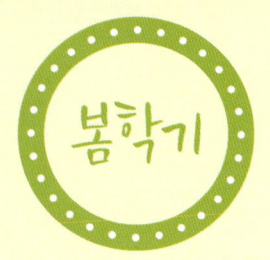

Spring

매력적인 계절 봄! 이 계절에만 맛볼 수 있는 향긋한 봄나물과
겨우내 움츠렸던 기운을 북돋워줄 영양이 듬뿍 담긴 재료로
맛깔 나는 메뉴들을 만들어 보세요. 누구나 알지만 맛 내기가
쉽지 않았던 익숙한 반찬은 물론, 매번 똑같은 반찬이
지겨웠던 분들을 위한 색다른 메뉴까지 모두 담았습니다.

1주차	육개장, 봄나물 해산물냉채, 달래 오이무침
2주차	봄나물 닭불고기피자, 오이 비트 무피클, 새우 크림소스 스파게티
3주차	참나물전, 바지락살 강된장찌개와 쌈채소, 제육 고추장볶음
4주차	뚝배기 달걀찜, 주꾸미볶음, 참나물 잔멸치볶음밥
5주차	숙주나물·콩나물무침, 아삭 깍두기, 매콤한 돼지갈비찜
6주차	해물잡채, 쇠고기샤부샤부, 오징어 오이 두반장무침
7주차	깻잎·대파채를 곁들인 삼겹살조림, 햇양파김치, 생선매운탕
8주차	쇠고기샐러드, 바질 토마토떡볶이, 버섯떡갈비
9주차	표고버섯 닭강정, 깻잎 된장절임, 묵은지 맛 돼지고기 김치찜
10주차	방풍나물무침, 간장양념 닭불고기, 골뱅이 파무침과 소면
11주차	간장계장, 장아찌 3종, 버섯 순두부 들깨탕
특강	문화센터 회원들이 열광한 김선영표 별미 김밥 3가지 매콤 제육김밥, 와인조림 김밥, 견과류 멸치김밥

봄학기 1주차

육개장
봄나물 해산물냉채
달래 오이무침

> 3월, 다양한 봄나물을 즐기기 좋은 계절이지요. 봄나물은 언 땅속에 있던 우주의 기운을 품고 싹을 틔운답니다. 겨우내 움츠렸던 몸에 우주의 기운을 돋워줄 봄나물 반찬 두 가지와 얼큰하고 담백한 보양식, 육개장으로 활기차게 첫 번째 강의를 시작해볼까요?

세 가지 메뉴
한꺼번에 장보기

정육
- 쇠고기 양지머리 400g

해산물
- 오징어 1마리(270g)
- 냉동 생새우살 5마리 (킹사이즈, 75g)

채소
- 오이 1개(200g)
- 양파 1개(200g)
- 삶은 고사리 180g
- 삶은 토란대 180g
- 달래 3줌(150g)
- 느타리버섯 3줌(150g)
- 돌나물 1과 1/2줌(75g)
- 대파 30cm
- 대파(푸른 부분) 10cm
- 마늘 2쪽(10g)

냉장 가공품
- 게맛살 5개(짧은 것, 100g)

세 가지 메뉴
한 끼에 차리기

육개장	봄나물 해산물냉채	달래 오이무침
start		
육개장용 쇠고기 찬물에 담가 핏물 뺀 후 국물 재료와 함께 넣고 끓이기	오징어와 새우 데칠 물 끓이기	
쇠고기 국물 체에 밭쳐 육수 거르기. 쇠고기는 꺼내 한 김 식히기	오징어와 새우 손질한 후 데치기	
채소 데칠 물 끓이기		
양념 섞기	양념 섞기	양념 섞기
대파, 느타리, 고사리, 토란대 손질한 후 데치기		
쇠고기 결대로 찢어 데친 채소(대파 2/3 분량)를 양념과 함께 버무리기. 육수에 양념한 재료 넣고 끓이기	돌나물, 달래, 오이, 맛살 손질하기	
남은 대파를 넣고 2분 정도 끓여 완성하기	봄나물 해산물냉채 완성하기	달래 오이무침 완성하기
finish		

봄나물 해산물냉채

2~3인분 / 30~40분

재료 및 분량
- 돌나물 1과 1/2줌
  (또는 달래 2/3줌, 37g)
- 달래 1줌(또는 부추, 참나물, 50g)
- 냉동 생새우살 5마리(킹사이즈, 75g)
- 오징어 1마리(270g, 손질 후 180g)
- 오이 1/2개(100g)
- 게맛살 5개(짧은 것, 100g)

양념
- 설탕 1과 1/2큰술
- 소금 1/2큰술
- 다진 마늘 1/2큰술
- 식초 3큰술
- 레몬즙 3큰술
- 매실청 3큰술(또는 유자청)

> 칼을 비스듬히 눕혀 칼집을 내면 데친 후 오징어 부피가 커져 재료가 더욱 풍성해 보여요.

1
냉동 생새우살은 찬물(2컵)에 5분간 담가 해동한 후 체에 밭쳐 물기를 빼고 반으로 저민다. 해산물 데칠 물(5컵)을 끓인다.

오징어 손질법 159쪽

2
손질한 오징어는 칼을 비스듬히 눕혀 몸통 안쪽에 세로 방향으로 0.3cm 간격 칼집을 넣고 가로 방향은 0.3cm 간격 칼집을 2회 넣은 후 그 방향 그대로 써는 것을 반복한다. 다리는 7cm 길이로 지느러미는 1cm 폭으로 썬다.

3
①의 끓는 물에 생새우살과 청주(1큰술)를 넣어 1분간 데친 후 체로 건져 그대로 식힌다. 물은 계속 끓이다가 오징어를 넣어 1분 30초간 데친 후 체에 밭쳐 그대로 식힌다.

달래 손질법 21쪽

4
돌나물은 흐르는 물에 씻은 후 체에 밭쳐 물기를 뺀다. 오이는 칼로 튀어나온 돌기를 제거한 후 쓴맛이 나는 양 끝을 제거해 길게 2등분한 다음 0.3cm 두께로 어슷 썬다. 손질한 달래는 5cm 길이로 썬다.

5
게맛살은 1cm 두께의 결대로 찢는다.

6
큰 볼에 양념 재료를 넣어 섞은 후 새우살, 오징어, 돌나물, 달래, 오이, 게맛살을 넣고 가볍게 버무린다.

달래 오이무침

2~3인분 / 15~25분

재료 및 분량
- 달래 2줌(또는 돌나물 4줌, 100g)
- 오이 1/2개(100g)

양념
- 고춧가루 1큰술
- 양조간장 1큰술
- 식초 1큰술
- 올리고당 1큰술
- 통깨 2작은술
- 다진 마늘 1작은술

달래 손질법 21쪽

1
손질한 달래는 5cm 길이로 썬다. 이때, 알뿌리 부분은 칼날 옆면으로 눌러 으깬다.

2
오이는 칼로 튀어나온 돌기를 제거한 후 쓴맛이 나는 양 끝을 제거한다.

3
길게 2등분해 0.3cm 두께로 어슷 썬다.

4
큰 볼에 양념 재료를 넣고 섞는다.

5
④에 달래, 오이를 넣고 가볍게 무친다.

육개장

3~4인분 / 1시간 30분~1시간 40분(+ 쇠고기 핏물 빼기 30분)

재료 및 분량
- 쇠고기 양지머리 400g
- 대파 30cm
- 삶은 고사리 180g
- 삶은 토란대 180g
- 느타리버섯 3줌(150g)

국물
- 양파 1개(200g)
- 대파(푸른 부분) 10cm
- 마늘 2쪽(10g)
- 통후추 1/2작은술(생략 가능)
- 물 15컵(3ℓ)

양념
- 고춧가루 3큰술
- 소금 1큰술
- 다진 마늘 2큰술
- 참치 액젓(또는 국간장) 2큰술
- 국간장 2큰술
- 양조간장 1큰술
- 고추기름 3큰술
- 설탕 1작은술
- 후춧가루 약간

> 완성된 국물의 양은 12.5컵(2.5ℓ)이며 부족한 경우 물을 더하세요.

1 쇠고기는 찬물에 30분간 담가 핏물을 뺀다. 이때, 중간중간 깨끗한 물로 2~3회 갈아준다.

2 국물 재료의 양파는 2등분한다. 큰 냄비에 국물 재료를 넣고 센 불에서 끓어오르면 쇠고기를 넣는다. 국물이 다시 끓어오르면 중간 불로 줄여 45분간 끓인 후 재료를 모두 건진다.

3 쇠고기는 한 김 식혀 손으로 결대로 찢는다.

> 채소를 데쳐 양념한 후 끓이면 채소에 간이 잘 배 더욱 맛있고 끓이는 시간도 줄일 수 있어요.

4 다른 냄비에 물(5컵) + 소금(1작은술)을 끓인다.

5 대파는 7cm 길이로 썰어 두꺼운 부분은 길게 반으로 썬다. 삶은 고사리, 삶은 토란대는 6cm 길이로 썬다. 느타리버섯은 밑동을 제거한 후 결대로 찢는다.

6 ④의 끓는 물에 대파와 느타리버섯을 넣고 30초간 데친 다음 체에 밭쳐 찬물에 헹군 후 손으로 물기를 꼭 짠다.

7
볼에 양념 재료를 넣고 섞은 후 데친 대파 2/3 분량, 고사리, 토란대, 느타리버섯, 쇠고기를 넣고 버무린다.

데친 대파 1/3 분량은 먹기 직전에 넣으세요. 풍미와 색감을 살릴 수 있어요.

8
②의 냄비에 ⑦을 넣고 센 불에서 끓어오르면 20분간 끓인 후 중간 불로 줄여 20분간 끓인다. 남은 대파 (1/3 분량)를 넣고 2분간 더 끓인다.

Cooking Note

봄나물 해산물냉채

★ **제철 재료, 봄나물 이야기 1탄**(2탄은 73쪽)

달래

장보기 줄기가 싱싱하고 알뿌리가 가지런하며 잔뿌리가 적은 것이 좋아요. 알뿌리는 굵을수록 향이 강하지만 너무 굵은 것은 억세서 식감이 좋지 않으므로 너무 크지 않고 줄기가 푸른 색이 많은 것으로 고르세요.

손질하기
1 달래를 묶어둔 고무줄을 뿌리 반대쪽(푸른 부분)으로 내린 후 알뿌리를 물속에 담가 살살 비벼가며 껍질을 벗긴다.
2 뿌리의 흙(검은 부분)을 제거한다.
3 고무줄을 알뿌리 쪽으로 올려 푸른 부분을 흐르는 물에 2~3회 씻는다.
4 고무줄을 제거하고 묶여 있던 부분을 한 번 더 씻은 다음 체에 밭쳐 흐르는 물에 씻은 후 그대로 물기를 뺀다.

1   2   3   4

보관하기 키친타월로 감싸 지퍼백에 담아 5~7일간 냉장 보관이 가능해요.

돌나물

장보기 잎이 무르지 않고 통통하며 뾰족하고 잡티가 없는 것이 좋으며, 너무 자라 줄기가 길지 않은 것으로 고르세요.

손질하기 너무 세게 씻으면 풋내가 나니 손이 많이 닿지 않도록 살살 손질하세요.

보관하기 키친타월로 감싸 밀폐 용기에 담아 3~5일간 냉장 보관이 가능해요.

참나물

장보기 잎과 줄기가 무르지 않고 신선한 것, 잎의 초록색이 짙으며 누렇게 시들지 않은 것, 벌레 먹지 않은 것이 좋아요.

보관하기 줄기 끝을 조금 잘라낸 후 물을 적신 키친타월로 줄기 부분만 감싼 뒤 지퍼백에 담아 5~7일간 냉장 보관하세요.

봄학기 화이트데이 2주차

봄나물 닭불고기피자
오이 비트 무피클
새우 크림소스 스파게티

> 화이트 데이를 더 행복하게 만들어줄 스페셜 레시피를 소개할게요. 닭가슴살과 봄나물을 넉넉하게 얹은 건강한 피자, 만들기는 쉽지만 특별한 맛의 크림소스 스파게티, 로맨틱한 핑크빛을 더한 오이 비트 무피클로 봄 햇살만큼 사랑스러운 테이블을 꾸며보세요.

세 가지 메뉴
한꺼번에 장보기

정육
- 닭가슴살 1/2쪽(50g)

해산물
- 냉동 생새우살 4마리 (킹사이즈, 60g)

채소
- 오이 5개(1kg)
- 무 지름 10cm, 두께 2cm(200g)
- 양파 약 1개(170g)
- 방울토마토 4개(60g)
- 비트 1/8개(50g)
- 양송이버섯 2개(40g)
- 홍피망 1/4개(25g)
- 참나물 1/5줌(10g)
- 돌나물 1/2줌(약 12g)

냉장 가공품 / 유제품
- 베이컨 3줄(42g)
- 생크림 1과 1/4컵(250㎖)
- 우유 1과 1/4컵(250㎖)
- 슈레드 피자 치즈 1컵(100g)
- 파마산 치즈 가루 1과 1/2큰술
- 다진 마늘 1큰술

소스 / 향신료
- 토마토 스파게티소스 1/2컵(100g)
- 피클링 스파이스 1큰술(생략 가능)
- 말린 바질 가루 1작은술 (1g, 생략 가능)

기타
- 스파게티 1과 1/2줌(120g)
- 또띠야(10인치) 1장
- 화이트 와인(또는 청주) 1큰술
- 베트남 건고추 3개

세 가지 메뉴
한 끼에 차리기

봄나물 닭불고기피자	오이 비트 무피클	새우 크림소스 스파게티
● start		
	● 유리 용기 소독하기 ● 오이, 무, 비트 손질한 후 썰어 유리 용기에 담기 ● 절임 물 끓여 식초와 함께 유리 용기에 부어 완성하기	
● 닭가슴살 썰어 밑간에 재우기		● 새우 찬물에 담가 해동하기 ● 양파, 양송이버섯, 베이컨 손질한 후 썰기
● 양파, 피망, 방울토마토, 참나물, 돌나물 손질한 후 썰기		● 스파게티 삶을 물 끓이기 ● 크림소스 재료 섞기
● 닭가슴살과 채소 볶기 오븐 200℃로 예열하기 ● 또띠야에 토마토소스 바르고 모든 재료 토핑해 오븐에 굽기		● 스파게티 면 삶기
● 피자에 올릴 봄나물 양념하기 ● 피자 위에 봄나물 올려 완성하기		● 새우 크림소스 스파게티 완성하기
● finish		

봄나물 닭불고기피자

2~3인분 / 35~45분

재료 및 분량
- 또띠야 1장
  (10인치, 또는 시판 피자 빵용 믹스)
- 닭가슴살 1/2쪽(또는 닭안심 2쪽, 50g)
- 양파 1/2개(100g)
- 홍피망 1/4개
  (또는 파프리카 1/8개, 25g)
- 방울토마토 4개
  (또는 토마토 1/3개, 60g)
- 돌나물 1/2줌(약 12g)
- 참나물 1/5줌(또는 세발나물,
  어린잎 채소 1/2줌, 10g)
- 식용유 1큰술
- 시판 토마토 스파게티소스 1/2컵(100g)
- 슈레드 피자 치즈 2큰술 + 3/4컵(85g)

밑간
- 양조간장 1큰술
- 설탕 1작은술

나물 양념
- 올리브유 1/2작은술
- 소금 약간
- 후춧가루 약간

1
닭가슴살은 반으로 저민 후 1×1cm 크기로 썬다. 볼에 밑간 재료와 함께 넣고 버무려 10분간 둔다. 오븐에 오븐 팬을 넣어 200℃(미니 오븐 동일)로 예열한다.

2
양파, 홍피망은 1×1cm 크기로 썰고 방울토마토는 2등분한다. 돌나물과 참나물은 시든 잎을 떼어내고 흐르는 물에 씻은 뒤 체에 밭쳐 그대로 물기를 뺀다.

참나물 이야기 21쪽

3
달군 팬에 식용유를 두르고 ①의 닭가슴살을 넣어 중간 불에서 2분, 양파를 넣고 2분, 홍피망을 넣고 1분간 볶는다.

슈레드 피자 치즈를 약간 올리고 토핑을 올리면 또띠야와 토핑이 분리되지 않아 먹기 편해요.

4
도마 위에 종이 포일을 깔고 또띠야를 올린 후 시판 토마토 스파게티소스, 슈레드 피자 치즈 2큰술, ③을 순서대로 올린 다음 슈레드 피자 치즈 3/4컵, 방울토마토를 올린다.

5
예열된 오븐 팬을 꺼내 종이 포일째로 올린 다음 200℃(미니 오븐 동일)로 예열한 오븐의 가운데 칸에서 6~7분간 노릇하게 구운 후 6등분한다.

뜨거우니 조심하세요.

6
큰 볼에 돌나물, 참나물, 나물 양념 재료를 넣고 가볍게 버무린 다음 구운 피자에 올린다.

오이 비트 무피클

20회분 / 20~30분

재료 및 분량
- 오이 5개(1kg)
- 무 지름 10cm, 두께 2cm(200g)
- 비트 1/8개(50g)
- 식초 1/5컵(40㎖)

절임물
- 물 6컵(1.2ℓ)
- 설탕 2/3컵(100g)
- 소금 1/5컵(40g)
- 식초 1/5컵(40㎖)
- 피클링 스파이스 1큰술(생략 가능)

> 유리 용기는 소독해서 사용하세요.
> 면장갑을 끼고 끓는 물(1컵)을 유리 용기에 담아
> 전체적으로 흔들어 소독한 후 물을 버리고
> 뒤집어 그대로 식혀서 사용해요.

1. 오이는 칼로 튀어나온 돌기를 제거한 후 키친타월로 물기를 완전히 제거한다.

2. 쓴맛이 나는 양 끝을 제거해 5cm 길이로 썬 후 열십(+)자로 4등분한다.

3. 무와 비트는 1×1×4cm 크기로 썬다. 소독한 유리 용기에 오이, 무, 비트를 골고루 섞어 담는다.

4. 냄비에 절임물 재료를 넣고 센 불에서 끓어오르면 향이 날아가지 않도록 뚜껑을 덮고 중간 불에서 3분간 끓인다.

> 식초는 열에 약하므로 모두 끓여
> 피클 물을 만들면 새콤한 맛이 사라지니 일부는
> 마지막에 따로 넣어 새콤한 맛을 살리세요.
> 3개월 이상 보관이 가능해요.

5. ③의 용기에 ④의 절임물이 뜨거울 때 식초(1/5컵)와 함께 넣고 섞은 후 한 김 식혀 뚜껑을 덮는다. 그대로 냉장실에서 두고 먹는다.

새우 크림소스 스파게티

2인분 / 25~35분

재료 및 분량
- 스파게티 1과 1/2줌
  (또는 다른 파스타, 120g)
- 냉동 생새우살 4마리(킹사이즈, 60g)
- 양파 1/3개(70g)
- 양송이버섯 2개(40g)
- 베이컨 3줄(또는 슬라이스 햄, 42g)

- 베트남 건고추 3개
  (또는 청양고추, 건고추 2개)
- 올리브유 1큰술
- 다진 마늘 1큰술
- 화이트 와인(또는 청주) 1큰술
- 말린 바질 가루 1작은술(1g, 생략 가능)
- 파마산 치즈 가루 1과 1/2큰술

크림소스
- 생크림 1과 1/4컵(250㎖)
- 우유 1과 1/4컵(250㎖)
- 소금 1/4큰술
- 후춧가루 약간

1
스파게티 삶을 물(8컵) + 소금(1큰술) + 올리브유(1큰술)를 끓인다. 냉동 생새우살은 찬물(2컵)에 5분간 담가 해동한 후 체에 밭쳐 물기를 뺀다.

2
양파는 0.5cm 크기로 다지고, 양송이버섯은 0.5cm 두께로 썬다. 베이컨은 1cm 폭으로 썬다. 볼에 크림소스 재료를 넣어 섞는다.

3
①의 끓는 물에 스파게티를 넣어 포장지에 적혀 있는 시간보다 2분 짧게 삶은 후 체에 밭쳐 그대로 물기를 뺀다.

4
달군 팬에 올리브유를 두른 후 양파와 다진 마늘을 넣고 중간 불에서 1분, 베이컨을 넣고 2분, 화이트 와인을 넣어 30초간 볶는다.

5
양송이버섯을 넣고 1분간 볶은 후 말린 바질 가루, 베트남 건고추, ②의 크림소스를 넣고 센 불로 올려 끓어오르면 중간 불로 줄여 1분간 끓인다.

6
스파게티, 생새우살을 넣고 중간 불에서 2분간 저어가며 끓인다. 파마산 치즈 가루를 넣어 1분간 섞는다.

> 소스가 묽을 때 불을 끄고 접시에 담아야 점점 되직해지면서 농도가 맞아요.

참나물전
바지락살 강된장찌개와 쌈채소
제육 고추장볶음

봄학기
3주차

봄학기_3주차

> "바지락살을 넣은 구수한 강된장찌개, 매콤한 제육 고추장볶음, 향긋하고 담백한 참나물전이 잘 어울리는 한 끼입니다. 강된장찌개에는 콩가루를 넣어 나트륨 함량을 낮췄고, 제육 고추장볶음의 돼지고기는 한 번 데쳐내 지방 섭취를 줄였지요. 참나물전에는 최소한의 밀가루만 사용해 열량을 낮춘 건강한 한 끼예요."

세 가지 메뉴 한꺼번에 장보기

정육
- 돼지고기 목살(0.3cm 두께, 또는 불고기용, 삼겹살) 450g

해산물
- 바지락살 1컵(100g)
- 냉동 생새우살 10마리 (중간 사이즈, 100g)

채소 및 청과
- 쌈채소(상추, 깻잎, 치커리 등) 300g
- 참나물 2와 1/2줌(125g)
- 애호박 1/3개(80g)
- 양파 1개(200g)
- 표고버섯 2개(50g)
- 대파 10cm 2대
- 청양고추 1개(기호에 따라 가감)
- 풋고추 1개

난류
- 달걀 1개

냉장 가공품
- 두부 큰 팩 1/4모(찌개용, 75g)
- 모양 어묵 1개 (또는 사각 어묵, 50g)

기타
- 부침가루 1컵(100g)
- 볶은 콩가루 5큰술

세 가지 메뉴 한 끼에 차리기

참나물전	바지락살 강된장찌개와 쌈채소	제육 고추장볶음
start		
	멸치국물 끓이기	
새우 찬물에 담가 해동하기 / 참나물, 표고버섯, 양파, 어묵 손질한 후 썰기	바지락살 씻기 / 두부, 표고버섯, 애호박, 양파, 대파, 청양고추 손질한 후 썰기	양파, 대파, 풋고추 손질하기
달걀물 섞기		돼지고기 데칠 물 끓이기 / 양념 섞기
		돼지고기 데치기
모든 재료를 밀가루에 버무린 후 달걀물과 섞어 반죽 만들기	강된장 끓여 완성하기	
참나물전 부쳐 완성하기		제육 고추장볶음 완성하기
finish		

참나물전

3장 / 20~30분

재료 및 분량
- 참나물 2와 1/2줌(125g)
- 냉동 생새우살 10마리
  (중간 사이즈, 100g)
- 모양 어묵 1개(또는 사각 어묵, 50g)
- 표고버섯 1개(25g)
- 양파 1/4개(50g)
- 부침가루 1컵(또는 튀김가루, 100g)
- 식용유 3큰술

달걀물
- 달걀 1개
- 소금 2/3작은술
- 물 1과 1/4컵(250㎖)

초간장
- 양조간장 1큰술
- 식초 1/2큰술
- 설탕 1작은술

1 참나물은 시든 잎을 떼어내 흐르는 물에 씻고 체에 밭쳐 물기를 뺀 후 3cm 길이로 썬다.

2 생새우살은 찬물(2컵)에 5분간 담가 해동한 후 체에 밭쳐 물기를 뺀다. 어묵은 모양대로 얇게 썬다. 표고버섯은 기둥을 제거한 후 0.3cm 두께의 모양대로 썰고, 양파는 가늘게 채 썬다.

3 볼에 달걀물 재료를 넣고 섞는다. 작은 볼에 초간장 재료를 넣고 섞는다.

4 큰 볼에 생새우살, 참나물, 어묵, 표고버섯, 양파, 부침가루를 넣고 먼저 섞은 후 ③의 달걀물을 넣고 섞는다.

> 식용유가 부족하면 1큰술씩 더해가며 부치세요.

5 달군 팬에 식용유를 두르고 ④의 1/3 분량을 넣어 지름 15cm 크기로 펼친다.

6 중간 불에서 앞뒤로 각각 2분씩 노릇하게 굽는다. 같은 방법으로 2장 더 굽는다. ③의 초간장을 곁들인다.

본 학기_3주차

바지락살 강된장찌개와 쌈채소

2~3인분 / 30~40분

재료 및 분량
- 쌈채소(상추, 깻잎, 치커리 등) 300g
- 바지락살 1컵
  (또는 생새우살, 오징어, 100g)
- 표고버섯 1개(25g)
- 두부 큰 팩 1/4모(찌개용, 75g)
- 애호박 1/3개(80g)
- 양파 1/4개(50g)
- 대파 10cm
- 청양고추 1개(기호에 따라 가감)
- 볶은 콩가루(또는 날콩가루, 미숫가루, 오곡가루 등의 곡물 가루) 5큰술
- 참기름 1작은술
- 후춧가루 약간

국물
- 국물용 멸치 4마리(8g)
- 다시마 5×5cm 1장
- 물 1과 1/2컵(300㎖)

양념
- 된장 3큰술(집된장의 경우 2큰술)
- 고추장 1/2큰술

1
냄비에 국물 재료를 넣고 센 불에서 끓어오르면 중약 불로 줄여 5분, 다시마를 건져내고 10분간 더 끓인 후 멸치를 건져낸다.

완성된 국물의 양은 1컵(200㎖)이며 부족한 경우 물을 더하세요.

2
바지락살은 체에 밭쳐 물(3컵) + 소금(1작은술)이 담긴 볼에 넣어 살살 흔들어 씻은 후 흐르는 물에 헹궈 그대로 물기를 뺀다.

바지락살은 손이 많이 닿을수록 특유의 비린내가 나므로 최대한 손이 닿지 않게 살살 씻으세요.

3
표고버섯, 두부, 애호박, 양파는 사방 0.5cm 크기로 썰고, 대파, 청양고추는 송송 썬다.

4
①의 냄비에 양념 재료를 넣고 섞은 후 표고버섯, 두부, 애호박, 양파, 청양고추를 넣어 센 불에서 끓어오르면 2분간 끓인 후 중간 불로 줄여 5분간 끓인다.

콩가루로 농도를 잡아 오래 끓이지 않아도 돼요.

5
바지락살, 대파를 넣고 센 불로 올려 끓어오르면 중간 불로 줄여 2분간 끓인다.

6
불을 끄고 볶은 콩가루, 참기름, 후춧가루를 넣어 섞는다. 쌈채소는 흐르는 물에 씻어 곁들인다.

날콩가루로 조리할 때는 날콩가루를 넣고 2분간 더 끓인 후 불을 끄고 참기름, 후춧가루를 넣으세요.

제육 고추장볶음

2~3인분 / 25~35분

재료 및 분량
- 돼지고기 목살 450g
  (0.3cm 두께, 불고기용, 또는 삼겹살)
- 양파 1/2개(100g)
- 대파 10cm
- 풋고추 1개
- 식용유 1큰술

양념
- 통깨 1큰술
- 고춧가루 3큰술
- 다진 마늘 1과 1/2큰술
- 생강술 3큰술(또는 다진 생강 1/2작은술 + 청주 3큰술)
- 양조간장 1과 1/2큰술
- 맛술 1과 1/2큰술
- 올리고당 1과 1/2큰술
- 고추장 3큰술
- 참기름 1큰술
- 설탕 2작은술
- 후춧가루 약간

> 고기를 살짝 데치면 육즙은 살아 있고 기름기가 제거돼 맛이 깔끔해져요.

1 냄비에 물(5컵)을 넣고 센 불에서 끓어오르면 돼지고기를 2~3장씩 넣어 1초간 데친다. 집게로 건져 찬물에 헹군 후 먹기 좋게 썬다. 이때, 돼지고기가 완전히 익지 않도록 주의한다.

2 양파는 0.5cm 폭으로 채 썰고, 대파, 풋고추는 어슷 썬다.

3 볼에 양념 재료를 넣고 섞는다.

> 채소를 따로 볶으면 제육 고추장볶음에 물기가 생기지 않아요.

4 달군 팬에 식용유를 두르고 양파를 넣어 중간 불에서 1분, 대파와 풋고추를 넣어 30초간 볶은 후 접시에 덜어둔다.

5 ④의 팬에 ③의 양념 재료를 넣고 약한 불에서 볶는다. 가장자리가 끓어오르면 ①의 돼지고기를 넣고 중간 불에서 3분간 볶는다.

6 ④에서 덜어둔 양파, 대파, 풋고추를 넣고 중간 불에서 1분간 볶는다.

봄학기 4주차

뚝배기 달걀찜
주꾸미볶음
참나물 잔멸치볶음밥

> 놓칠 수 없는 봄 주꾸미! 쫄깃하고 매콤한 주꾸미볶음에는 고소하고 부드러운 달걀찜이 딱 어울리지요. 일반 밥과 함께 즐겨도 좋은 메뉴들이지만, 오늘은 기름을 쓰지 않고 밑국물에 조린 참나물 잔멸치볶음밥을 곁들여 더 건강하고 특별하게 즐겨볼까요?

세 가지 메뉴
한꺼번에 장보기

해산물
- 주꾸미 5~6마리(250g)
- 잔멸치 1/2컵(30g)

채소
- 참나물 1줌(50g)
- 당근 약 1/2개(90g)
- 새송이버섯 1개(80g)
- 쪽파 1줄기(8g, 생략 가능)
- 풋고추 1/2개
- 홍고추 1/2개
- 대파 10cm

난류
- 달걀 5개

세 가지 메뉴
한 끼에 차리기

뚝배기 달걀찜	참나물 잔멸치볶음밥	주꾸미볶음
● start		
	● 멸칫국물 끓이기 ● 잔멸치 물에 씻어 체에 밭쳐 물기 빼기	● 주꾸미 밑간해 10분간 두기
● 쪽파 손질한 후 썰기	● 참나물, 당근 손질한 후 썰기	● 당근, 새송이버섯, 풋고추, 홍고추, 대파, 주꾸미 손질한 후 썰기
	● 양념 섞기	● 양념 섞기
● 달걀 풀어 소금과 맛술 넣고 거품기로 힘차게 섞어 불에 올리기 ● 뚝배기 달걀찜 완성하기	● 참나물 잔멸치볶음밥 완성하기	● 주꾸미볶음 완성하기
● finish		

뚝배기 달걀찜

2~3인분 / 10~20분

재료 및 분량
- 달걀 5개
- 쪽파 1줄기(8g, 생략 가능)
- 소금 1과 1/2작은술
- 맛술 1큰술
- 물 1컵(200㎖)

1

큰 볼에 달걀, 소금, 맛술을 넣고 거품기로 1분간 힘차게 섞는다.

2

쪽파는 송송 썬다.

3

뚝배기 또는 냄비에 물(1컵)을 붓고 센 불에서 끓어오르면 ①의 달걀을 주르르 흘리듯 넣는다.

4

중약 불에서 나무 숟가락으로 뚝배기의 가장자리와 밑바닥을 골고루 긁어가며 3분간 끓인다.

5

바닥에서부터 달걀이 익으면서 몽글몽글해지면 나무 숟가락을 점점 위로 올려서 저어주다가 달걀물이 묵직해지면 더 이상 젓지 말고 윗부분을 평평하게 편다.

6

쪽파를 골고루 올리고 뚜껑을 덮어 1분간 둔 후 불을 끄고 1분간 뜸 들인다.

참나물 잔멸치볶음밥

2~3인분 / 25~35분

재료 및 분량
- 따뜻한 밥 2공기(또는 잡곡밥, 400g)
- 잔멸치 1/2컵(30g)
- 참나물 1줌(50g)
- 당근 1/5개(40g)
- 참기름 1/2큰술
- 통깨 1작은술

국물
- 국물용 멸치 5마리(5g)
- 다시마 5×5cm
- 물 1과 1/4컵(250㎖)

양념
- 설탕 1큰술
- 양조간장 2큰술
- 청주 1큰술
- 맛술 1큰술

1
깊은 팬에 국물 재료를 넣고 센 불에서 끓어오르면 중약 불로 줄여 10분간 더 끓인 후 멸치를 건져낸다.

> 완성된 국물의 양은 2/3컵(약 140㎖)이며 부족한 경우 물을 더하세요.

2
잔멸치는 물(2컵)에 1분간 담가 두었다가 체에 밭쳐 물기를 뺀다.

> 물에 담가두면 짠맛을 줄일 수 있어요.

3
참나물은 시든 잎을 떼어내 흐르는 물에 씻은 후 체에 밭쳐 물기를 빼고 1cm 폭으로 썬다. 당근은 잘게 다진다.

4
①의 팬에 양념 재료와 당근을 넣고 중간 불에서 끓어오르면 2분, 잔멸치를 넣고 3분간 저어가며 조린다.

5
참나물을 넣고 중간 불에서 1분간 저어가며 조린다.

6
밥을 넣고 중간 불에서 1분간 볶은 후 불을 끄고 참기름, 통깨를 넣어 섞는다.

주꾸미볶음

2~3인분 / 30~40분

재료 및 분량
- 주꾸미 5~6마리(250g)
- 당근 1/4개(50g)
- 새송이버섯 1개(80g)
- 풋고추(또는 홍고추) 1/2개
- 홍고추(또는 풋고추) 1/2개
- 대파 10cm
- 식용유 2큰술

밑간
- 참기름 1큰술
- 다진 마늘 1작은술
- 소금 약간
- 후춧가루 약간

양념
- 고춧가루 1과 1/2큰술
- 설탕 1큰술
- 다진 마늘 1/2큰술
- 생강술 1큰술(또는 다진 생강 1/4작은술 + 청주 1큰술)
- 물 2큰술
- 양조간장 1큰술
- 올리고당 1/2큰술
- 고추장 1과 1/2큰술
- 참기름 1작은술
- 후춧가루 약간

1. 손질한 주꾸미 머리는 2등분하고, 다리는 1개씩 썬다. 볼에 밑간 재료와 함께 버무려 10분간 둔다.

2. 볼에 양념 재료를 넣고 섞는다. 당근, 새송이버섯은 2×6×0.2cm 크기로 썰고, 고추와 대파는 어슷 썬다.

3. 달군 팬에 식용유를 두르고 센 불에서 당근을 넣어 30초, 새송이버섯을 넣고 30초, 고추와 대파를 넣고 1분간 더 볶아 그릇에 덜어둔다.

4. ③의 팬에 ②의 양념을 넣고 중약 불에서 가장자리가 끓어오르면 2분간 저어가며 끓인다.

5. 주꾸미를 넣고 센 불에서 2분간 볶는다.

6. ③에서 덜어둔 채소를 넣고 1분간 볶는다.

Cooking Note

주꾸미볶음
★ 제철 재료, 주꾸미 이야기

장보기 주꾸미는 3~5월이 제철인 봄철 대표 해산물이에요. 오징어와 마찬가지로
빨판의 모양이 뚜렷하고 자줏빛이 도는 회색을 띠며 선명하고 윤기가 나는 것이 신선합니다.
고소한 알이 꽉 찬 주꾸미는 머리가 둥글고 큰 편이니 주꾸미를 고를 때 참고하세요.

손질하기
1 머리와 다리의 연결 부분에 칼집을 낸다.
2 머리를 뒤집어 내장, 먹물을 제거한다.
3 다리를 뒤집어 안쪽에 있는 입 주변을 꾹 누른 후 튀어나오는 뼈를 제거한다.
4 큰 볼에 넣고 밀가루(1큰술)를 넣어 바락바락 주물러 씻으며 빨판의 이물질을 제거한다.
  흐르는 물에 깨끗이 헹군 후 체에 밭쳐 물기를 뺀다.

보관하기 손질한 주꾸미는 밀폐 용기에 담아 1~2일간 냉장 보관 가능해요.
또는 손질한 주꾸미(10마리, 약 500g 기준)를 참기름(1큰술), 다진 마늘(2작은술)과 함께 버무려
밀폐 용기에 담아 냉동하면 통통한 식감과 육즙을 보존할 수 있지요(3개월간 냉동 보관 가능).

★ 야들야들한 주꾸미볶음을 만드는 방법

주꾸미는 너무 오래 볶으면 질겨지고 그렇다고 불에서 금방 내리면 양념이 충분히 배어들지 않아요.
부드러운 주꾸미볶음을 만들려면 중간 불에서 양념을 먼저 충분히 볶다가 주꾸미를 넣기 바로 직전에
센 불로 올려 팬을 달군 후 주꾸미를 넣어 2~3분 정도만 바싹 볶으세요.
물이 생기지 않고 양념의 깊은 맛을 그대로 살리면서 야들야들한 주꾸미의 식감을 살릴 수 있답니다.

뚝배기 달걀찜
★ 폭신하게 부풀어 오르는 달걀찜의 비결

달걀을 풀 때 힘차게 저어 공기층을 충분히 만든 후 끓는 물에 조금씩 부으면서 계속 저어주면
달걀물의 부피가 커져 금세 익을 뿐만 아니라 부풀어 오르지요. 달걀찜의 윗부분까지 거의 다 익었을 때 뚜껑을
덮고 1분, 불을 끄고 1분간 뜸을 들이면 여열로 더 익으면서 점점 더 부풀어 오른답니다. 보통 사 먹는 달걀찜은
베이킹파우더를 넣어 부풀리는 경우가 많아요. 하지만 베이킹파우더를 넣으면 달걀의 중량감이 없어져 식감이 너무
가벼워진답니다.

봄학기 5주차

{ 숙주나물 · 콩나물무침
아삭 깍두기
매콤한 돼지갈비찜

> 고기 요리에 나물 반찬과 아삭한 김치를 곁들이면 영양 균형이 잘 맞고 누구나 좋아하는 한상차림이 된답니다. 나물 중에서도 남녀노소 누구나 좋아하는 숙주나물과 콩나물무침 맛있게 만드는 비법을 알려드릴게요. 진짜 쉬운 김치, 오늘 만들어 오늘 먹는 아삭한 깍두기도 꼭 따라 해보세요.

세 가지 메뉴
한꺼번에 장보기

육류
- 돼지갈비 찜용 600g

채소
- 무 지름 10cm, 두께 20cm(2kg)
- 감자 1개(또는 고구마, 무, 200g)
- 숙주 4줌(200g)
- 콩나물 4줌(200g)
- 양파 1개(200g)
- 쪽파 10줄기(80g)
- 당근 1/3개(70g)
- 대파 15cm
- 청양고추 2개
- 마늘 3쪽(15g, 생략 가능)
- 생강 2톨
  (마늘 크기, 10g, 생략 가능)

세 가지 메뉴
한 끼에 차리기

숙주나물·콩나물무침	아삭 깍두기	매콤한 돼지갈비찜
• start		
	• 깍두기 만들어 12시간 숙성해 완성하기	
		• 돼지갈비 찬물에 20분 이상 담가 핏물 빼기 • 돼지갈비찜에 들어갈 채소 손질하기 • 양념 섞기
		• 돼지갈비 애벌 굽기
• 숙주, 콩나물 데칠 물 끓이기 • 2개의 큰 볼을 준비해 각각의 볼에 숙주나물과 콩나물무침 양념 섞기		• 냄비에 구운 돼지갈비와 양념, 청양고추 넣어 끓이기
• 숙주, 콩나물 무쳐 완성하기 • finish		• 돼지갈비찜 완성하기

숙주나물·콩나물무침

2~3인분 / 15~25분

숙주나물

재료 및 분량
- 숙주 4줌(200g)

양념
- 통깨 2/3작은술
- 새우 가루 2/3작은술
- 소금 1/2작은술
- 양조간장 1/2작은술
- 참기름 2/3작은술

콩나물무침

재료 및 분량
- 콩나물 4줌(200g)

양념
- 통깨 1작은술
- 새우 가루 2/3작은술
- 소금 2/3작은술
- 다진 마늘 1작은술
- 참기름 2작은술

→ **숙주나물 만들기**

1. 냄비에 물(5컵) + 소금(1작은술)을 끓인다. 숙주는 체에 밭쳐 흐르는 물에 씻은 후 그대로 물기를 뺀다.

2. ①의 끓는 물에 숙주를 넣고 1분간 데친 후 체에 밭쳐 그대로 한 김 식힌다.

> 숙주가 뜨거울 때 무치면 물이 많이 생기니 주의하세요.

3. 큰 볼에 양념 재료와 숙주를 넣고 살살 무친다.

→ **콩나물무침 만들기**

1. 콩나물은 체에 밭쳐 흐르는 물에 씻은 후 그대로 물기를 뺀다.

2. 냄비에 콩나물, 물(1/2컵), 소금(약간)을 넣고 뚜껑을 덮어 센 불에서 김이 차오르면 1분간 끓인 후 불을 끄고 5분간 둔다.

> 뚜껑을 열지 않고 그대로 두면 콩나물 머리는 잘 익고 줄기의 수분은 유지되어 비린 맛 없이 아삭한 식감을 잘 살릴 수 있어요.

3. 체에 펼쳐 한 김 식힌 후 큰 볼에 양념 재료와 콩나물을 넣고 살살 무친다.

아삭 깍두기

20회분 / 20~30분(+ 무 절이고 물기 빼기 2시간 30분~3시간 + 숙성시키기 12시간)

재료 및 분량
- 무 지름 10cm, 두께 20cm(2kg)
- 쪽파 10줄기(80g)
- 소금 1/3컵(70g)
- 설탕 4큰술
- 고춧가루 1/2컵(40g)

양념
- 다진 마늘 3큰술
- 새우젓 1큰술
- 다진 생강 2작은술

1. 무는 껍질을 벗긴 후 사방 2cm 크기로 썬다.

중간중간 뒤적이며 골고루 절이세요.
아삭한 깍두기 담는 법 43쪽

2. 큰 볼에 무, 소금, 설탕을 넣고 버무려 2시간~2시간 30분간 절인 후 체에 밭쳐 30분간 물기를 뺀다.

3. 쪽파는 2cm 길이로 썬다. 작은 볼에 양념 재료를 넣고 섞는다.

4. 큰 볼에 ②의 무와 고춧가루를 넣고 버무린다.

5. ③의 양념을 넣고 골고루 버무린다.

1개월간 냉장 보관 가능해요.

6. 쪽파를 넣어 가볍게 버무린다. 밀폐 용기에 담아 뚜껑을 덮고 실온에서 12시간 숙성시킨 후 냉장실에서 익혀 먹는다.

매콤한 돼지갈비찜

2~3인분 / 50~60분(+ 핏물 빼기 20분)

재료 및 분량
- 돼지갈비 찜용 600g
- 감자 1개(또는 고구마, 무, 200g)
- 당근 1/3개(70g)
- 양파 1개(200g)
- 대파 15cm
- 마늘 3쪽(15g, 생략 가능)
- 생강 2톨(마늘 크기, 10g, 생략 가능)
- 청양고추 2개
- 식용유 1큰술
- 물 3컵(600㎖)

양념
- 설탕 2큰술
- 고춧가루 1큰술
- 통깨 1/2큰술
- 다진 마늘 2큰술
- 생강술 3큰술(또는 다진 생강 1/2작은술 + 청주 3큰술)
- 양조간장 5큰술
- 맛술 3큰술
- 참기름 1/2큰술
- 후춧가루 약간

> 감자와 당근의 모서리를 둥글게 도려내면 채소가 잘 뭉개지지 않아요.

> 갈비찜 조리 시간 줄이는 비법 43쪽

1 돼지갈비는 찬물에 20분간 담가 핏물을 빼고 체에 밭쳐 물기를 뺀다. 이때, 중간중간 깨끗한 물로 2~3회 갈아준다.

2 감자, 당근은 껍질을 벗겨 사방 3cm 크기로 썰어 모서리를 둥글게 도려낸다. 양파는 3×3cm, 대파는 3cm 길이로 썬다. 마늘, 생강은 얇게 편으로 썰고 청양고추는 어슷 썬다. 볼에 양념 재료를 넣어 섞는다.

3 팬에 돼지갈비를 넣고 중간 불에서 겉이 노릇하게 될때까지 뒤집어가며 3분간 굽는다.

4 냄비에 ③의 돼지갈비와 물(3컵), ②의 양념 2/3 분량, 청양고추를 넣고 센 불에서 끓어오르면 뚜껑을 덮고 중간 불로 줄여 20분간 끓인다.

5 감자, 당근, 나머지 양념(1/3 분량)을 넣고 센 불로 올려 끓어오르면 중간 불로 줄여 저어가며 10분간 끓인다.

6 양파를 넣고 중약 불로 줄여 3분간 끓인 후 대파를 넣어 저어가며 2분간 더 끓인다.

매콤한 돼지갈비찜
★ 30분 만에 돼지갈비찜 만드는 비법

돼지갈비찜은 보통 시간이 오래 걸리는 요리라고 생각하죠. 하지만 갈비를 팬에 넣어 한 번 구운 후 찜을 하면 조리 시간이 단축되는 것은 물론 갈비의 기름기를 제거할 수 있고 육즙은 빠져나가지 않게 지켜준답니다. 또한 갈비를 구울 때 마늘, 생강을 넣어 볶으면 잡내를 잡아주지요. 이렇게 1차 조리한 갈비에 물과 양념, 채소를 넣고 25분만 끓이면 짧은 시간 내에 갈비찜이 완성됩니다.

아삭 깍두기
★ 아삭한 깍두기 담는 노하우

깍두기를 담글 때 아삭아삭한 식감을 살리려면 깍두기의 물기를 최대한 제거해야 해요. 무를 2~3시간 소금에 절여 수분을 뺀 후 체에 밭쳐 물기를 충분히 제거하세요. 이렇게 수분을 뺀 깍두기에 고춧가루만 넣어 물들인 다음 나머지 양념이 뻑뻑하게 엉기도록 버무리면 무에 양념이 충분히 배어들고 오래 보관해두며 먹어도 물이 많이 생기지 않는답니다.
또한 깍두기에는 대파보다 쪽파를 넣는 것이 좋아요. 대파의 푸른 부분에서 나오는 진액이 김치를 빨리 쉬게 만들기 때문이죠. 쪽파가 없다면 대파의 흰 부분만 사용하세요.

EBS 〈최고의 요리비결〉 촬영 현장에서
"EBS 요리 정보 프로그램, 〈최고의 요리비결〉을 통해 시청자를 만나고 있지요. 아직도 긴장되고 떨리지만, 제 요리를 좋아해주는 분들을 만날 수 있어 항상 설레고 즐겁답니다."

봄학기
6주차

{ 해물잡채
  쇠고기샤부샤부
  오징어 오이 두반장무침

> 간단하게 준비해 푸짐하게 즐길 수 있는 세트 메뉴예요. 입맛에 따라 고를 수 있도록 쇠고기 샤부샤부에는 두 가지 소스를 준비했어요. 오징어로 만들지만 개성은 다른 두 가지 반찬, 오징어 오이 두반장무침과 해물잡채를 곁들였지요. 손님 초대용으로도 손색이 없답니다.

세 가지 메뉴
한꺼번에 장보기

정육
- 쇠고기 샤부샤부용 200g

해산물
- 오징어 3마리(750g)
- 냉동 생새우살 5마리 (킹사이즈, 75g)

채소
- 오이 1개(200g)
- 알배기배춧잎 4장(120g)
- 표고버섯 4개(100g)
- 쑥갓 2줌(100g)
- 양파 1/3개(70g)
- 팽이버섯 1/2봉(70g)
- 당근 약 1/2개(110g)
- 부추 1/2줌(25g)
- 대파(흰 부분) 10cm
- 홍고추 1개

냉장 가공품
- 두부 큰 팩 1/2모(찌개용, 150g)
- 묵곤약 100g

기타
- 당면 4줌(200g)
- 가쓰오부시 1컵(5g)

세 가지 메뉴
한 끼에 차리기

해물잡채	오징어 오이 두반장무침	쇠고기샤부샤부
● start		
당면 불리기		샤부샤부 국물 끓이기
●● 오징어, 새우 손질하기		
표고버섯, 당근, 양파, 부추 손질한 후 썰기	오이, 홍고추 손질한 후 썰기	두부, 쑥갓, 당근, 대파, 알배기배춧잎, 팽이버섯, 표고버섯 손질한 후 썰기 ● 곤약 썰어 모양내기
●●● 곤약, 오징어 데칠물 끓이기		
	오이 10분간 절이기	키친타월로 쇠고기 핏물 뺀 후 냉장실에 넣어두기
양념 섞기	양념 섞기	깨소스, 레몬 간장소스 섞기
●●● 곤약, 오징어 데치기		
해물잡채 완성하기	오징어 오이 두반장무침 무쳐 완성하기	쇠고기샤부샤부 완성하기
● finish		

해물잡채

3~4인분 / 30~40분(+ 당면 불리기 1시간)

재료 및 분량
- 당면 4줌(200g)
- 냉동 생새우살 5마리(킹사이즈, 75g)
- 오징어 1마리(270g, 손질 후 180g)
- 표고버섯 2개
  (또는 느타리버섯 1줌, 50g)
- 당근 1/5개(40g)
- 양파 1/3개(70g)
- 부추 1/2줌(또는 시금치 1/2줌, 피망 1/4개, 25g)
- 식용유 2큰술 + 2큰술 + 2큰술
- 소금 1/4작은술 + 약간

양념
- 통깨 1큰술
- 설탕 2큰술
- 다진 대파 2큰술
- 다진 마늘 1큰술
- 양조간장 4큰술
- 물 3큰술
- 생강술 1큰술(또는 다진 생강 1/4작은술 + 청주 1큰술)
- 굴소스 1큰술
- 참기름 1과 1/2큰술

1
냉동 생새우살은 찬물(2컵)에 5분간 담가 해동한 후 체에 받쳐 물기를 뺀다. 볼에 당면과 잠길 만큼의 물을 담아 1시간 이상 불린 후 체에 받쳐 물기를 빼고 가위로 먹기 좋게 자른다.

2
표고버섯은 기둥을 제거하여 0.2cm 두께로 썰고, 당근과 양파는 0.3cm 폭으로 채 썬다. 부추는 시든 잎을 제거해 흐르는 물에 씻고 체에 받쳐 물기를 뺀 후 5cm 길이로 썬다.

3
손질한 오징어는 칼을 비스듬히 눕혀 몸통 안쪽에 세로 방향으로 0.3cm 간격 칼집을 넣고 가로 방향은 0.3cm 간격 칼집을 2회 넣은 후 그 방향 그대로 써는 것을 반복한다. 지느러미는 1cm 폭으로 길쭉하게 썰고, 다리는 7cm 길이로 썬다.

4
볼에 양념 재료를 넣고 섞는다. 달군 팬에 식용유 2큰술을 두르고 당근, 양파를 넣어 중간 불에서 1분, 표고버섯을 넣고 1분, 소금 1/4작은술을 넣고 1분간 볶아 접시에 덜어둔다.

5
④의 팬에 식용유 2큰술을 두르고 생새우살과 오징어를 넣어 중간 불에서 1분간 볶는다. 소금 약간을 넣어 30초간 더 볶은 뒤 ④의 접시에 덜어둔다.

6
팬을 닦고 다시 달군 뒤 식용유 2큰술을 두르고 당면을 넣어 약한 불에서 2분 30초, ④의 양념 2/3를 넣고 1분간 볶는다. 나머지 양념을 모두 넣어 중약 불에서 1분간 볶는다. 부추를 넣어 10초간 더 볶는다.

오징어 오이 두반장무침

3~4인분 / 25~35분

재료 및 분량
- 오징어 2마리(약 480g, 손질 후 360g)
- 오이 1개(200g)
- 홍고추 1개
- 소금 1작은술
- 식용유 2큰술
- 다진 마늘 1큰술

양념
- 설탕 2큰술
- 식초 3큰술
- 양조간장 1큰술
- 두반장 1큰술
- 소금 1/4작은술
- 참기름 1작은술

1. 오이는 칼로 튀어나온 돌기를 제거한 후 쓴맛이 나는 양 끝을 제거한다.

오이의 물기만 체에 밭쳐 빼고 식감을 위해 손으로 짜지는 마세요.

오징어 손질법 159쪽

2. 오이는 길게 2등분해 0.2cm 두께로 어슷 썬다. 볼에 소금과 함께 버무려 10분간 절인 후 찬물에 헹구고 체에 밭쳐 물기를 뺀다. 오징어 데칠 물(5컵)을 끓인다.

3. 손질한 오징어는 칼을 비스듬히 눕혀 몸통 안쪽에 세로 방향으로 0.3cm 간격 칼집을 넣고 가로 방향은 0.3cm 간격 칼집을 2회 넣은 후 그 방향 그대로 써는 것을 반복한다. 지느러미는 1cm 폭으로 길쭉하게 썰고, 다리는 7cm 길이로 썬다.

4. ②의 끓는 물에 오징어와 청주(1큰술)를 넣어 1분간 데친 후 체에 밭쳐 그대로 식힌다.

5. 홍고추는 꼭지를 제거해 길게 반으로 썰어 씨를 빼고 잘게 다진다. 작은 볼에 양념 재료를 넣어 섞는다.

6. 달군 팬에 식용유를 두르고 홍고추와 다진 마늘을 넣어 중약 불에서 1분간 볶아 향을 낸 후 불을 끈다. ⑤의 양념을 넣고 남은 열로 설탕이 녹을 때까지 섞은 후 오징어, 오이를 넣고 버무린다.

쇠고기샤부샤부

3~4인분 / 40~50분

재료 및 분량
- 쇠고기 샤부샤부용
  (또는 불고기용) 200g
- 두부 큰 팩 1/2모(찌개용, 150g)
- 묵곤약 100g
- 쑥갓 2줌(100g)
- 당근 1/3개(70g)
- 대파(흰 부분) 10cm
- 알배기배춧잎 4장(손바닥 크기, 120g)
- 팽이버섯 1/2봉(70g)
- 표고버섯 2개(50g)

국물
- 가쓰오부시 1컵(5g)
- 다시마 5×5cm 2장
- 물 8컵(1.6ℓ)

국물 양념
- 맛술 1큰술
- 참치 액젓 1큰술(또는 소금 1/2작은술)
- 소금 1작은술
- 다진 마늘 1작은술
- 후춧가루 약간

깨소스
- 다시마 우린 물 3큰술(또는 물 3큰술)
- 통깨 2작은술
- 양조간장 1작은술
- 청주 1/2작은술
- 토마토케첩 1/2작은술
- 땅콩버터 1작은술
  (또는 곱게 간 깨 가루 1큰술)

1. 냄비에 국물 재료의 다시마와 물을 넣고 센 불에서 끓어오르면 약한 불로 줄여 5분간 끓인 후 다시마를 건지고 불을 끈다. 가쓰오부시를 넣고 10분간 우린 후 체로 건진다.

> 완성된 국물의 양은 8컵(1.6ℓ)이며 부족한 경우 물을 더하세요.

2. 다른 냄비에 묵곤약 데칠 물(4컵)을 끓인다. 쇠고기는 키친타월로 감싸 핏물을 없앤 후 접시에 담아둔다. 두부는 2×4×1cm 크기로 썬다.

3. 묵곤약은 3×7×0.5cm 크기로 썬다. 가운데에 0.5cm 간격으로 양쪽 끝부분 1cm 정도를 남기고 칼집을 3개 넣는다. 이때, 가운데 칼집을 좀 더 길게 넣는다. 가운데 칼집으로 묵곤약을 돌려 넣어 꼬면서 빼낸다.

4. ②의 끓는 물에 묵곤약을 넣고 1분간 데친 후 체에 밭쳐 물기를 뺀다.

5. 쑥갓은 체에 밭쳐 흐르는 물에 씻어 그대로 물기를 뺀 후 7cm 길이로 썬다. 당근은 1×7×0.2cm 크기로 썰고, 대파는 어슷 썬다. 알배기배춧잎은 2cm 폭으로 썬다.

6. 팽이버섯은 밑동을 제거한다. 표고버섯은 기둥을 제거하여 0.5cm 두께로 썬다.

Cooking Note

레몬 간장소스
- 양조간장 2큰술
- 식초 1큰술
- 레몬즙 1큰술
- 다시마 우린 물 1큰술(또는 물 1큰술)
- 맛술 1/2큰술

> 푸드 프로세서로 통깨를 갈아 체에 내려도 좋아요.

7

위생팩에 깨소스 재료의 통깨를 넣고 밀대로 밀어 곱게 부순 다음, 볼에 깨소스 나머지 재료와 함께 넣고 섞는다. 다른 볼에 레몬 간장소스 재료를 넣어 섞는다.

8

전골냄비에 ①의 국물과 국물 양념 재료를 넣고 센 불에서 끓인다. 샤부샤부 국물에 쇠고기와 버섯, 채소를 담가 익힌다. 깨소스와 레몬 간장소스를 곁들인다.

쇠고기샤부샤부
★ 쇠고기샤부샤부에 면 곁들이기

쇠고기와 다양한 채소를 샤부샤부로 먹은 후 남은 국물에 우동 면이나 칼국수 면을 넣어 끓여 먹어도 별미예요. 마지막으로 면을 곁들여 먹으려면 처음부터 국물을 넉넉하게 만드는 것이 좋아요.
(**국물** 가쓰오부시 1과 1/2컵(7.5g), 다시마 5×5cm 3장, 물 12컵(2.4ℓ))
국물 양념 맛술 1과 1/2큰술, 참치 액젓 1과 1/2큰술, 소금 1/2큰술, 다진 마늘 1/2큰술, 후춧가루 약간)
면은 왼쪽 ⑧의 국물에 우동 2팩(또는 생칼국수, 생소면 1팩, 300g)을 넣어 중간 불에서 3~4분간 끓이세요. 삶아져 나온 우동 면은 1분 정도만 끓이세요.

해물잡채
★ 잡채, 붇지 않게 조리하는 비법

잡채를 만들 때 많은 사람이 어려워하고 실패하는 과정이 당면을 삶는 것이에요. 당면에 열을 가하면 전분 성분이 빠져나와 금방 붇거나 한 덩어리로 엉겨 붙어버리죠. 그래서 당면은 삶지 않고 불린 후 볶는 것이 좋아요. 면을 볶을 때 당면이 서로 엉긴다면 물을 2큰술 정도 넣어보세요. 또한 당면은 센 불에서 볶으면 절대 안 돼요. 약한 불로 볶는 것이 좋습니다. 이렇게 볶은 당면은 시간이 지나도 잘 붇지 않는답니다.

봄학기
7주차

깻잎·대파채를 곁들인 삼겹살조림
햇양파김치
생선매운탕

> 비린 맛을 잡아 깔끔하고 얼큰한 생선매운탕과 초간단 오향장육, 깻잎·대파채를 곁들인 삼겹살조림만 있으면 온 가족이 행복한 한 끼를 즐길 수 있답니다. 아린 맛이 없고 아삭해 입맛을 개운하게 해주는 봄 김치, 햇양파김치도 놓치지 마세요.

세 가지 메뉴
한꺼번에 장보기

정육
- 통삼겹살(수육용) 600g

해산물
- 우럭 1마리(매운탕용, 250g)

채소 & 청과
- 햇양파 5개(1kg) + 1/3개(70g)
- 무 지름 10cm, 두께 2cm(200g)
- 콩나물 4줌(200g)
- 애호박 1/3개(80g)
- 쪽파 10줄기(80g)
- 미나리 2/3줌(50g)
- 깻잎 15장(30g)
- 대파(흰 부분) 15cm
- 대파(푸른 부분) 15cm
- 대파 10cm
- 생강 1톨(마늘 크기, 5g)
- 풋고추 1/2개
- 홍고추 1/2개
- 배 1/4개

냉장 가공품
- 두부 큰 팩 1/2모(찌개용, 150g)

세 가지 메뉴
한 끼에 차리기

깻잎·대파채를 곁들인 삼겹살조림	햇양파김치	생선매운탕
● start		
	● 햇양파김치 만들어 12시간 숙성시키기	
● 삼겹살 삶을 물을 끓인 후 삼겹살 넣어 5분간 삶아 한 김 식히기		● 멸치국물 끓이기
● 깻잎, 대파 손질한 후 썰어 찬물에 담그기		● 양념 재료 갈아 숙성시키기 ● 미나리, 콩나물, 두부, 무, 애호박, 풋고추, 홍고추, 대파 손질한 후 썰기 ● 우럭 손질하기
● 삶은 삼겹살을 썰어 양념에 조리기		
● 삼겹살조림에 깻잎채, 대파채 곁들여 완성하기 ● finish		● 생선매운탕 끓여 완성하기(미나리는 먹기 직전에 넣은 후 10초간 끓이기)

깻잎·대파채를 곁들인 삼겹살조림

2~3인분 / 40~50분

재료 및 분량
- 통삼겹살(또는 통목살, 안심, 수육용) 600g
- 깻잎 15장(30g)
- 대파 15cm(흰 부분)
- 올리고당 2큰술

삼겹살 삶는 물
- 대파(푸른 부분) 15cm
- 생강 1톨(마늘 크기, 5g)
- 통후추 1/2작은술(약 10알, 생략 가능)

양념
- 설탕 2큰술
- 양조간장 5큰술
- 청주 2큰술
- 물 1컵(200㎖)

> 고기를 삶을 때 생강, 마늘, 통후추 등을 넣으면 고기의 잡내를 없앨 수 있어요.

1
냄비에 삼겹살 삶는 물 재료와 고기가 잠길 만큼의 물을 넣고 센 불에 올린다. 물이 끓어오르면 통삼겹살을 넣고 5분간 삶아 건진 뒤 한 김 식힌다.

2
깻잎은 돌돌 말아 가늘게 채 썰고, 대파는 5cm 길이로 썬 후 길이로 반 썰어 가운데 심을 빼고 가늘게 채 썬다. 깻잎과 대파는 찬물에 2~3회 씻어 10분간 담가두었다가 체에 밭쳐 물기를 뺀다.

3
①의 통삼겹살은 0.7cm 두께로 썬다.

4
냄비에 양념 재료를 넣고 섞은 후 ③의 삼겹살을 넣고 센 불에서 끓어오르면 중간중간 저어가며 중간 불로 줄여 15분간 조린다.

5
올리고당을 넣고 센 불로 올려 1분간 조린다.

6
완성 그릇에 ⑤의 삼겹살조림을 담고 ②의 깻잎채와 대파채를 올린다.

햇양파김치

20회분 / 20~30분(+ 숙성시키기 12시간)

재료 및 분량
- 햇양파 5개(1kg)
- 쪽파 10줄기(80g)

밀가루풀
- 밀가루 1큰술
- 물 1/2컵(100mℓ)

양념
- 배 1/4개(또는 사과, 100g)
- 고춧가루 1/2컵(45g)
- 설탕 1큰술
- 다진 마늘 2큰술
- 멸치 액젓 2큰술
- 새우젓 2큰술
- 소금 1/2작은술
- 다진 생강 1작은술

> 밀가루풀이 뜨거우면 양념이 발효되지 않으니 완전히 식히세요.

1 작은 냄비에 밀가루풀 재료를 넣고 중약 불에서 끓인다. 가장자리가 끓어오르면 저어가며 30초간 더 끓인 후 큰 볼에 옮겨 완전히 식힌다.

2 양념 재료의 배는 껍질을 제거하고 한 입 크기로 썰어 푸드 프로세서에 넣고 곱게 간다.

3 ①의 밀가루풀이 든 볼에 양념 재료를 넣고 잘 섞는다.

> 햇양파 이야기 55쪽

4 쪽파는 4cm 길이로 썰고, 양파는 3×3cm 크기로 썬다.

5 ③의 볼에 양파, 쪽파를 넣고 버무린다.

> 1개월간 냉장 보관이 가능해요.

6 밀폐 용기에 담고 뚜껑을 덮어 실온에서 12시간 숙성시킨 다음 냉장실에서 익혀 먹는다.

생선매운탕

3~4인분 / 40~50분

재료 및 분량
- 우럭 1마리
  (또는 생태, 대구, 매운탕용, 250g)
- 미나리 2/3줌(또는 쑥갓 1줌, 50g)
- 콩나물 4줌(200g)
- 두부 큰 팩 1/2모(찌개용, 150g)
- 무 지름 10cm, 두께 2cm(200g)
- 애호박 1/3개(80g)
- 풋고추(또는 홍고추) 1/2개
- 홍고추(또는 풋고추) 1/2개
- 대파 10cm
- 소금 약간(기호에 따라 가감)

국물
- 국물용 멸치 10마리(10g)
- 다시마 5×5cm 2장
- 물 7컵(1.4ℓ)

양념
- 양파 1/3개(70g)
- 새우 가루 2큰술
- 고춧가루 2큰술
- 다진 마늘 1큰술
- 맛술 1큰술
- 국간장 1큰술
- 멸치 액젓 1큰술
- 참치 액젓(또는 국간장) 1큰술

> 매운탕 양념은 숙성시킬수록 더욱 맛있답니다. 5~6회 분량을 만들어 냉장고에 보관해두고 해산물로 만드는 국물 요리에 활용하면 좋아요(6개월간 냉장 보관 가능).

> 완성된 국물의 양은 6컵(1.2ℓ)이며 부족한 경우 물을 더하세요.

1 양념 재료의 양파는 푸드 프로세서에 넣고 곱게 간 후 볼에 나머지 양념 재료와 함께 넣고 섞는다.

2 냄비에 국물 재료를 넣고 센 불에서 끓어오르면 중약 불로 줄여 5분, 다시마를 건져내고 10분간 더 끓인 후 멸치를 건져낸다.

3 미나리는 시든 잎을 제거해 5cm 길이로 썰고 체에 밭쳐 흐르는 물에 씻은 후 그대로 물기를 뺀다.
콩나물은 체에 밭쳐 흐르는 물에 씻은 후 그대로 물기를 뺀다.

4 손질한 우럭은 흐르는 물에 깨끗하게 씻어 3등분한다. 두부는 4×4×0.7cm 크기로 썰고, 무는 3×3×0.5cm 크기로 썬다. 애호박은 길이로 반을 썰어 0.5cm 두께로 썬다. 고추와 대파는 어슷 썬다.

5 ②의 냄비에 ①의 양념을 넣어 잘 섞은 후 센 불에서 끓어오르면 약한 불로 줄여 3분간 뭉근히 끓인다. 무를 넣고 센 불로 올려 1분간 끓인다.

6 우럭을 넣고 센 불에서 끓어오르면 3분간 끓인다.

> 비린내 없이 매운탕 끓이는 법 55쪽

Cooking Note

7

애호박을 넣고 센 불에서 1분, 콩나물을 넣고 1분, 두부를 넣고 3분간 끓인다.

8

풋고추, 홍고추, 대파를 넣고 센 불에서 1분, 미나리를 넣고 10초간 끓인다. 부족한 간은 소금으로 더한다.

생선매운탕
★ **비린내 안 나는 생선매운탕을 끓이는 비법**

매운탕을 끓일 때 새우 가루를 넣으면 생선의 비린 맛을 없애고 감칠맛은 살려준답니다. 또한 생선을 넣은 후 뚜껑을 덮지 않고 센 불에서 5분 정도 끓이면 비린내를 줄일 수 있어요. 매운탕에 들어가는 생선 뿐만 아니라 국간장이나 액젓류에서도 특유의 냄새가 나는데 이런 냄새는 휘발성이기 때문에 뚜껑을 열고 끓이면 대부분 날아간답니다.

햇양파김치
★ **제철 재료, 햇양파 즐기기**

양파는 4월 초 제주도 햇양파가 나오고 4월 중순이 되면 호남에서 출하하기 시작해 5월이 되면 햇양파 천국이 된답니다. 햇양파는 매운맛이 적고 껍질이 부드러워 조리하지 않고 생으로 먹어도 맛있어요.

장보기 햇양파는 단단하고 묵직한 것이 좋으며 상처가 없는 것이 좋아요. 껍질에 광택이 있고 붉은빛을 띤 것을 고르세요.

보관하기 햇양파는 알맹이가 희고 단맛이 강해 제철에 구입해 양파김치나 양파장아찌를 담그면 좋아요. 양파는 양파망이나 종이 봉투에 담아 건조하고 서늘한 곳에 보관하면 2~3주간 상하지 않게 먹을 수 있지요. 또 껍질을 벗긴 후 씻지 않은 상태로 하나씩 랩으로 싸서 냉장고에 보관하면 좀 더 오래 두고 먹을 수 있답니다.

★ **봄철, 놓치지 말아야 할 햇양파김치**

양파김치는 봄에 나오는 햇양파로 담가야 달콤하고 향긋한 양파의 맛을 제대로 즐길 수 있어요. 또한, 햇양파김치는 대파가 아닌 쪽파를 넣어야 금방 쉬지 않고 아삭하게 먹을 수 있답니다. 다른 김치와 달리 절이지 않고 바로 담가 먹을 수 있어 더욱 좋지요. 이때가 아니면 이런 맛을 낼 수 없으니 봄철에 꼭 만들어보세요. 또한 햇양파는 아린 맛이 적고 상큼해서 샐러드로 만들어도 맛있어요.

쇠고기샐러드
바질 토마토떡볶이
버섯떡갈비

> 감사한 날도, 기념해야 할 날도 많은 가정의 달에 추천하는 세 가지 세트 메뉴예요. 남녀노소 모두가 좋아하는 메뉴들로 구성했어요. 떡볶이 떡으로 만들어 어르신들도 맛있게 드시는 바질 토마토떡볶이, 다진 고기로 간단하게 만들어 젓가락으로 석쇠 모양을 낸 버섯떡갈비, 간장소스 드레싱을 곁들인 쇠고기샐러드입니다.

세 가지 메뉴 한꺼번에 장보기

정육
- 다진 쇠고기 250g
- 다진 돼지고기 150g
- 쇠고기 샤부샤부용 100g

채소
- 토마토 3개(450g)
- 빨강 파프리카 2개(400g)
- 새송이버섯 2개(160g)
- 표고버섯 4개(100g)
- 양상추 10장(손바닥 크기, 150g)
- 오이 1/2개(100g)
- 양파 1/3개(70g)
- 당근 1/10개(20g)
- 마늘 3쪽(15g)
- 바질 16장(10g)

기타
- 떡볶이 떡 2와 2/3컵(400g)
- 찹쌀가루 1과 1/2큰술
- 다진 견과류 약간(생략 가능)

세 가지 메뉴 한 끼에 차리기

쇠고기샐러드	바질 토마토떡볶이	버섯떡갈비
start		
국물 재료 끓여 쇠고기 데치기		
데친 쇠고기와 국물을 한 김 식힌 후 냉장실에 넣어두기		
	토마토와 떡볶이 떡 데칠 물 끓이기	떡갈비에 쓸 표고버섯 잘게 다지기
		떡갈비 반죽해 10회 정도 치댄 후 모양 빚기
양상추, 오이, 당근 손질한 후 썰기	양파, 새송이버섯, 표고버섯, 토마토, 파프리카 손질한 후 썰기	
소스 섞기	토마토 데친 후 껍질 벗기기	
	떡볶이 떡 데치기	
	바질 올리브유와 토마토소스 만들기	
쇠고기와 채소를 접시에 담고 소스 뿌려 완성하기	바질 토마토떡볶이 완성하기	버섯떡갈비 구워 완성하기
finish		

쇠고기샐러드

2~3인분 / 20~30분

재료 및 분량
- 쇠고기 샤부샤부용
  (또는 불고기용) 100g
- 양상추 10장(손바닥 크기, 150g)
- 오이 1/2개(100g)
- 당근 1/10개(20g)

국물
- 양조간장 3큰술
- 식초 3큰술
- 물 3큰술
- 맛술 1과 1/2큰술

소스
- 레몬즙(또는 식초) 1큰술
- 참기름 1/2큰술
- 국물 1/2컵(100㎖)

1. 쇠고기는 키친타월로 감싸 핏물을 뺀다.

2. 작은 냄비에 국물 재료를 넣고 센 불에서 끓어오르면 쇠고기를 2~3장씩 넣고 30초간 익힌 후 건져서 체에 밭쳐 식힌다.

3. ②의 국물은 볼에 옮겨 한 김 식힌 후 냉장실에 넣어둔다.

완성된 국물의 양 중 1/2컵(100㎖)만 사용하세요.

4. 양상추는 흐르는 물에 씻은 후 물기를 털고 한 입 크기로 뜯는다. 오이는 0.2cm 두께의 모양대로 썬다. 당근은 0.2cm 두께로 채 썬다.

5. 냉장고에서 꺼낸 국물은 체에 한 번 걸러 볼에 담고 나머지 소스 재료를 넣어 섞는다.

6. 완성 그릇에 양상추, 오이, 당근을 골고루 담고 쇠고기를 올린 후 ⑤의 소스를 뿌린다.

바질 토마토떡볶이

3~4인분 / 25~35분

재료 및 분량
- 떡볶이 떡 2와 2/3컵
  (또는 떡국 떡, 400g)
- 양파 1/3개(70g)
- 새송이버섯 2개(160g)
- 표고버섯 2개(50g)
- 소금 약간(기호에 따라 가감)

토마토소스
- 토마토 3개
  (또는 방울토마토 30개, 450g)
- 빨강 파프리카 2개
  (또는 홍피망 4개, 400g)
- 마늘 3쪽(15g)
- 설탕 1큰술
- 멸치 액젓 2큰술
- 소금 1/2작은술

바질 올리브유
(또는 시판 바질페스토 4큰술)
- 바질 16장(또는 시금치, 깻잎, 참나물 1/2줌, 10g)
- 올리브유 4큰술

1
토마토와 떡볶이 떡 데칠 물(6컵)을 끓인다. 양파는 0.5cm 폭으로 채 썰고 새송이버섯은 0.5cm 두께로 어슷 썰어 0.5cm 폭으로 채 썬다. 표고버섯은 기둥을 제거하고 0.5cm 폭으로 채 썬다.

2
토마토에 열십(+)자로 칼집을 낸 후 ①의 끓는물에 10초간 데친 후 찬물에 넣어 껍질을 벗긴다. 이때, 물은 계속 끓인다.

3
토마토소스 재료의 파프리카와 토마토는 한 입 크기로 썬다. 푸드 프로세서에 바질 올리브유 재료를 넣어 곱게 갈아 덜어둔 후 토마토소스 재료를 모두 넣어 곱게 갈아 깊은 팬에 넣는다.

> 떡볶이 떡이 말랑할 경우 데치는 과정을 생략해도 돼요.

4
②의 끓는 물에 떡볶이 떡을 넣고 1분간 데친 후 체에 밭치고 찬물에 헹궈 그대로 물기를 뺀다.

5
③의 팬에 떡볶이 떡, 양파, 새송이버섯, 표고버섯을 넣고 센 불에서 끓어오르면 중간 불로 줄여 5분간 저어가며 끓인다.

스파게티로 즐기는 법 61쪽

6
③에서 덜어둔 바질 올리브유를 넣고 1분간 저어가며 끓인다. 부족한 간은 소금으로 더한다.

버섯떡갈비

2~3인분 / 30~40분

재료 및 분량
- 다진 쇠고기 250g
- 다진 돼지고기 150g
- 표고버섯 2개(50g)
- 찹쌀가루(또는 감자 전분) 1과 1/2큰술
- 다진 견과류 약간(생략 가능)

양념
- 설탕 1큰술
- 다진 마늘 1큰술
- 양조간장 2큰술
- 맛술 1큰술
- 참기름 1큰술
- 후춧가루 약간

1 다진 돼지고기, 다진 쇠고기는 키친타월로 감싸 핏물을 없앤다.

2 표고버섯은 기둥을 제거한 후 잘게 다진다.

식감을 위해 너무 많이 치대지 마세요.

3 볼에 양념 재료를 넣고 섞은 후 다진 쇠고기, 다진 돼지고기, 표고버섯, 찹쌀가루를 넣고 섞은 후 10회 치댄다.

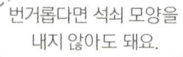

번거롭다면 석쇠 모양을 내지 않아도 돼요.

젓가락으로 가운데를 찔러보아 핏물이 나오지 않으면 다 익은 거예요.

오븐으로 굽는 법 61쪽

4 반죽을 6~8등분한 후 지름 6cm, 두께 1cm 크기의 둥글납작한 모양으로 만든다. 젓가락 좁은 면으로 눌러 격자 모양을 낸다.

달구지 않은 팬에 ④의 반죽을 올려 약한 불에서 앞뒤로 각각 3분씩 굽는다. 완성 그릇에 담고 다진 견과류를 뿌린다.

Cooking Note

버섯떡갈비

★ **버섯떡갈비, 오븐으로 굽는 법**

떡갈비 양이 많으면 오븐을 이용해보세요. 오븐 팬에 종이 포일을 깔고 고기 반죽을 올려 220℃(미니 오븐 220℃)로 예열한 오븐에 넣어 10~12분이면 완성!

바질 토마토떡볶이

★ **바질 토마토떡볶이 소스로 바질 토마토스파게티 만들기**

스파게티 삶을 물(10컵) + 소금(1큰술) + 올리브유(1큰술)를 끓여 스파게티 2줌(또는 다른 파스타 면, 160g)을 포장지에 적힌 시간만큼 삶아 체에 밭쳐 물기를 빼요.
바질 토마토떡볶이 ⑤번 과정에서 떡볶이 떡 대신 스파게티를 넣고 동일하게 진행하세요.

현대백화점 문화센터 요리 수업 현장에서

"20여 년간 요리 강의를 하면서 가장 행복할 때는요, '선생님은 정말 좋아하는 일을 하시는 것 같아요. 즐겁고 신나게 강의해 주셔서 요리 수업을 올 때마다 저도 덩달아 즐겁고 신나요.' 라고 말씀해주시는 회원들을 만날 때죠."

봄학기 9주차

표고버섯 닭강정
깻잎 된장절임
묵은지 맛 돼지고기 김치찜

> "나른한 봄, 입맛이 없다면 칼칼하고 깊은 맛이 나는 돼지고기 김치찜 어떠세요?
> 김치가 맛이 없어도 탄산음료와 미소 된장만 있으면 묵은지로 끓인 것처럼
> 깊은 맛을 낼 수 있어요. 담백하고 고소한 표고버섯 닭강정과 만들어서 바로 먹을 수 있는
> 깻잎 된장절임까지 곁들이면 입맛을 되찾을 수 있을 거예요."

방학기_9주차

세 가지 메뉴
한꺼번에 장보기

정육
- 닭다릿살 3쪽(300g)
- 돼지고기 목살 200g

채소
- 익은 배추김치 4컵(600g)
- 깻잎 150장(300g)
- 표고버섯 10개(250g)
- 양파 약 1개(160g)
- 무 지름 10cm, 두께 1cm(100g)
- 대파 10cm
- 풋고추 1개

난류
- 달걀흰자 2개분

냉장 가공품
- 두부 큰 팩 1/2모(부침용, 150g)

세 가지 메뉴
한 끼에 차리기

표고버섯 닭강정	깻잎 된장절임	묵은지 맛 돼지고기 김치찜
● start		
	● 깻잎 된장절임 완성해 하루 동안 숙성시키기	
		● 멸칫국물 끓이기 ● 돼지고기 손질한 후 밑간해 20분간 재우기
● 표고버섯, 닭다릿살 손질한 후 썰기		● 두부, 양파, 풋고추, 대파, 김치 손질한 후 썰기
● 튀김기름 불에 올려 170℃로 예열하기		● 양념 섞기
● 표고버섯과 닭다릿살을 위생팩에 넣어 튀김옷 입히기		
● 표고버섯과 닭다릿살 튀겨 키친타월에 올려 기름기 빼기		● 국물에 손질한 재료와 양념 넣어 끓이기
● 강정 양념을 끓이다가 튀긴 표고버섯과 닭다릿살 넣고 버무려 완성하기		● 묵은지 맛 돼지고기 김치찜 완성하기
● finish		

표고버섯 닭강정

3~4인분 / 30~40분

재료 및 분량
- 표고버섯 10개(250g)
- 닭다릿살 3쪽
  (또는 닭안심, 닭가슴살, 300g)
- 달걀흰자 2개분
- 감자 전분 6큰술
- 밀가루 2큰술
- 소금 약간
- 후춧가루 약간
- 식용유 3컵(600㎖)

양념
- 설탕 2큰술
- 발사믹 식초(또는 식초) 1큰술
- 굴소스 2큰술
- 토마토케첩 1큰술
- 물 1/3컵(70㎖)

1 표고버섯은 기둥을 제거하고 4~6등분한다. 닭다릿살은 껍질을 제거한 후 한 입 크기로 썬다.

2 작은 볼에 달걀흰자를 넣고 잘 푼다.

3 위생팩에 표고버섯, 닭다릿살, 달걀흰자를 넣고 흔들어가며 달걀을 골고루 묻힌다.

4 ③에 감자 전분, 밀가루, 소금, 후춧가루를 넣고 흔들어가며 가루를 골고루 묻힌다.

5 작은 냄비에 식용유를 붓고 170℃(튀김옷을 넣었을 때 3초 후 떠오르는 정도)로 달군다. ④의 표고버섯과 닭고기를 넣고 3~4분간 노릇하게 튀겨 체로 건진 후 키친타월에 올려 기름기를 뺀다.

6 깊은 팬에 양념 재료를 넣고 중간 불에서 가장자리가 끓어오르면 1분간 끓인 후 ⑤의 튀긴 표고버섯과 닭고기를 넣고 약한 불로 줄여 1분간 양념이 골고루 배도록 조리듯 버무린다.

깻잎 된장절임

20회분 / 20~30분(+ 숙성시키기 1일)

재료 및 분량
- 깻잎 150장(300g)
- 양파 1/3개(70g)

국물
- 국물용 멸치 5마리(5g)
- 다시마 5×5cm
- 무 지름 10cm, 두께 1cm(100g)
- 양파 1/5개(40g)
- 물 2컵(400㎖)

양념
- 다진 마늘 1큰술
- 매실청 2큰술
- 청주 1/3컵(70㎖)
- 된장 1/2컵(집 된장 1/3컵, 100g)

> 완성된 국물의 양은 1컵(200㎖) 정도이며 부족할 경우 물을 더하세요.

1 냄비에 국물 재료를 넣고 센 불에서 끓어오르면 중약 불로 줄여 5분, 다시마를 건져내고 10분간 더 끓인 후 나머지 재료를 건져낸다.

2 깻잎은 흐르는 물에 1장씩 씻어 물기를 털어내고 양파는 잘게 다진다.

3 ①의 냄비에 다진 양파와 양념 재료를 넣고 센 불에서 끓어오르면 중간 불로 줄여 2분간 끓인 후 완전히 식힌다.

> 깻잎을 절이지 않고 양념이 짜지 않기 때문에 보관 기간이 길지 않아요. 냉장실에 보관해두고 2주 이내에 먹는 게 좋아요.

4 밀폐 용기에 깻잎을 3장씩 올리고 ③의 양념 2큰술을 골고루 펴 바르며 겹겹이 쌓는다. 실온에서 하루 동안 숙성시킨 후 냉장실에 보관하여 먹는다.

묵은지 맛 돼지고기 김치찜

2~3인분 / 1시간~1시간 10분

재료 및 분량
- 돼지고기 목살 200g
- 익은 배추김치 4컵(600g)
- 두부 큰 팩 1/2모(부침용, 150g)
- 양파 1/4개(50g)
- 풋고추 1개
- 대파 10cm
- 식용유(또는 들기름) 2큰술

국물
- 국물용 멸치 10마리(10g)
- 다시마 5×5cm 2장
- 물 6컵(1.2ℓ)

밑간
- 고춧가루 2작은술
- 다진 마늘 1작은술
- 생강술 1큰술(또는 다진 생강 1/4작은술 + 청주 1큰술)
- 양조간장 2작은술
- 고추장 2작은술

양념
- 고춧가루 1큰술
- 참치 액젓(또는 멸치 액젓) 1큰술
- 미소 된장(또는 쌈장) 2큰술
- 사이다 1/2컵(100㎖)
- 김칫국물 1/2컵(100㎖)

완성된 국물의 양은 5컵(1ℓ)이며 부족한 경우 물을 더하세요.

1 냄비에 국물 재료를 넣고 센 불에서 끓어오르면 중약 불로 줄여 5분, 다시마를 건져내고 10분간 더 끓인다. 멸치를 건져내고 국물은 큰 볼에 덜어둔다.

2 돼지고기는 키친타월로 감싸 핏물을 없애고 1×3cm 크기로 썬다. 볼에 밑간 재료를 넣어 섞은 후 돼지고기를 비무려 20분간 둔다.

3 작은 볼에 양념 재료를 넣고 섞는다. 두부는 3×4×0.7cm 크기로 썰고, 양파는 0.5cm 폭으로 채 썬다. 풋고추, 대파는 어슷 썬다.

4 배추김치는 양념을 털어내고 줄기 부분은 4cm, 잎 부분은 5cm 폭으로 썬다.

5 달구지 않은 냄비에 식용유를 두르고 돼지고기를 넣어 중간 불에서 3분간 볶는다.

6 배추김치를 넣고 중간 불에서 2분간 볶은 후 ①의 국물 4큰술을 넣고 2분간 더 볶는다.

Cooking Note

묵은지 맛 돼지고기 김치찌개
★ 김치찌개로 유명한 맛 집 따라 잡기

묵은지 맛 돼지고기 김치찜은 김치찌개로 유명한 맛 집의 맛을 재현한 메뉴예요. 묵은지가 없어도 이 비법 양념을 넣어 끓이면 묵은지 김치찜 같은 깊은 맛이 나요. 김치 요리를 좋아한다면 김치와 미소 된장, 사이다를 넣고 1시간 동안 푹 끓인 다음 김치통에 넣어 냉장고에 보관해두었다가 이 김치를 돼지고기를 넣은 김치찌개나 김치전, 김치볶음밥 등에 활용하면 정말 맛있게 조리할 수 있답니다.

표고버섯 닭강정
★ 아이들도 잘 먹는 표고버섯 요리

닭강정을 만들 때 다양한 채소류도 함께 튀기면 열량을 낮추고 영양 균형도 맞출 수 있어 좋아요. 특히 표고버섯은 지방 함량이 적고 식이섬유가 풍부한 식품이지요. 이 식이섬유는 콜레스테롤이 많은 고기와 함께 섭취하면 콜레스테롤의 흡수를 막아주는 역할을 해요. 하지만 이렇게 영양이 풍부해도 싫어하는 아이들이 많지요. 그렇다면 표고버섯을 튀겨 식감을 쫄깃하게 만들고 아이들 입맛에 맞도록 토마토케첩, 굴소스, 발사믹 식초로 만든 양념에 버무려 조리해보세요. 아이들도 아주 잘 먹는답니다.

7
나머지 ①의 국물과 ③의 양념을 넣고 센 불로 올려 10분간 끓인 후 중간 불로 줄여 15분간 끓인다. 중간에 수분이 부족하면 물(1컵)을 보충한다.

8
두부, 양파를 넣고 센 불로 올려 3분, 풋고추와 대파를 넣고 1분간 더 끓인다.

봄학기
10주차

방풍나물무침
간장양념 닭불고기
골뱅이 파무침과 소면

> 다른 봄나물에 비해 초여름까지 볼 수 있는 방풍나물로 마지막 봄을 즐겨볼까요?
> 방풍나물무침과 특히 잘 어울리는 간장양념 닭불고기는 저만의 특급 양념장 레시피로
> 양념했고 파프리카와 양파의 수분으로 닭고기의 퍽퍽한 식감을 보완해
> 그 맛이 일품이랍니다. 골뱅이 파무침까지 곁들여 풍성한 한 끼를 완성해보세요.

봄 학기_10주차

세 가지 메뉴
한꺼번에 장보기

정육
- 닭다릿살 5쪽(500g)

채소
- 파프리카 1개(200g)
- 방풍나물 5줌(100g)
- 양파 약 1/2개(110g)
- 오이 1/3개(70g)
- 대파(흰 부분) 15cm

기타
- 골뱅이 통조림 1캔(큰 것, 400g)
- 소면 3줌(210g)

세 가지 메뉴
한 끼에 차리기

방풍나물무침	간장양념 닭불고기	골뱅이 파무침과 소면
● start		
방풍나물 데칠 물 끓이기	닭다릿살 손질 후 양념에 버무려 20분 이상 재우기	골뱅이 국물 뺀 후 2등분하기(양념에 쓸 국물 2큰술 남겨두기)
방풍나물 손질하기	파프리카, 양파, 닭다릿살 손질한 후 썰기	대파, 양파, 오이 손질한 후 썰기
방풍나물 데쳐 찬물에 헹궈 물기 짜기		
양념 섞기		양념 섞기
방풍나물 무쳐 완성하기	간장양념 닭불고기 완성하기	골뱅이 파무침 완성하기 소면 삶아 찬물에 헹궈 체에 밭쳐 물기 빼기 삶은 소면과 골뱅이 파무침 담아 완성하기
● finish		

방풍나물무침

2~3인분 / 10~20분

재료 및 분량
- 방풍나물 5줌(100g)

양념
- 설탕 1/2큰술
- 식초 1큰술
- 고추장 1큰술
- 통깨 1작은술
- 다진 마늘 1작은술
- 청주 1/2작은술
- 올리고당(또는 유자청) 1작은술

1

방풍나물 데칠 물(5컵) + 소금(1작은술)을 끓인다. 방풍나물은 시든 잎은 떼어내고 두꺼운 줄기 부분은 손으로 뜯는다.

2

①의 끓는 물에 방풍나물을 넣고 1분간 데친 후 찬물에 헹궈 물기를 꼭 짠다.

3

큰 볼에 양념 재료를 넣고 섞은 후 방풍나물을 넣어 조물조물 무친다.

간장양념 닭불고기

2~3인분 / 30~40분

재료 및 분량
- 닭다릿살 5쪽
  (또는 닭안심, 닭가슴살, 500g)
- 파프리카 1개(200g)
- 양파 1/3개(70g)
- 식용유 1큰술
- 소금 1/3작은술

양념
- 설탕 1큰술
- 다진 대파 2큰술
- 다진 마늘 1큰술
- 생강술 1큰술(또는 다진 생강 1/4작은술 + 청주 1큰술)
- 양조간장 2큰술
- 매실청 1큰술
- 통깨 2작은술
- 참기름 1작은술
- 후춧가루 약간

> 이 양념은 돼지고기나 소불고기 양념장, 또는 북어강정 양념으로 활용해도 좋아요.

> 두꺼운 부분은 칼로 포를 뜨듯이 펼치면 구울 때 골고루 잘 익어요.

1 닭다릿살은 껍질과 기름을 제거한다.

2 볼에 양념 재료를 넣어 섞은 후 닭다릿살을 넣고 버무려 20분간 둔다.

3 파프리카, 양파는 0.3cm 폭으로 채 썬다.

4 달군 팬에 식용유를 두르고 파프리카, 양파, 소금을 넣어 중간 불에서 1분간 볶은 후 완성 그릇에 덜어둔다.

5 ④의 팬에 닭다릿살을 올려 중약 불에서 앞뒤로 뒤집어가며 5분간 노릇하게 굽는다. 도마로 옮겨 한 김 식힌 후 한 입 크기로 썬다.

6 ④의 그릇에 닭다릿살 구이를 올린다.

골뱅이 파무침과 소면

3~4인분 / 20~30분

재료 및 분량
- 골뱅이 통조림 1캔(큰 것, 400g)
- 소면 3줌(210g)
- 대파(흰 부분) 15cm
- 양파 1/5개(40g)
- 오이 1/3개(70g)

양념
- 고춧가루 2큰술
- 통깨 1큰술
- 설탕 1/2큰술
- 생강술 1큰술(또는 다진 생강 1/4작은술 + 청주 1큰술)
- 식초 2큰술
- 골뱅이 통조림 국물 2큰술
- 매실청 1큰술
- 올리고당 1큰술
- 고추장 1큰술
- 참기름 1큰술
- 소금 2/3작은술
- 다진 마늘 1작은술
- 후춧가루 약간

> 골뱅이의 단면이 잘 보이도록 칼을 눕혀 썰면 같은 양을 넣어도 훨씬 재료가 풍성해 보여요.

1 골뱅이는 체에 밭쳐 국물을 뺀 후 반으로 저민다. 이때, 국물 2큰술은 따로 덜어둔다.

2 대파는 5cm 길이로 썬 후 길이로 반 썰어 가운데 심을 빼고 가늘게 채 썬다. 양파도 가늘게 채 썬다. 대파와 양파를 찬물에 2~3회 씻은 뒤 체에 밭쳐 물기를 뺀다.

3 오이는 칼로 튀어나온 돌기를 제거해 쓴맛이 나는 양 끝을 제거한 후 길게 2등분해 0.3cm 두께로 어슷 썬다. 소면 삶을 물(10컵)을 끓인다.

4 큰 볼에 양념 재료를 넣어 골고루 섞는다.

5 ③의 끓는 물에 소면을 펼쳐 넣고 센 불에서 끓어오르면 찬물(1/2컵)을 넣고 2분간 삶은 후 체에 밭쳐 찬물에 헹구고 그대로 물기를 뺀다.

6 ④의 볼에 골뱅이, 대파, 양파, 오이를 넣어 골고루 버무리고 소면을 곁들인다.

Cooking Note

방풍나물무침

★ **제철 재료, 봄나물 이야기 2탄**(1탄은 21쪽)

방풍나물

방풍나물은 생명을 연장시켜준다는 뜻의 '장명초'라는 별칭이 있을 정도로 몸에 좋은 채소랍니다. 혈액순환에 도움을 준다고 알려져 있지요.

장보기 너무 억세지 않은 것을 고르세요.

손질하기 시든 잎을 떼어내고 흐르는 물에 흔들어 씻으세요.

보관하기 씻지 않고 밀폐 용기에 담아 일주일간 냉장 보관 가능해요.
혹은 1분간 데친 후 물기를 꼭 짜서 지퍼백에 넣어두면 3개월간 냉동 보관 가능합니다.

곰취

향이 좋은 곰취는 4월부터 5월까지가 제철이에요. 곰 발바닥처럼 생겨 곰취라고 부르게 되었다는 설과 곰이 동면에서 깨어나 제일 처음으로 먹었다 하여 곰취라고 했다는 설이 있습니다.

장보기 곰취는 잎의 크기가 손바닥만 한 정도가 가장 맛있어요.
생으로 먹으려면 잎이 얇아 부드러운 것이 좋고 데쳐서 나물로 무쳐 먹을 경우에는 잎이 도톰한 것을 고르는 것이 좋습니다.

손질하기 곰취는 농약을 쓰지 않고 재배하므로 시든 잎을 떼어낸 후 흐르는 물에 씻으면 된답니다.

보관하기 씻지 않은 채로 지퍼백에 담아 일주일간 냉장 보관 가능하고, 데친 후 지퍼백이나 밀폐 용기에 넣어두면 6개월간 냉동 보관 가능해요. 데쳐서 말린 후 보관하면 6개월 이상 실온 보관 가능합니다.

★ **향이 좋은 방풍나물밥 만들기**

재료 멥쌀 2컵(300g), 물 2컵(400㎖), 방풍나물 5줌(100g)

비빔양념장 간장 1큰술, 설탕 1작은술, 고춧가루 1작은술, 참기름 1/2큰술, 통깨 1/2큰술, 물 1큰술

만들기
1 끓는 물에 방풍나물을 넣고 1분간 데친다.
2 불린 쌀에 데친 방풍나물을 넣고 밥을 한다.
3 비빔양념장을 만들어 방풍나물밥에 곁들인다.

봄학기
11주차

{ 간장게장
장아찌 3종
버섯 순두부 들깨탕 }

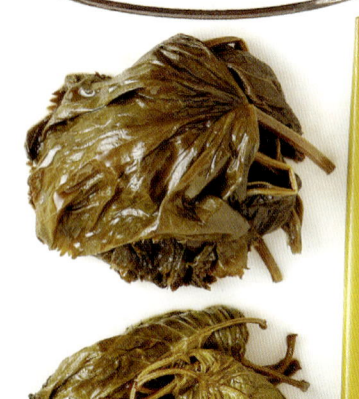

> 5월은 가정의 달인 동시에 요리하는 사람에게는 장아찌의 계절이에요. 모든 재료로 장아찌를 만들 수 있지요. 곰취, 깻잎, 양파를 활용한 장아찌 3종과 알이 꽉 찬 꽃게로 게장 담그는 방법을 알려드릴게요. 짭조름한 이 두 가지 반찬에 담백한 순두부를 넣어 더욱 구수한 버섯 순두부 들깨탕을 곁들이면 참 잘 어울린답니다. "

봄학기_11주차

세 가지 메뉴
한꺼번에 장보기

해산물
- 꽃게 4마리(손질 전, 1kg)

채소
- 양파 3과 1/4개(450g)
- 깻잎 100장(200g)
- 곰취 70장(손바닥 크기, 200g)
- 느타리버섯 1과 1/2줌(75g)
- 표고버섯 2개(50g)
- 팽이버섯 1/2줌(25g)
- 마늘 5쪽(25g)
- 대파(흰 부분) 10cm
- 대파 10cm
- 청양고추 3개
- 생강 2톨(마늘 크기, 30g)

냉장 가공품
- 순두부 1봉(350g)

기타
- 사이다 1컵
  (또는 설탕 3큰술, 200㎖)

세 가지 메뉴
한 끼에 차리기

● 간장게장

● 장아찌 3종

● 버섯 순두부 들깨탕

start

● 꽃게 손질해 하루 동안 재우기

● 양념 국물 만들어 완전히 식힌 후 꽃게에 부어 하루 동안 숙성시키기

● 꽃게 숙성시킨 양념 국물을 다시 끓여 완전히 식힌 후 꽃게에 부어 하루 동안 숙성해 완성하기

● 장아찌 3종 재료 손질하기

● 장아찌 물 끓여 재료에 부어 1~3일간 숙성하기

● 버섯 순두부 들깨탕 레시피 따라 완성하기

finish

봄학기_11주차

간장게장

3~4인분 / 1시간~1시간 30분(+ 숙성시키기 1일 + 간장 걸러 다시 끓여 붓기 3일)

재료 및 분량
- 꽃게 4마리(손질 전, 1kg)
- 양조간장 1과 1/2컵(300㎖)
- 사이다 1컵(또는 설탕 3큰술, 200㎖)

국물
- 국물용 멸치 10마리(10g)
- 다시마 5×5cm
- 물 4컵(800㎖)

양념
- 양파 1/4개(50g)
- 청양고추 2개
- 대파(흰 부분) 10cm
- 마늘 5쪽(25g)
- 생강 2톨(마늘 크기, 30g)
- 청주(또는 소주) 1컵(200㎖)

> 간장으로 미리 밑간해 하루 동안 재우면 간이 더 잘 배고 오래 보관할 수 있어요.

1 꽃게는 조리용 솔로 구석구석 문질러 깨끗이 씻는다. 밀폐 용기에 꽃게 등딱지가 바닥에 닿도록 놓고 양조간장을 부어 냉장실에 하루 동안 둔다.

> 완성된 국물의 양은 3컵(600㎖)이며 부족한 경우 물을 더하세요.

2 냄비에 국물 재료를 넣고 센 불에서 끓어오르면 중약 불로 줄여 5분, 다시마를 건져내고 10분간 끓인 후 멸치를 건져낸다.

> 끓어오르면서 생기는 거품은 고운체 또는 숟가락으로 걷어내세요.

3 ②의 국물에 양념 재료, ①의 간장만 따로 넣어 중간 불에서 끓어오르면 약한 불로 줄여 15분간 끓인 후 완전히 식힌다.

4 ①의 밀폐 용기를 아래에 두고 ③을 체에 밭쳐 붓는다. 냉장실에 하루 동안 둔다.

5 냄비에 ④의 국물만 따라 붓고 사이다를 넣어 중간 불에서 끓어오르면 약한 불로 줄여 10분간 끓인 후 완전히 식힌다.

6 꽃게가 담긴 밀폐 용기에 부어 냉장실에 두고 다음 날부터 먹는다.

버섯 순두부 들깨탕

2~3인분 / 30~40분

재료 및 분량
- 순두부 1봉(350g)
- 느타리버섯 1과 1/2줌
  (또는 표고버섯 3개, 75g)
- 표고버섯 2개
  (또는 느타리버섯 1줌, 50g)
- 팽이버섯 1/2줌(또는 표고버섯 1개, 25g)
- 대파 10cm
- 청양고추 1개(기호에 따라 가감)
- 들깻가루 2큰술
- 찹쌀가루 1큰술
- 소금 약간(기호에 따라 가감)

국물
- 국물용 멸치 10마리(10g)
- 다시마 5×5cm
- 물 4컵(800㎖)

밑간
- 들깻가루 2작은술
- 소금 1/3작은술
- 양조간장 1작은술
- 후춧가루 약간

양념
- 소금 1/2작은술
- 국간장 1작은술
- 참치 액젓(또는 국간장) 1작은술
- 후춧가루 약간

1
냄비에 국물 재료를 넣고 센 불에서 끓어오르면 중약 불로 줄여 5분, 다시마를 건져내고 10분간 더 끓인 후 멸치를 건져낸다.

> 완성된 국물의 양은 3컵(600㎖)이며 부족한 경우 물을 더한다.

2
순두부를 반으로 자르고 그 위에 밑간 재료를 뿌린다. 다른 작은 볼에 양념 재료를 섞는다.

3
느타리버섯은 밑동을 제거한 후 결대로 찢고 표고버섯은 기둥을 제거하여 0.2cm 두께로 썬다. 팽이버섯은 밑동을 제거한 후 2등분한다. 대파와 청양고추는 어슷 썬다.

4
①의 냄비에 느타리버섯과 표고버섯을 넣고 센 불에서 끓어오르면 2분간 끓인 후 중간 불로 줄여 ②의 양념을 넣고 2분간 더 끓인다.

5
들깻가루와 찹쌀가루를 넣어 섞은 후 1분간 끓인다. 숟가락으로 ②의 순두부를 한 입 크기로 떠 넣고 센 불로 올려 끓어오르면 2분간 끓인다.

> 순두부를 밑간하면 물이 생겨요. 이 물은 쓴맛이 날 수 있으니 넣지 마세요.

6
대파, 청양고추, 팽이버섯을 넣고 센 불에서 1분간 끓인다. 부족한 간은 소금으로 더한다.

장아찌 3종

곰취장아찌·깻잎장아찌 각 10회분, 양파장아찌 5회분 / 각 15~25분

곰취장아찌

재료 및 분량
- 곰취 약 70장(손바닥 크기, 200g)

장아찌물
- 설탕 2/3컵(100g)
- 양조간장 2컵(400㎖)
- 물 1과 1/2컵(또는 청주, 300㎖)
- 식초 1과 1/4컵(250㎖)
- 매실청 1/2컵(100㎖)

→ 곰취장아찌 만들기

1 곰취 데칠 물(5컵) + 소금(1작은술)을 끓인다. 곰취를 깨끗하게 씻은 다음 체에 밭쳐 물기를 뺀다.

2 물이 끓어오르면 곰취를 넣고 1분간 데친 후 찬물에 헹구고 체에 밭쳐 물기를 뺀다.

3 냄비에 장아찌물 재료를 넣고 센 불에서 끓어오르면 설탕이 녹을 때까지 저어가며 끓인다.

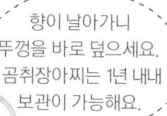

향이 날아가니 뚜껑을 바로 덮으세요. 곰취장아찌는 1년 내내 보관이 가능해요.

4 밀폐 용기에 곰취를 담은 후 ③의 장아찌물이 뜨거울 때 붓고 뚜껑을 덮는다. 서늘한 곳에서 1~2일간 숙성시킨 다음 냉장실에 보관하여 먹는다.

깻잎장아찌

재료 및 분량
- 깻잎 100장(200g)

장아찌물
- 설탕 1컵(150g)
- 양조간장 1컵(200㎖)
- 물 1컵(또는 청주, 200㎖)
- 식초 2/3컵(140㎖)

양파장아찌

재료 및 분량
- 양파 3개(600g)

장아찌물
- 설탕 1컵(150g)
- 양조간장 1컵(200㎖)
- 물 1컵(또는 청주, 200㎖)
- 식초 2/3컵(140㎖)

→ 깻잎장아찌 만들기

1
깻잎을 깨끗하게 씻은 다음 체에 밭쳐 물기를 뺀다.

2
냄비에 장아찌물 재료를 넣고 센 불에서 끓어오르면 설탕이 녹을 때까지 저어가며 끓인다.

3
밀폐 용기에 깻잎을 담은 후 ②의 장아찌물이 뜨거울 때 붓고 뚜껑을 덮는다. 서늘한 곳에서 1~2일간 숙성시킨 다음 냉장실에 보관하여 먹는다.

> 향이 날아가니 뚜껑을 바로 덮으세요. 깻잎장아찌는 3개월간 보관이 가능해요.

→ 양파장아찌 만들기

1
양파는 통으로 세워서 2/3 지점까지 8등분으로 칼집을 넣는다.

2
냄비에 장아찌물 재료를 넣고 센 불에서 끓어오르면 설탕이 녹을 때까지 저어가며 끓인다.

3
양파를 밀폐 용기에 담은 후 ②의 장아찌물이 뜨거울 때 붓고 뚜껑을 덮는다. 서늘한 곳에서 2~3일간 숙성시킨 다음 냉장실에 보관하여 먹는다.

> 양파장아찌는 3개월간 보관이 가능해요.

봄학기 특강

문화센터 회원들이 열광한
김선영표
별미 김밥 3가지

매콤 제육김밥

김밥 예쁘게 말기
김밥을 예쁘게 말기 위해서는 밥의 양이 중요해요. 밥의 양은 김밥 안에 들어가는 재료에 따라 조절해야 하지요. 김밥을 말 때 밥과 김이 조금만 겹치게 만나도록 말아보세요. 그러면 재료가 가운데에 쏙 들어간 예쁜 김밥을 만들 수 있어요.

와인조림 김밥　　　　　　　　**견과류 멸치김밥**

매콤 제육김밥

3줄 / 30~40분

재료 및 분량
- 김밥 김(A4 용지 크기) 4와 1/2장
- 양념밥 2와 1/2공기(500g)
  ★ 아래쪽 참고
- 돼지고기 목살(또는 삼겹살, 0.3cm 두께) 300g
- 상추 6장(60g)
- 오이 1/4개(50g)
- 당근 1/8개(25g)
- 달걀 3개
- 단무지 3줄(김밥용, 45g)
- 식용유 1/2큰술
- 소금 약간
- 참기름 약간

고기 양념
- 고춧가루 2큰술
- 통깨 1큰술
- 설탕 1/2큰술
- 다진 마늘 1큰술
- 생강술 2큰술(또는 다진 생강 1/3작은술 + 청주 2큰술)
- 양조간장 1큰술
- 맛술 1큰술
- 올리고당 1큰술
- 고추장 2큰술
- 참기름 1/2큰술
- 후춧가루 약간

1. 돼지고기는 키친타월로 감싸 핏물을 제거한 후 10cm 길이로 썬다. 볼에 고기 양념 재료를 넣어 섞은 후 돼지고기를 넣고 버무려 20분간 둔다. 김밥 김 1장을 1/2로 자른다.

2. 상추는 흐르는 물에 씻어 탈탈 털어 물기를 뺀다. 오이는 칼로 튀어나온 돌기를 제거한 후 쓴맛이 나는 양 끝을 제거한다. 0.5cm 두께로 어슷 썬 다음 0.5cm 폭으로 채 썬다. 당근도 같은 두께로 채 썬다.

3. 달걀지단을 만든다(82쪽 참고). 팬에 식용유를 두르고 당근, 소금을 넣어 중간 불에서 1분간 볶은 후 그릇에 덜어둔다.

4. ③의 팬에 ①의 돼지고기를 넣고 중간 불에서 5분간 볶아 물기가 생겼으면 체에 밭쳐 물기를 뺀다.

5. 김밥 김의 끝부분 1cm 정도를 남기고 양념밥 1/3 분량을 편 다음 1/2로 자른 김밥 김을 밥 위에 올린다.

6. 김 위에 상추 2장을 올린 후 돼지고기 1/3 분량을 올려 상추로 만다.

7. 오이·당근 1/3 분량과 달걀지단 1줄, 단무지 1줄을 올려 돌돌 만다. 같은 방법으로 2개 더 만든 후 김밥에 참기름(약간)을 바르고 한 입 크기로 썬다.

> **모든 김밥에 활용하세요!**
> ★ **양념밥 만들기**
>
> 따뜻한 밥 2와 1/2공기(또는 잡곡밥, 500g), 설탕 2/3큰술, 소금 1/2큰술, 식초 2큰술, 통깨 2작은술, 참기름 2작은술
> → 큰 볼에 넣고 섞는다.

와인조림 김밥

3줄 / 20~30분

재료 및 분량
- 김밥 김(A4 용지 크기) 3장
- 양념밥 2와 1/2공기(500g)
  ★ 81쪽 참고
- 통조림 햄 1캔(작은 것, 200g)
- 깻잎 12장(24g)
- 단무지 6줄(90g)
- 참기름 약간

양념
- 와인 1/3컵(70㎖)
- 맛술 1/3컵(70㎖)

1 통조림 햄 데칠 물(3컵)을 끓인다. 깻잎은 흐르는 물에 씻어 물기를 털어낸 후 꼭지를 제거한다. 통조림 햄은 2cm 두께로 썰어 길게 3등분한다.

2 ①의 끓는 물에 통조림 햄을 넣고 10초간 데친 후 체에 밭쳐 물기를 뺀다.

3 달구지 않은 팬에 통조림 햄과 양념 재료를 넣고 센 불에서 끓어오르면 양념이 없어질 때까지 8분간 앞뒤로 조린다.

4 김 위에 김밥 김의 끝부분 1/3을 남기고 양념밥 1/3 분량을 올려 펼친다.

5 깻잎을 2장씩 겹쳐 4장을 밥 위에 깐 다음 양념에 조린 통조림 햄 2개와 단무지 2줄을 올려 돌돌 만다. 같은 방법으로 2개 더 만든 후 참기름(약간)을 바르고 한 입 크기로 썬다.

★ **모든 김밥에 활용하세요! 김밥 속 도톰한 달걀지단 만들기**

1 달걀에 소금을 넣고 저어 달걀물을 만든다. 달군 팬에 식용유 1/2큰술을 팬 전체에 골고루 두른다. 달걀물을 팬에 붓고 약한 불에서 스크램블 하듯 저어가며 골고루 열을 분산시킨다.

2 달걀이 몽글몽글해지고 팬의 바닥에 젓가락 자국이 나기 시작하면 젓는 것을 멈춘다.

3 숟가락으로 달걀 윗면을 평평하게 펴면서 그대로 달걀을 익힌다.

4 바닥이 익기 시작하면 뒤집는다. 단무지 크기로 달걀을 썬다.

견과류 멸치김밥

3줄 / 30~40분

재료 및 분량
- 김밥 김(A4 용지 크기) 4와 1/2장
- 양념밥 2와 1/2공기(500g)
  ★ 81쪽 참고
- 잔멸치 2/3컵(50g)
- 견과류 3큰술(땅콩, 아몬드, 호두, 피칸, 50g)
- 달걀 3개
- 깻잎 6장(12g)
- 오이 1개(200g)
- 청양고추 3개
- 슬라이스 치즈 6장
- 단무지 3줄(김밥용, 45g)
- 통깨 1/2큰술
- 참기름 1/2작은술 + 약간

멸치 양념
- 설탕 1작은술
- 생강술 1작은술(다진 생강 약간, + 청주 1작은술)
- 양조간장 1작은술
- 맛술 1작은술
- 올리고당 1큰술
- 식용유 1작은술

1. 볼에 달걀을 푼다. 작은 볼에 멸치 양념 재료를 넣고 잘 섞는다.
   김밥 김 1장을 1/2로 자른다.

2. 깻잎은 흐르는 물에 씻어 물기를 털어낸 후 꼭지를 제거한다. 오이는 칼로
   튀어나온 돌기를 제거한 후 쓴맛이 나는 양 끝을 제거한다.
   0.5cm 두께로 어슷 썬 다음 0.5cm 폭으로 채 썬다. 청양고추는 잘게 다진다.

3. 달걀지단을 만든다(82쪽 참고). 잔멸치와 견과류를 각각 접시에 담아
   전자레인지(700W)에서 2분간 돌린다.
   ★ 잔멸치와 견과류는 마른 팬에 볶아도 좋다.

4. 깊은 팬에 ①의 멸치 양념을 넣고 가장자리가 끓기 시작하면 잔멸치를 넣는다.
   약한 불로 줄여 1분간 볶은 후 견과류를 넣어 30초간 더 볶아 불을 끄고
   통깨와 참기름(1/2작은술)을 섞는다.

5. 김밥 김의 끝 부분 1cm 정도를 남기고 양념밥 1/3 분량을 얇게 편다.
   ①의 김밥 김 1/2장을 올리고 슬라이스 치즈 2장을 올린 다음 깻잎 2장을
   펼쳐놓고 다진 청양고추와 ④의 잔멸치 견과류볶음 1/3 분량을 골고루 올린다.

6. 깻잎으로 잔멸치 견과류볶음을 감싼 다음 오이 1/3 분량, 달걀지단 1줄,
   단무지 1줄을 올려 돌돌 만다. 같은 방법으로 2개 더 만든 후 김밥에
   참기름(약간)을 바르고 한 입 크기로 썬다.

옷이 얇아지고 낮이 길어져 활동이 많아지는 여름입니다.
짧은 시간에 요리할 수 있고 열 조리가 많지 않아 요리하는 사람도,
먹는 사람도 시원한 메뉴들을 엄선했습니다.
채소와 과일이 저렴한 계절인 만큼 다양한 요리에
이 재료들을 활용해보세요.

1주차	차돌박이 감자 고추장찌개, 코다리강정, 도라지 깻잎무침
2주차	비빔냉면, 오이고추무침, 과일양념 삼겹살구이
3주차	차돌박이 두부조림, 중화풍 냉잡채, 쇠고기 깻잎전골
4주차	숙주 셀러리 건새우전, 새우 해파리냉채, 여름동치미
5주차	어묵 가지볶음, 꽈리고추 콩가루찜, 순두부찌개
6주차	미역 토마토무침, 영양부추무침, 흑미 보양삼계탕
7주차	푸딩 달걀찜, 쇠고기 달걀덮밥, 닭고기 가지볶음
8주차	애호박나물, 어묵 꽈리고추조림, 꽃새우 아욱된장국
9주차	감자채 파프리카볶음, 마늘종 건새우볶음, 버섯불고기
10주차	오이 미역냉국, 감자 양파조림, 사천식 가지조림
11주차	궁중 약선 닭죽, 양배추김치, 절임무 오징어젓갈무침

 특강 문화센터 수강생들이 가장 배우고 싶어 한 과일 깎기 9가지
사과, 자몽, 키위, 파인애플, 참외, 망고, 멜론, 수박, 바나나

여름학기 1주차

{ 차돌박이 감자 고추장찌개
코다리강정
도라지 깻잎무침

> 제철 채소인 감자와 도라지로 제철 밥상을 차려볼까요? 차돌박이를 넣어 구수하면서도 깊은 맛이 느껴지는 감자 고추장찌개, 향긋한 깻잎과 도라지가 잘 어우러진 도라지 깻잎무침, 여기에 영양 균형을 고려해 단백질이 풍부한 코다리강정까지 더했습니다. 코다리강정은 마늘과 고추로 향을 낸 간장 소스로 버무려 술안주로도 그만이지요.

세 가지 메뉴
한꺼번에 장보기

정육
- 쇠고기 차돌박이 100g

해산물
- 손질된 냉동 코다리 2마리(430g)

채소
- 감자 2개(400g)
- 도라지 2줌(200g)
- 애호박 1/2개(135g)
- 양파 1/5개(40g)
- 깻잎 15장(30g)
- 팽이버섯 1/2줌(25g)
- 대파(흰 부분) 10cm
- 풋고추 2개
- 홍고추 1개
- 마늘 3쪽(15g)

세 가지 메뉴
한 끼에 차리기

차돌박이 감자 고추장찌개	코다리강정	도라지 깻잎무침
● start		
멸칫국물 끓이기 차돌박이 밑간하기	손질된 코다리 씻어 1시간 실온에서 해동하기	도라지 손질 후 밑간하기
감자, 애호박, 대파, 풋고추, 팽이버섯 손질한 후 썰기	풋고추, 홍고추, 마늘 손질한 후 썰기	양파, 깻잎 손질한 후 썰기
양념 섞기	양념 섞기	양념 섞기
	튀김기름 불에 올려 170℃로 예열하기 해동된 코다리에 전분 입히기 코다리 튀긴 후 키친타월에 올려 기름 빼기	
차돌박이 감자 고추장찌개 완성하기	양념 끓이다가 코다리튀김 넣고 버무려 강정 완성하기	밑간한 도라지 꼭 짜서 무침 볼에 양파채와 깻잎채를 넣고 버무려 도라지 깻잎무침 완성하기
● finish		

차돌박이 감자 고추장찌개

2~3인분 / 40~50분

재료 및 분량
- 쇠고기 차돌박이 100g
- 감자 2개(400g)
- 애호박 1/2개(135g)
- 대파(흰 부분) 10cm
- 풋고추 1개
- 팽이버섯 1/2줌(25g)
- 소금 약간(기호에 따라 가감)

국물
- 국물용 멸치 10마리(10g)
- 다시마 5×5cm
- 물 6컵(1.2ℓ)

밑간
- 고춧가루 1큰술
- 고추장 1큰술
- 다진 마늘 2작은술
- 양조간장 2작은술

양념
- 맛술 2큰술
- 국간장(또는 참치 액젓) 1큰술
- 소금 1작은술

> 감자 고추장찌개에는 구수한 맛을 더해주는 차돌박이가 어울린답니다. 영양적으로도 궁합이 잘 맞지요.

> 완성된 국물의 양은 5컵(1ℓ)이며 부족한 경우 물을 더하세요.

1 냄비에 국물 재료를 넣고 센 불에서 끓어오르면 중약 불로 줄여 5분, 다시마를 건져내고 10분간 더 끓인 후 멸치를 건져내고 국물은 볼에 담는다.

2 쇠고기는 키친타월로 감싸 핏물을 없앤 후 3cm 폭으로 썬다. 볼에 밑간 재료를 넣고 섞은 후 쇠고기를 넣고 버무려 10분간 둔다. 작은 볼에 양념 재료를 넣어 섞는다.

3 애호박은 4등분한 후 1cm 두께로 썬다. 감자는 껍질을 제거하고 4등분한 후 1cm 두께로 썬다. 대파, 풋고추는 송송 썰고, 팽이버섯은 밑동을 제거한 후 2등분한다.

4 달구지 않은 냄비에 ②의 쇠고기를 넣고 중간 불에서 1분간 볶는다.

5 ①의 국물과 ②의 양념, ③의 감자를 넣고 센 불에서 5분간 끓인다.

6 애호박을 넣고 센 불에서 2분, 대파, 풋고추를 넣고 2분간 끓인다. 팽이버섯을 넣고 끓어오르면 불을 끈다. 부족한 간은 소금으로 더한다.

코다리강정

2~3인분 / 30~40분(+ 냉동 코다리 해동하기 1시간)

재료 및 분량
- 손질된 냉동 코다리 2마리
  (또는 북어, 황태, 430g)
- 풋고추(또는 홍고추) 1개
- 홍고추(또는 풋고추) 1개
- 마늘 3쪽(15g)
- 감자 전분 3큰술
- 식용유 5컵(1ℓ)
- 고추기름 1과 1/2큰술
- 통깨 1작은술
- 참기름 1작은술

양념
- 설탕 1/2큰술
- 생강술 1큰술(또는 다진 생강 1/4작은술 + 청주 1큰술)
- 양조간장 2큰술
- 올리고당 2큰술
- 물 1/4컵(50㎖)
- 후춧가루 약간

> 재료가 너무 잘게 들어가면 음식이 지저분해지므로 약간 두껍게 써는 게 좋아요.

> 코다리 대신 북어포나 황태포로 대체해도 좋아요. 단, 북어나 황태로 조리할 때는 물에 20분 정도 불렸다가 물기를 제거하고 전분을 묻혀 튀기세요.

1 냉동 코다리는 1시간 동안 해동한다. 고추는 1cm 두께로 썰고, 마늘은 0.3cm 두께의 편으로 썬다. 볼에 양념 재료를 섞는다.

2 코다리는 흐르는 물에 씻어 키친타월로 눌러 물기를 제거한다.
★ 코다리를 반으로 가른 다음 뼈를 발라내면 먹기 편하다.

3 위생팩에 코다리와 감자 전분을 넣고 흔들어 골고루 묻힌다.

4 작은 냄비에 식용유를 붓고 170℃ (코다리 하나를 넣었을 때 5초 후에 떠오르는 정도)로 끓인다. 코다리를 한 조각씩 넣고 4분간 튀겨 체로 건진 후 키친타월에 올려 기름기를 뺀다.

5 달군 팬에 고추기름을 두르고 고추, 마늘을 넣어 중간 불에서 1분간 볶는다. ①의 양념을 넣고 가장자리가 끓어오르면 3분간 저어가며 끓인다.

6 코다리를 넣고 센 불에서 뒤집어가며 양념이 거의 없어질 때까지 버무린 후 불을 끈다. 통깨와 참기름을 넣고 가볍게 버무린다.

도라지 깻잎무침

2~3인분 / 25~35분(도라지 밑간하기 30분)

재료 및 분량
- 도라지 2줌(200g)
- 양파 1/5개(40g)
- 깻잎 15장(30g)

밑간
- 설탕 1과 1/2큰술
- 식초 1큰술
- 소금 1작은술

양념
- 고춧가루 1큰술
- 설탕 1/2큰술
- 통깨 1/2큰술
- 다진 마늘 1/2큰술
- 식초 1큰술
- 양조간장 1/2큰술
- 올리고당 1/2큰술
- 고추장 1과 1/2큰술

> 껍질을 벗기기 힘든 잔뿌리는 깨끗이 씻어 차로 끓이면 좋아요.

> 도라지의 쓴맛을 제거하려면 찬물에 1시간 이상 담갔다가 손으로 꽉 짜 물기를 제거하세요. 물에 하루 종일 담가 냉장실에 두면 더 효과적이에요.

1 도라지는 깨끗이 씻은 후 두꺼운 윗부분을 제거한 다음 칼집을 넣어 돌려가면서 껍질을 벗긴다.

2 손질한 도라지는 6cm 길이로 썬다. 두꺼운 부분은 0.5cm 두께로 가른다.

3 볼에 도라지, 소금(1큰술), 물(3큰술)을 넣고 물이 생길 때까지 힘 주어 바락바락 주무른 다음 찬물에 2~3회 헹군다.

4 볼에 도라지와 밑간 재료를 넣고 버무려 30분간 둔 후 손으로 물기를 꼭 짠다.

5 양파는 가늘게 채 썰어 찬물(2컵)에 10분간 담가 매운맛을 없앤 후 체에 밭쳐 물기를 뺀다. 깻잎은 길이로 2등분한 후 1cm 폭으로 썬다.

6 볼에 양념 재료를 넣어 섞은 후 도라지를 넣고 조물조물 버무린다. 양파와 깻잎을 넣고 가볍게 무친다.

여름학기 2주차

비빔냉면
오이고추무침
과일양념 삽겹살구이

여름 학기_2주차

" 여름엔 냉면! 냉면에 부족한 단백질은 과일양념 삼겹살구이로 더했어요. 삼겹살은 끓는 물에 살짝 데쳐내 기름기를 제거하고, 양념에 과일을 넣어 더욱 부드럽게 조리했지요. 겨자 향의 오이고추무침도 함께 먹으면 맛과 영양의 균형이 딱 맞는답니다. "

세 가지 메뉴
한꺼번에 장보기

정육
- 돼지고기 삼겹살(얇은 것) 400g

채소 & 청과
- 오이고추 10개(300g)
- 무 지름 10cm, 두께 2cm(200g)
- 사과 1/2개(100g)
- 오이 1/2개(100g)
- 양파 1/4개(50g)
- 대파(흰 부분) 10cm

난류
- 달걀 2개

기타
- 냉면 600g
- 잣 2큰술(20g)

세 가지 메뉴
한 끼에 차리기

비빔냉면	오이고추무침	과일양념 삼겹살구이
● start		
		● 끓는 물에 삼겹살 데쳐 찬물에 헹구기 ● 양념 재료 푸드 프로세서에 넣고 갈아 삼겹살과 함께 버무려 30분간 재우기
● 냉면에 쓸 무 썰어 무 절임 재료에 30분간 절이기		
● 달걀 삶아 한 김 식히기	● 오이고추 썰기	
● 오이 손질한 후 썰기		
● 비빔 양념장 섞기	● 양념 섞기	
● 냉면 삶을 물 끓이기 ● 삶은 달걀 껍데기 벗겨 반으로 썰기 ● 냉면 가닥가닥 뜯어 살짝 삶아 찬물에 헹구기	● 기름 두르지 않은 팬에서 잣 볶기	
● 그릇에 냉면 담고 양념장, 절인 무, 오이, 달걀 올려 완성하기	● 오이고추무침 완성하기	● 과일양념 삼겹살구이 완성하기
● finish		

092

비빔냉면

4인분 / 20~30분(+ 무 절이기 30분)

재료 및 분량
- 냉면 600g
- 달걀 2개
- 무 지름 10cm, 두께 2cm(200g)
- 오이 1/2개(100g)

무 절임
- 설탕 1큰술
- 식초 2큰술
- 물 1/2컵(100㎖)
- 소금 1작은술

비빔 양념장
- 양파 1/4개(50g)
- 대파(흰 부분) 10cm
- 고운 고춧가루 4큰술
- 설탕 1큰술
- 통깨 1큰술
- 생강술 1큰술(또는 다진 생강 1/4작은술 + 청주 1큰술)
- 양조간장 4큰술
- 식초 4큰술
- 올리고당 2큰술
- 참기름 1큰술
- 소금 1/2작은술
- 후춧가루 약간

1
무는 2×7cm 크기로 썬 다음 감자 필러를 이용해 0.1cm 두께로 썬다. 볼에 무 절임 재료를 넣고 섞은 후 무를 넣어 실온에서 30분간 절인다.

2
냄비에 달걀과 잠길 만큼의 물을 붓고 센 불에서 끓어오르면 중간 불로 줄여 12분간 삶는다. 찬물에 담가 한 김 식힌 후 껍데기를 벗겨 2등분한다.

3
오이는 칼로 튀어나온 돌기를 제거한 후 쓴맛이 나는 양 끝을 제거한다. 0.3cm 두께로 어슷하게 편으로 썬 후 다시 0.3cm 폭으로 채 썬다. 냉면 삶을 물(8컵)을 끓인다.

기호에 따라 비빔 양념장에 고추냉이 1/2큰술을 섞어도 좋아요.

4
비빔 양념장 재료의 양파와 대파는 잘게 다진다. 볼에 나머지 비빔 양념장 재료와 함께 넣고 섞는다.

5
냉면은 가닥가닥 뜯어 ③의 끓는 물에 넣고 포장지에 적힌 시간대로 삶는다. 찬물에 비벼가며 헹군 후 체에 밭쳐 물기를 뺀다.

6
그릇에 냉면을 담고 무, 오이, 달걀을 올린 뒤 ④의 비빔 양념장을 곁들인다.

여름 학기_2주차

오이고추무침

3~4인분 / 5~15분

재료 및 분량
- 오이고추 10개
  (또는 풋고추 20개, 300g)
- 잣 2큰술(또는 다른 견과류, 20g)

양념
- 들깻가루 1큰술
- 올리고당 2큰술
- 마요네즈 1큰술
- 된장 2큰술(또는 집 된장 1과 1/2큰술)
- 설탕 2작은술
- 통깨 2작은술
- 식초 2작은술
- 연겨자 1/2작은술
- 참기름 2작은술

1
오이고추는 1cm 두께로 썬다.

2
달군 팬에 잣을 넣고 중간 불에서
1분간 볶은 후 그릇에 덜어둔다.

3
큰 볼에 양념 재료를 넣고 섞은 후
오이고추, 잣을 넣어 무친다.

Cooking Note

★ **제철 재료, 고추 이야기**

더운 날씨에 입맛을 돋워줄 뿐만 아니라 비타민 C도 풍부한 고추는 여름에 가장 맛이 좋아요. 우리나라에서 자주 쓰이는 고추는 청양고추, 홍고추, 풋고추, 꽈리고추, 오이고추가 있지요. 이 중에서 청양고추가 가장 맵고 그다음이 홍고추, 풋고추, 꽈리고추, 오이고추 순입니다. 청양고추, 홍고추처럼 매운 고추는 국이나 찌개에 넣으면 잘 어울리고 꽈리고추는 부드러우면서 매운맛이 덜하므로 조림용으로, 풋고추나 오이고추는 아삭하고 수분이 많아 무침이나 생으로 먹으면 좋아요.

장보기 크기와 모양이 균일하면서 윤기가 나고 짙은 녹색(홍고추는 붉은색)을 띠며 연한 것을 고르세요.

보관하기 키친타월에 감싸 지퍼백이나 밀폐 용기에 담아두면 일주일간 냉장 보관이 가능해요.
어슷 썰어 지퍼백이나 밀폐 용기에 담아 냉동한 후 요리할 때 바로 꺼내 사용해도 좋아요.
미리 꺼내두면 고추가 물러지니 주의하세요.

과일양념 삼겹살구이

2인분 / 15~25분(+ 고기 양념 재우기 30분)

> 캠핑 요리로도 잘 어울려요.

재료 및 분량
- 돼지고기 삼겹살
  (얇은 것, 또는 대패삼겹살) 400g

삼겹살 삶는 물
- 생강술 1큰술(또는 다진 생강 1/4작은술 + 청주 1큰술)
- 물 5컵(1ℓ)

양념
- 사과 1/2개(또는 파인애플 링 1개, 배 1/5개, 100g)
- 설탕 1큰술
- 양조간장 3과 1/2큰술
- 생강술 2큰술(또는 다진 생강 1/3작은술 + 청주 2큰술)
- 다진 마늘 2작은술
- 참기름 2작은술
- 후춧가루 약간

> 돼지고기는 살짝 데쳐 기름기와 누린내를 제거하면 좋아요.

1 냄비에 돼지고기 삶는 물 재료를 넣고 센 불에서 끓어오르면 삼겹살을 2~3장(대패삼겹살의 경우 5~6장)씩 넣어 3초간 데친 후 건져 찬물에 헹군다.

2 양념 재료의 사과는 한 입 크기로 썬 후 푸드 프로세서에 나머지 양념 재료와 함께 넣어 곱게 간다.

> 대패삼겹살의 경우 재우지 않고 바로 조리해도 맛있어요.

3 볼에 돼지고기와 양념을 넣고 버무려 30분간 냉장실에 둔다.

> 돼지고기의 두께에 따라 굽는 시간을 조절하세요. 220℃로 예열한 오븐에 10~12분간 구워도 좋아요.

4 달군 팬에 돼지고기를 넣고 중간 불에서 앞뒤로 각각 2분씩 볶듯이 굽는다.

여름학기
3주차

차돌박이 두부조림
중화풍 냉잡채
쇠고기 깻잎전골

> 더운 여름, 요리하기 싫은 날이 있지요. 이런 날에는 볶지 않고 무쳐내 깔끔하고 시원한 맛의 냉잡채와 간단하게 만들 수 있는 쇠고기 깻잎전골이 어떨까요? 누구나 좋아하는 매콤한 두부조림에 차돌박이를 넣어 구수한 맛을 살린 차돌박이 두부조림까지 곁들이면 금상첨화랍니다.

여름 학기_3주차

세 가지 메뉴
한꺼번에 장보기

정육
- 쇠고기 불고기용 200g
- 쇠고기 불고기용 100g
- 쇠고기 차돌박이 50g

채소
- 알배기배춧잎 5장 (손바닥 크기, 150g)
- 무 지름 10cm, 두께 1.5cm(150g)
- 시금치 2줌(100g)
- 숙주 2와 1/2줌(125g)
- 느타리버섯 2줌(100g)
- 양파 1/6개(30g)
- 오이 1/4개(50g)
- 당근 1/4개(50g)
- 깻잎 20장(40g)
- 팽이버섯 1/2줌(25g)
- 대파(흰 부분) 10cm
- 대파 5cm
- 풋고추 1/2개

냉장 가공품
- 두부 큰 팩 1모(부침용, 300g)

기타
- 당면 3줌(150g, 불린 당면 350g)
- 시판 물만두 6개(생략 가능)

세 가지 메뉴
한 끼에 차리기

차돌박이 두부조림	중화풍 냉잡채	쇠고기 깻잎전골
start		
차돌박이 양념에 재우기, 두부 썰어 키친타월에 올린 후 밑간하기	당면 불리기	멸치국물 끓이기
풋고추, 대파 손질한 후 썰기	시금치, 숙주, 양파, 오이, 당근 손질 후 썰기	깻잎, 알배기배춧잎, 무, 대파, 느타리버섯, 팽이버섯 손질 후 썰기
양념 섞기	양념 섞기	양념 섞기
	당면과 채소 데칠 물 끓이기. 당면 데쳐 찬물에 헹궈 물기 뺀 후 참기름에 버무리기. 당면 데친 물에 채소 데치기	전골냄비에 재료들 돌려 담기
두부 구워 그릇에 담아두기. 양념한 차돌박이 구워 두부조림 완성하기	잡채에 넣을 쇠고기 볶기. 큰 볼에 모든 재료와 양념 넣고 버무려 잡채 완성하기	전골냄비에 멸칫국물과 양념 넣고 끓여 전골 완성하기
finish		

차돌박이 두부조림

3~4인분 / 30~40분

재료 및 분량
- 쇠고기 차돌박이(또는 불고기용) 50g
- 두부 큰 팩 1모(부침용, 300g)
- 풋고추 1/2개
- 대파 5cm
- 식용유 1큰술

쇠고기 밑간
- 설탕 1/2작은술
- 양조간장 1작은술

두부 밑간
- 감자 전분 2작은술
- 소금 1/6작은술
- 후춧가루 약간

양념
- 양조간장 1과 1/2큰술
- 고춧가루 2작은술
- 설탕 2작은술
- 통깨 1작은술
- 참치 액젓(또는 국간장) 1작은술
- 참기름 1작은술
- 물 1/2컵(100㎖)

1 쇠고기는 키친타월로 감싸 핏물을 없앤 후 2cm 폭으로 썬다. 볼에 쇠고기 밑간 재료와 함께 넣고 버무려 10분간 둔다.

2 두부는 길이로 3등분한 후 1cm 두께로 썬다. 키친타월에 두부를 올리고 두부 밑간 재료를 뿌려 10분간 둔 후 키친타월로 감싸 물기를 없앤다.

3 풋고추, 대파는 어슷 썬다. 작은 볼에 양념 재료를 넣고 섞는다.

4 달군 팬에 식용유를 두르고 두부를 넣어 중간 불에서 앞뒤로 각각 1분 30초씩 노릇하게 구운 후 덜어둔다.

두부 깔끔하게 부치는 법 101쪽

5 팬을 다시 달궈 ①의 쇠고기를 넣고 센 불에서 30초간 볶아 덜어둔다.

6 팬에 구운 두부, 쇠고기, ③의 양념, 풋고추, 대파 순으로 올리고 중간 불에서 5분간 국물이 자작해질 때까지 조린다.

쇠고기 깻잎전골

3~4인분 / 25~35분

재료 및 분량

- 쇠고기 불고기용
  (또는 샤부샤부용) 200g
- 깻잎 20장(40g)
- 알배기배춧잎 5장
  (손바닥 크기, 또는 배춧잎 4장, 150g)
- 무 지름 10cm, 두께 1.5cm(150g)
- 대파(흰 부분) 10cm
- 느타리버섯 2줌(100g)
- 팽이버섯 1/2줌(25g)
- 시판 물만두 6개(생략 가능)
- 소금 약간(기호에 따라 가감)

국물

- 국물용 멸치 10마리(10g)
- 다시마 5×5cm 2장
- 물 7컵(1.4ℓ)

양념

- 고운 고춧가루 1큰술
- 통깨 간 것 1큰술
- 참치 액젓(또는 국간장) 2큰술
- 맛술 2큰술
- 양조간장 1큰술
- 소금 1작은술
- 다진 마늘 1작은술
- 후춧가루 약간

> 고운 고춧가루가 없다면 굵은 고춧가루를 체에 내려 사용하세요.

> 완성된 국물의 양은 6컵(1.2ℓ)이며 부족한 경우 물을 더하세요.

1

냄비에 국물 재료를 넣고 센 불에서 끓어오르면 중약 불로 줄여 5분, 다시마를 건져내고 10분간 더 끓인 후 멸치를 건져낸다.

2

깻잎은 길이로 2등분한 후 2cm 폭으로, 알배기배춧잎은 길이로 2등분한 후 1.5cm 폭으로 썬다.
무는 1.5×6×0.3cm 크기로 썰고, 대파는 5cm 길이로 썰어 두꺼운 부분은 길이로 2등분한다.

3

느타리버섯은 밑동을 제거한 후 결대로 찢고, 팽이버섯은 밑동을 제거한다. 쇠고기는 키친타월로 감싸 핏물을 없앤 후 2cm 폭으로 썬다. 작은 볼에 양념 재료를 넣어 섞는다.

4

전골냄비에 알배기배춧잎, 무, 대파, 느타리버섯을 돌려 담고 가운데에 쇠고기를 담는다.

5

①의 국물, ③의 양념을 넣고 센 불에서 끓어오르면 중간 불로 줄여 4분간 끓인 후 물만두를 넣어 1분간 끓인다.

6

깻잎, 팽이버섯을 넣고 중간 불에서 20초간 끓이고 불을 끈다. 부족한 간은 소금으로 더한다.

> 메밀 면 곁들여 즐기기 101쪽

중화풍 냉잡채

2~3인분 / 30~40분(+ 당면 불리기 1시간)

재료 및 분량
- 당면 3줌(150g, 불린 당면 350g)
- 쇠고기 불고기용
  (또는 잡채용, 채끝살) 100g
- 숙주 2와 1/2줌(125g)
- 시금치 2줌(100g)
- 양파 1/6개(30g)
- 오이 1/4개(50g)
- 당근 1/4개(50g)
- 참기름 2작은술
- 식용유 1작은술
- 소금 1/4작은술
- 후춧가루 약간

양념
- 설탕 2와 1/2큰술
- 통깨 2큰술
- 다진 대파 2큰술
- 다진 마늘 1큰술
- 양조간장 3큰술
- 식초 2큰술
- 고추기름 1큰술
- 소금 1작은술

1 볼에 당면과 잠길 만큼의 물을 담아 1시간 불린 후 체에 밭쳐 물기를 빼고 가로로 6~7cm 길이로 자른다. 냄비에 당면 삶을 물(5컵)을 끓인다.

2 숙주는 체에 밭쳐 흐르는 물에 씻은 후 그대로 물기를 뺀다. 시금치는 지저분한 잎을 떼어내고 칼로 뿌리를 제거한 다음 2등분한다. 체에 밭쳐 흐르는 물에 씻은 후 그대로 물기를 뺀다.

3 양파는 가늘게 채 썰어 찬물(2컵)에 10분간 담가 매운맛을 없앤 후 체에 밭쳐 물기를 뺀다. 오이는 칼로 튀어나온 돌기를 제거한 후 0.3cm 폭으로 채 썬다. 당근은 0.3cm 폭으로 채 썬다.

> 잡채용 쇠고기를 사용할 경우 썰지 말고 그대로 사용하세요.
> 쇠고기 대체하기 101쪽

4 쇠고기는 키친타월로 감싸 핏물을 없앤 후 1cm 폭으로 썬다. 작은 볼에 양념 재료를 넣고 섞는다.

5 ①의 끓는 물에 당면을 넣고 1분간 삶아 체로 건져 찬물에 헹궈 물기를 뺀 후 볼에 참기름과 함께 넣고 버무린다. 이때, 물은 계속 끓인다.

6 ⑤의 끓는 물에 숙주를 넣고 센 불에서 1분간 데친 후 체로 건져 찬물에 헹군다. 물이 다시 끓어오르면 시금치를 넣고 센 불에서 15초간 데쳐 찬물에 헹궈 물기를 꼭 짠다.

Cooking Note

중화풍 냉잡채
★ **다양한 재료들로 대체하기**

차갑게 먹는 메뉴이므로 쇠고기는 기름기가 없는 우둔살이나 채끝살이 잘 어울립니다. 쇠고기 대신 닭안심이나 닭가슴살, 돼지고기 앞다릿살이나 뒷다릿살을 사용해도 좋고 없다면 생략해도 괜찮아요. 채소는 냉장고에 있는 어떤 채소로 대체해도 좋답니다. 이 요리는 당면과 양념만 있다면 양배추만 썰어 넣어도 맛있게 만들 수 있지요.

차돌박이 두부조림
★ **두부, 깔끔하게 부치기**

두부를 키친타월에 올리고 소금, 후춧가루, 감자 전분 순으로 골고루 뿌려 수분을 제거한 후 조리하면 바삭하고 깔끔하게 구울 수 있어요. 두부 전체에 감자 전분를 묻히면 부칠 때 옷이 분리되기 쉬우므로 밑간에 재울 때 한쪽 면에만 감자 전분을 묻히는 게 좋아요. 또한 두부를 팬에 올리기 전에 팬을 충분히 달궈야 더 바삭하게 부칠 수 있답니다.

쇠고기 깻잎전골
★ **쇠고기 깻잎전골에 메밀 면 곁들이기**

전골에 메밀 면을 곁들여 어복쟁반처럼 즐기세요. 99쪽의 과정 ⑥에서 메밀 면 300g을 넣어 중간 불에서 3분간 끓여 곁들이면 됩니다. 동량의 생칼국수 면(또는 생소면)으로 대체해도 좋아요.

7 달군 팬에 식용유를 두르고 쇠고기와 소금을 넣어 센 불에서 1분 30초간 볶는다. 불을 끄고 후춧가루를 넣어 섞는다.

> 버무린 후 냉장 보관하면 당면이 굳어 좋지 않아요. 준비된 재료를 냉장 보관하고 불린 당면은 먹을 만큼만 그때그때 삶아 버무려드세요.

8 ⑤의 볼에 모든 재료와 양념을 넣고 버무린다.

{ 숙주 셀러리 건새우전
새우 해파리냉채
여름동치미

> 김장독에서 꺼낸 시원한 겨울의 맛이 그리울 땐 하루 만에 숙성시켜 먹을 수 있는 여름동치미를 만들어보세요. 작게 썬 무가 그 비법이랍니다. 시원한 동치미에 새콤달콤한 해파리 새우냉채와 셀러리, 건새우로 만든 색다른 맛의 숙주 셀러리 건새우전으로 가벼운 한 끼를 즐기세요.

여름 학기_4주차

세 가지 메뉴
한꺼번에 장보기

정육
- 닭가슴살 1/2쪽(50g)

해산물
- 염장 해파리 350g
- 냉동 생새우살 5마리 (킹사이즈, 75g)

채소
- 무 지름 10cm, 두께 6cm(600g)
- 숙주 4줌(200g)
- 양파 1/2개(100g)
- 오이 1/3개(70g)
- 파프리카 1/3개(70g)
- 셀러리 1/3대(15cm)
- 마늘 6쪽(30g)
- 생강 3톨(마늘 크기, 15g)
- 청양고추 3개

난류
- 달걀 1개

냉장 가공품
- 게맛살 3개(짧은 것, 60g)

기타
- 두절 건새우 2/3컵(25g)
- 부침가루 7큰술
- 잣 2작은술
- 사이다 1컵(200㎖)

세 가지 메뉴
한 끼에 차리기

● 숙주 셀러리 건새우전	● 새우 해파리냉채	● 여름동치미
start		
		● 동치미 만들어 하루 동안 숙성시키기
● 숙주, 셀러리, 두절 건새우, 닭가슴살 손질한 후 썰기	● 해파리 손질한 후 찬물에 1시간 이상 담가 염분 기 제거하기 ● 새우 찬물에 담가 해동하기 ● 오이, 파프리카, 게맛살 손질한 후 썰기	
●● 숙주, 새우, 해파리 데칠 물 끓이기		
● 초간장 섞기	● 양념 섞기	
● 숙주 데친 후 완전히 식히기	● 숙주 데친 물에 새우 데치기 ● 새우 데친 물에 해파리 데치고 찬물에 헹구는 과정 반복하기	
● 두절 건새우, 숙주, 닭가슴살 썰어 반죽 재료와 섞기 ● 숙주 셀러리 건새우전 부쳐 완성하기	● 데친 해파리 물기 꼭 짠 후 밑간하기 ● 새우 해파리냉채 무쳐 완성하기	
finish		

숙주 셀러리 건새우전

2~3인분 / 20~30분

재료 및 분량
- 숙주 4줌(200g)
- 셀러리 1/3 대(15cm)
- 닭가슴살 1/2쪽(또는 닭안심 2쪽, 50g)
- 두절 건새우 2/3컵(25g)
- 식용유 2큰술

반죽
- 달걀 1개
- 부침가루 7큰술
- 물 2큰술
- 참기름 1큰술
- 소금 2/3작은술
- 후춧가루 약간

초간장(생략 가능)
- 양조간장 1큰술
- 식초 1/2큰술
- 설탕 1작은술

1
숙주는 체에 밭쳐 흐르는 물에 씻은 후 그대로 물기를 뺀다. 끓는 물(5컵) + 소금(1작은술)에 넣고 1분간 데친 후 체에 밭쳐 완전히 식힌다.

2
작은 볼에 초간장 재료를 넣어 섞는다. 셀러리는 사방 0.3cm 크기로 다지고 숙주는 1cm 길이로 썬다. 건새우와 닭가슴살은 사방 0.7cm 크기로 다진다.

3
볼에 숙주, 셀러리, 닭가슴살, 건새우, 반죽 재료를 넣고 골고루 잘 섞는다.

전을 바삭하게 굽기 위해서는 팬을 충분히 달군 후 반죽을 올리세요.

4
달군 팬에 식용유를 두르고 ③의 반죽을 1큰술씩 떠 넣어 지름 5cm, 두께 1cm 크기의 동글납작한 모양을 만든다.

식용유가 부족할 경우 더해가며 구우세요.

5
중간 불에서 앞뒤로 뒤집어가며 3분간 노릇하게 굽는다. 팬의 크기에 따라 2~3회 나눠 굽는다.

6
그릇에 ⑤의 전을 담고 ②의 초간장을 곁들인다.

새우 해파리냉채

3~4인분 / 20~30분(+ 해파리 염분 기 빼기 1시간)

재료 및 분량
- 염장 해파리 350g
- 냉동 생새우살 5마리(킹사이즈, 75g)
- 오이 1/3개(70g)
- 파프리카 1/3개(70g)
- 게맛살 3개(짧은 것, 60g)
- 잣 2작은술

밑간
- 설탕 1큰술
- 식초 1큰술

양념
- 설탕 2와 1/2큰술
- 식초 2와 1/2큰술
- 레몬즙(또는 식초) 1과 1/2큰술
- 연겨자 2작은술
- 소금 2/3작은술
- 다진 마늘 4작은술
- 참기름 1/4작은술

1
염장 해파리는 물에 담아 깨끗이 비벼 씻고 찬물에 2~3회 헹궈 소금기를 뺀다. 찬물(6컵)에 1시간 담가둔 후 체에 밭쳐 물기를 뺀다. 냉동 생새우살은 찬물(2컵)에 5분간 담가 해동한 후 체에 밭쳐 물기를 뺀다.

2
생새우살 데칠 물(6컵)을 끓인다. 끓어오르면 생새우살, 청주(1큰술)를 넣고 1분간 데쳐 건진 후 한 김 식혀 반으로 저며 썬다. 이때, 물은 계속 끓인다.

해파리 탱글하게 데치는 법 107쪽

3
②의 끓는 물의 불을 끄고 찬물 1컵을 넣어 물의 온도를 낮춘 후 해파리를 넣어 10초간 데친다. 체로 건져 찬물에 헹군다. 같은 방법으로 뜨거운 물과 찬물을 번갈아 가며 데치기를 3회 반복한다.

절대 찬물에 헹구지 마세요.

4
볼에 해파리와 밑간 재료를 넣고 버무려 10분간 둔 후 손으로 물기를 꼭 짠다.

5
키친타월에 잣을 올려 칼로 다진다. 오이는 5cm 길이로 썰어 돌려 깎은 후 0.3cm 폭으로 채 썬다. 파프리카는 0.3cm 폭으로 채 썰고, 게맛살은 결대로 찢는다.

6
큰 볼에 잣과 양념 재료를 넣고 골고루 섞은 다음 해파리를 넣어 조물조물 무친다. 새우살, 오이, 파프리카, 게맛살을 넣고 가볍게 버무린다.

여름동치미

10회분 / 20~30분(+ 무 절이기 1시간 + 숙성시키기 1일)

재료 및 분량
- 무 지름 10cm, 두께 6cm(600g)
- 양파 1/2개(100g)
- 청양고추 3개
- 마늘 6쪽(30g)
- 생강 3톨(마늘 크기, 15g)

절임
- 굵은소금(천일염) 1과 1/2큰술
- 설탕 2큰술

국물
- 소금 4큰술
- 설탕 4큰술
- 사이다 1컵(200㎖)
- 물 13컵(2.6ℓ)

1
무는 1×5×1cm 크기로 썬다.
밀폐 용기에 무와 절임 재료를 넣고 1시간 절인다.

2
양파는 4등분하고, 청양고추는 2cm 두께로 썬다. 마늘, 생강은 얇게 편으로 썬다.

3
삼베 망에 양파, 청양고추, 마늘, 생강을 넣는다.

4
①의 절인 무는 체에 받쳐 물기를 뺀 후 다시 밀폐 용기에 담고 국물 재료와 함께 섞는다. ③의 삼베 망을 넣고 실온에서 하루 동안 숙성시킨 후 냉장실에서 익혀 다음 날부터 먹는다.

> 국물이 탁해지지 않도록 7~10일 지나면 삼베 망을 건지세요. 3개월간 냉장 보관이 가능해요.

여름동치미

★ **여름동치미에 국수 말아 즐기기**

(4인분 / 10~20분)

재료
소면 4줌(280g), 여름동치미 무 100g, 오이 1/4개(50g), 삶은 달걀 2개, 여름동치미 국물 4컵(800㎖)

양념
설탕 1과 1/2큰술, 식초 1과 1/2큰술, 소금 1/2작은술

만드는 법
1 오이는 0.3cm 두께로 어슷하게 편으로 썬 후 다시 0.3cm 두께로 채 썬다.
　동치미 무도 같은 두께로 채 썬다. 삶은 달걀은 2등분한다.
2 동치미 국물에 양념 재료를 넣고 섞어 냉장실에 차게 둔다.
3 소면 삶을 물(10컵)이 끓어오르면 소면을 펼쳐 넣고 센 불에서 끓어오르면 찬물(1/2컵)을 넣어
　포장지에 적힌 시간대로 삶은 후 체에 밭쳐 찬물에 헹궈 그대로 물기를 뺀다.
4 그릇에 소면을 담고 오이, 동치미 무, 달걀을 올린 후 ②의 국물을 붓는다.

1

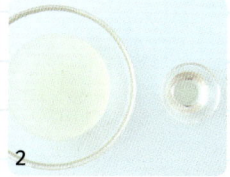
2

3

4

새우 해파리냉채

★ **해파리를 탱글탱글, 쫄깃하게 데치는 비법**

해파리를 데칠 때는 끓는 물에 차가운 물을 1컵 부어 물의 온도를
살짝 내린 후 데치고 바로 차가운 물에 담가 해파리를 풀어주는 식으로
3회 반복하세요. 그래야 해파리의 탱글한 식감과 쫄깃한 식감을
살릴 수 있지요. 해파리만 잘 데쳐도 냉채 요리의 반은 성공한 거예요.

여름학기 5주차

{ 어묵 가지볶음
꽈리고추 콩가루찜
순두부찌개

> 이열치열! 저만의 비법이 담긴 순두부찌개에 밀가루 대신 고소한 콩가루를 뿌린 꽈리고추 콩가루찜, 제철 채소인 가지와 어묵을 간장과 맛술로 볶아 맛을 낸 어묵 가지볶음을 더해 가벼운 한 끼를 구성했어요. 저렴한 가격의 메뉴지만 영양만큼은 가득 담았답니다.

여름 학기_5주차

세 가지 메뉴
한꺼번에 장보기

정육
- 다진 돼지고기 50g

채소
- 가지 2개(300g)
- 익은 배추김치 1과 1/3컵(200g)
- 꽈리고추 55개(200g)
- 양파 1/5개(40g)
- 표고버섯 1개(25g)
- 대파 10cm
- 풋고추 1개
- 홍고추 1/2개

난류
- 달걀 1개

냉장 가공품
- 순두부 1봉(350g)
- 어묵 1과 1/2개(100g)

기타
- 볶은 콩가루 3큰술

세 가지 메뉴
한 끼에 차리기

어묵 가지볶음	꽈리고추 콩가루찜	순두부찌개
start		
가지 썰어 위생팩에 소금과 함께 넣어 15분간 절이기	꽈리고추 소금물에 30분간 절이기	순두부 밑간하기
풋고추, 홍고추, 어묵 손질한 후 썰기		표고버섯, 양파, 풋고추, 대파, 김치 손질한 후 썰기
절인 가지 물기 꼭 짜기	꽈리고추 찔 찜기 예열하기	
	꽈리고추 꼭지 뗀 후 위생팩에 넣어 콩가루 묻히기	
어묵 데치기	꽈리고추 쪄서 한 김 식히기	
양념 섞기	양념 섞기	양념 섞기
어묵 가지볶음 완성하기	꽈리고추 콩가루찜 완성하기	순두부찌개 완성하기
finish		

어묵 가지볶음

2~3인분 / 15~25분 (+ 가지 절이기 15분)

재료 및 분량
- 가지 2개(300g)
- 어묵 1과 1/2개
  (또는 사각 어묵 2장, 100g)
- 풋고추(또는 홍고추) 1/2개
- 홍고추(또는 풋고추) 1/2개
- 소금 2/3작은술
- 식용유 4큰술

양념
- 양조간장 1큰술
- 맛술 1큰술
- 통깨 1/3작은술

1
가지는 길이로 2등분한 후 0.5cm 두께로 어슷 썬다.

2
위생팩에 가지, 소금을 넣고 흔들어 15분간 절인다. 위생팩의 끝 1cm 정도를 가로로 자르고 위생팩째 꼭 짜 가지의 물기를 뺀다.

3
어묵 데칠 물(3컵)을 끓인다.
풋고추, 홍고추는 길게 반으로 썰어 씨를 빼고 4cm 길이로 가늘게 채 썬다.
어묵은 0.3cm 두께로 어슷 썬다.
작은 볼에 양념 재료를 섞는다.

4
③의 끓는 물에 어묵을 넣고 30초간 데친 후 체에 밭쳐 물기를 뺀다.

5
달군 팬에 식용유를 두르고 가지, 어묵을 넣어 중간 불에서 2분간 볶는다.

6
③의 양념과 고추를 넣고 1분간 더 볶는다.

꽈리고추 콩가루찜

3~4인분 / 15~25분(+ 꽈리고추 절이기 30분)

재료 및 분량
- 꽈리고추 55개(200g)
- 볶은 콩가루(또는 날콩가루) 3큰술

양념
- 국간장 1큰술
- 통깨 1작은술
- 설탕 1작은술
- 고춧가루 1작은술
- 다진 마늘 1작은술
- 양조간장 2작은술
- 참기름 1작은술

> 꽈리고추 속에 물이 들어가지 않도록 꼭지를 제거하지 말고 절이세요. 시간이 없을 경우 절이는 것을 생략해도 돼요.

1
꽈리고추는 물(2컵) + 소금(1큰술)에 30분간 절인 후 체에 밭쳐 물기를 뺀다.

2
찜기의 1/3 지점까지 물을 붓고 뚜껑을 덮어 센 불에서 끓인다. 절인 꽈리고추는 꼭지를 뗀다.

3
큰 볼에 양념 재료를 섞는다.

4
위생팩에 꽈리고추, 콩가루를 넣고 흔들어 골고루 섞는다.

> 날콩가루가 남아 있다면 물을 뿌려 2분 정도 꽈리고추를 더 쪄요.

5
김이 오른 찜기에 젖은 면포를 깔고 ④를 올린 후 분무기로 콩가루가 보이지 않도록 물을 뿌린다. 뚜껑을 덮고 센 불에서 7분간 찐 후 한 김 식힌다.

6
③의 양념 볼에 ⑤의 꽈리고추를 넣고 버무린다.

순두부찌개

2~3인분 / 30~40분

재료 및 분량
- 순두부 1봉(350g)
- 다진 돼지고기
  (또는 앞다릿살, 뒷다릿살) 50g
- 익은 배추김치 1과 1/3컵(200g)
- 표고버섯 1개(25g)
- 양파 1/5개(40g)
- 달걀 1개

- 풋고추(또는 청양고추) 1/2개
- 대파 4cm
- 고추기름 1큰술
- 고춧가루 2큰술
- 물 1과 1/2컵(300㎖)

밑간
- 들깻가루 2작은술
- 소금 1/4작은술
- 양조간장 1작은술
- 후춧가루 약간

양념
- 참치 액젓(또는 국간장) 1과 1/2큰술
- 국간장 1/2큰술
- 다진 마늘 2작은술

1 순두부를 반으로 자른 다음 밑간 재료를 골고루 뿌려 10분간 간수를 뺀다.

2 표고버섯은 기둥을 제거한 후 사방 0.5cm 크기로 썬다. 양파도 같은 크기로 썰고, 풋고추와 대파는 송송 썬다.

3 배추김치는 속을 가볍게 털어내고 1×1cm 크기로 썬다.

4 작은 볼에 양념 재료를 넣고 섞는다.

5 냄비에 고추기름을 두르고 고춧가루를 넣어 중간 불에서 30초간 타지 않게 볶은 후 다진 돼지고기를 넣고 중약 불로 줄여 1분간 볶는다.

6 배추김치를 넣어 중약 불에서 3분, ④의 양념을 넣고 30초간 볶는다. 표고버섯, 양파를 넣고 30초간 볶는다.

Cooking Note

> 순두부를 밑간하면 물이 생겨요. 이 물은 쓴맛이 날 수 있으니 넣지 마세요.

7 물 1과 1/2컵(300㎖)을 넣고 센 불로 올려 끓어오르면 숟가락으로 순두부를 한 입 크기로 떠 넣는다. 다시 끓어오르면 중간 불로 줄여 3분간 끓인다.

> 달걀을 넣고 바로 저으면 국물이 지저분해지니 주의하세요.

8 풋고추, 대파를 넣고 30초간 끓인 후 달걀을 넣고 중간 불에서 2분간 그대로 끓인다.

순두부찌개
★ 맛있는 순두부찌개 만드는 비법

아주 미묘한 맛의 차이지만 순두부찌개를 순두부찌개답게 끓이기란 쉽지 않지요. 김치가 조금만 더 들어가거나 물이 조금 더 들어가도 흔한 김치찌개 맛이 나기 쉽고요. 그래서 순두부찌개를 끓일 때는 물과 재료의 양이 중요해요. 꼭 레시피대로 정량을 넣으세요. 또한 순두부를 넣고 오래 끓이면 텁텁해질 수 있으니 빠른 시간 내에 조리하는 것이 좋아요. 순두부는 간수로 만들지만 간수가 요리의 맛을 떨어뜨리기도 하므로 순두부의 간수를 빼는 것도 맛을 내는 방법이지요.

어묵 가지볶음
★ 가지는 절이고 어묵은 데치면 더 맛있어요!

요리하기 전 가지를 소금에 절이는 이유는 식감을 쫄깃하게 만들고 빠르게 익히기 위해서지요. 절이지 않은 가지는 생각보다 오래 익혀야 하는 채소예요. 금방 익는 어묵이나 채소와 함께 볶으면 가지가 익을 때쯤 다른 재료는 숨이 죽어 식감이 떨어집니다. 가지를 절일 때는 위생봉투에 담아 절이고 위생봉투째 물기를 짜면 훨씬 편리해요. 또한 어묵은 한 번 데쳐 조리하는 것이 좋아요. 이렇게 하면 데치면서 어묵을 튀길 때 생기는 기름기가 빠지고 볶을 때 타는 것을 막을 수 있지요. 시판 구운 어묵은 그대로 조리해도 됩니다.

꽈리고추 콩가루찜
★ 꽈리고추를 제대로 찌는 방법

꽈리고추를 찔 때 콩가루가 없다면 밀가루를 묻혀서 찌는 것도 방법이에요. 하지만 밀가루를 쓰면 고소한 맛이 덜하지요. 콩가루를 묻혀 찔 때는 시간이 가장 중요해요. 찜기의 수분만으로 콩가루가 없어질 때까지 찌면 꽈리고추의 푸른 색감도 사라지고 숨도 죽을 때쯤 완성이 돼버리지요. 그러므로 젖은 면포 위에 꽈리고추를 올린 후 분무기로 물을 뿌려 수분을 더해주고 센 불로 7분간 찌면 색감과 식감이 살아 있는 꽈리고추 콩가루찜이 완성된답니다. 분무기가 없다면 손에 물을 묻혀 뿌리세요.

여름학기 초복 6주차

미역 토마토무침
영양부추무침
흑미 보양삼계탕

> 체력 보충이 필요한 여름, 영양 보충을 위한 보양식으로는 삼계탕이 최고지요. 삼계탕에는 가볍고 깔끔하게 먹을 수 있는 반찬을 곁들이는 것이 좋아요. 입맛을 돋워주는 영양부추무침과 뒷맛을 깔끔하게 해주는 미역 토마토무침을 추천합니다. "

여름 학기_6주차

세 가지 메뉴
한꺼번에 장보기

정육
- 닭 1마리(백숙용, 작은 크기, 약 500g)

해산물
- 마른 미역 1줌
  (10g, 불린 후 200g)

채소
- 토마토 1개(150g)
- 영양부추 2와 1/2줌(125g)
- 오이 1/4개(50g)
- 마늘 2쪽(10g)
- 홍고추 1개
- 생강 1/2톨(마늘 크기, 3g)

냉장 가공품
- 게맛살 2개(짧은 것, 40g)

기타
- 찹쌀 1/3컵(50g, 불린 후 약 70g)
- 수삼 1/2뿌리(15g)
- 황기 1/2뿌리
- 흑미 1큰술
- 볶은 콩가루 1큰술
- 말린 대추 2개(4g)
- 은행 5알
- 깐 밤 1개

세 가지 메뉴
한 끼에 차리기

미역 토마토무침	영양부추무침	흑미 보양삼계탕
●start		
● 미역 20분간 불리기		● 밥 짓기 ● 삼계탕용 닭 손질하기
● 미역과 토마토 데칠 물 끓여 데치기 ● 데친 미역 썰고 토마토 껍질 벗겨 썰기 ● 게맛살, 오이 손질한 후 썰기	● 영양부추, 홍고추 손질한 후 썰기	● 마늘, 수삼, 말린 대추, 은행 손질하기
		● 닭 속에 재료 넣기 ● 큰 냄비에 황기, 생강, 물 넣고 삼계탕 완성하기
● 양념 섞기	● 양념 섞기	
● 미역 토마토무침 완성하기	● 영양부추무침 완성하기	
●finish		

미역 토마토무침

2~3인분 / 20~30분(+ 미역 불리는 시간 20분)

재료 및 분량
- 마른 미역 1줌(10g, 불린 후 200g)
- 토마토 1개
  (또는 방울토마토 10개, 150g)
- 게맛살 2개(짧은 것, 40g)
- 오이 1/4개(50g)

양념장
- 설탕 1/2큰술
- 양조간장 1과 1/2큰술
- 식초 1과 1/2큰술
- 레몬즙(또는 식초) 1큰술
- 맛술 2/3큰술
- 참기름 1작은술
- 통깨 1/2작은술

1 미역은 찬물(5컵)에 담가 20분간 불린다. 미역 데칠 물(5컵)을 끓이고, 볼에 양념장 재료를 넣어 섞는다.

2 불린 미역은 깨끗이 씻은 뒤 체에 밭쳐 물기를 빼고 3cm 길이로 자른다.

3 ①의 끓는 물에 불린 미역을 넣고 10초간 데친 후 체에 밭쳐 찬물에 헹궈 그대로 물기를 뺀다. 이때, 물은 계속 끓인다.

4 토마토는 열십(+)자로 칼집을 낸 후 ③의 끓는 물에 꼭지 부분이 밑으로 가도록 넣어 10초간 데친 후 찬물에 넣어 껍질을 벗겨 8등분한다.

5 게맛살은 결대로 찢고 오이는 0.3cm 두께로 어슷 썰어 0.3cm 폭으로 채 썬다.

6 완성 그릇에 모든 재료를 담고 양념장을 곁들인다.

영양부추무침

3~4인분 / 10~20분

재료 및 분량
- 영양부추 2와 1/2줌(또는 부추, 125g)
- 홍고추 1개

> 영양부추와 함께 사과 1/3개(100g) 또는 배 1/4개(100g)를 0.5cm 두께로 채 썰어 버무려 먹어도 맛있어요.

양념
- 통깨 1큰술
- 설탕 1큰술
- 고운 고춧가루 1큰술
- 식초 1큰술
- 양조간장 1/2큰술
- 참치 액젓(또는 국간장) 1/2큰술
- 참기름 1큰술

1
영양부추는 시든 잎과 뿌리 부분 0.5cm 를 제거하고 흐르는 물에 씻은 후 체에 밭쳐 물기를 뺀다.

2
영양부추를 5cm 길이로 썬다.

3
홍고추는 길게 반으로 썰어 씨를 제거하고 어슷하게 채 썬다.

4
큰 볼에 양념 재료를 넣고 섞는다.

5
④의 볼에 영양부추, 홍고추를 넣고 살살 무친다.

흑미 보양삼계탕

2~3인분 / 1시간 ~1시간 10분(+ 밥 짓기 20분)

재료 및 분량
- 닭 1마리(백숙용, 작은 크기, 약 500g)
- 찹쌀 1/3컵(50g, 불린 후 약 70g)
- 흑미 1큰술
- 마늘 2쪽(10g)
- 수삼 1/2뿌리(15g)
- 말린 대추 2개(4g)
- 깐 밤 1개
- 은행 5알
- 물 10컵(2ℓ)
- 황기 1/2뿌리(5g)
- 생강 1/2톨(마늘 크기, 3g)
- 볶은 콩가루 1큰술
- 들깻가루 1큰술
- 소금 약간(기호에 따라 가감)
- 후춧가루 약간

1
불린 찹쌀은 일반 밥보다 물의 양을 30% 정도 적게 잡아 된밥을 짓는다.
★ 불리는 과정 생략 가능

삼계탕용 닭 고르는 법 119쪽

2
닭은 뱃속에 손을 넣어 등뼈 쪽의 피 덩어리와 꽁지를 제거하고 깨끗이 씻은 후 물기를 뺀다. 수삼과 말린 대추는 깨끗이 씻고 은행은 껍질을 벗긴다.

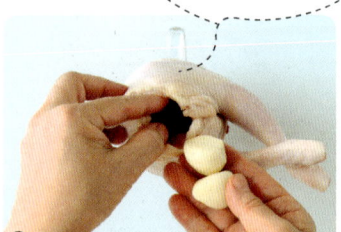

컵에 닭 목 부분을 넣고 움직이지 않게 고정해두고 조리하면 편해요.

3
뱃속에 마늘을 넣어 목 부분에서 부재료가 빠져나오지 않도록 한다.

은행 껍질 벗기는 법 147쪽

4
①의 찹쌀밥과 수삼, 대추, 깐 밤, 은행을 번갈아가며 넣어 닭 뱃속을 꾹꾹 눌러가며 채운다.

이쑤시개로 다리를 고정시켜도 돼요.

5
다리 쪽 껍질 안쪽에서 바깥쪽을 향해 과도를 이용하여 3cm 길이의 구멍을 낸 다음 한쪽 다리를 엇갈려 끼우고 끼워진 다리 밑으로 나머지 다리를 끼운다.

끓어오르면서 생기는 거품은 고운체 또는 숟가락으로 걷어내세요.

6
깊고 큰 냄비에 ⑤와 물 10컵(2ℓ), 황기, 생강을 넣고 센 불에서 10분간 끓인다. 중간 불로 줄여 뚜껑을 2/3 정도 덮고 20분간 끓인다.

Cooking Note

흑미 보양삼계탕
★ **삼계탕용 닭 고르는 법**

닭은 무게나 크기에 따라 5~15호까지 있는데 5호는 대략 500g, 6호는 600g 정도예요. 삼계탕용 닭은 5호나 6호가 적당하지요. 너무 큰 닭은 식감이 질기고 누린내도 심하며 익히는 데 시간이 오래 걸려요.
닭을 고를 때는 육색이 살짝 분홍빛이 도는 흰색인 것을 고르세요. 노란색을 띠며 냄새가 나는 닭은 신선하지 않은 것이니 피하세요.

영양부추무침
★ **제철 재료, 영양부추 이야기**

일반 부추보다 가늘고 길이가 짧아 간이 잘 배 샐러드나 무침용으로 많이 사용하지요.

장보기 잎이 촉촉하며 윤기가 나는 것을 고르세요.

손질하기 물에 담가두었다가 흐르는 물에 헹구고 체에 밭쳐 물기를 뺀 후 사용하세요.

보관하기 사용할 만큼만 씻어 쓰고 남은 재료는 키친타월로 감싸 밀폐 용기에 담아두면 5일간 냉장 보관 가능해요.

7

뚜껑을 열고 볶은 콩가루, 들깻가루를 넣고 섞어 3분간 끓인다. 소금으로 간을 하고 후춧가루를 곁들인다.

★ 과정 ⑤에서 이쑤시개로 고정했다면 먹기 직전에 제거한다.

여름학기
7주차

{ 푸딩 달걀찜
쇠고기 달걀덮밥
닭고기 가지볶음

> 집에서 차리는 일식 세트 메뉴예요. 짭조름한 국물에 밥을 비벼 먹는 '규동'을 재현한 쇠고기 달걀덮밥에 푸딩같이 부드러운 일식 달걀찜과 매콤하게 볶은 닭고기 가지볶음까지 더하면 폼 나는 일식 정찬이 되지요."

여름 학기_7주차

세 가지 메뉴
한꺼번에 장보기

정육
- 닭다릿살 2쪽(200g)
- 쇠고기 불고기용 70g

채소
- 가지 2개(300g)
- 양파 3/5개(120g)
- 쪽파 8줄기(48g)
- 팽이버섯 1/2줌(25g)

난류
- 달걀 4개

기타
- 가쓰오부시 1줌
  (5g, 또는 국물용 멸치 5마리)

세 가지 메뉴
한 끼에 차리기

푸딩 달걀찜	쇠고기 달걀덮밥	닭고기 가지볶음
● start		
찬물에 다시마 넣고 30분간 우리기	가쓰오부시 국물 내기	가지 손질해 썬 후 위생팩에 넣어 15분간 절이기 ● 닭다릿살 손질해 밑간에 10분간 재우기
	양파, 쪽파, 팽이버섯 손질한 후 썰기	양파, 쪽파 손질한 후 썰기
찜기 예열하기	양념 섞기	양념 섞기
달걀, 맛술, 소금을 섞고 잘 푼 후 다시마물 넣어 체에 두 번 내리기		
내열 용기에 달걀물 넣고 찜기에 쪄서 완성하기	쇠고기 달걀덮밥 완성하기	닭고기 가지볶음 완성하기
● finish		

푸딩 달걀찜

2~3인분 / 20~30분(+ 다시마물 우리기 30분)

재료 및 분량
- 달걀 2개
- 소금 2/3작은술
- 맛술 1작은술

다시마물
- 다시마 5×5cm
- 물 1컵(200㎖)

1
볼에 다시마물 재료를 넣고 30분간 둔 후 다시마를 건져낸다.

체에 내리는 사이 다시마물이 자연스럽게 섞이며 기포도 없어져요.

2
찜기의 1/3 지점까지 물을 붓고 뚜껑을 덮어 센 불에서 끓인다. 볼에 달걀과 소금, 맛술을 넣고 저은 후 다시마물 1컵을 부어 젓지 않고 체에 2회 내린다.

중간에 뚜껑을 열면 온도가 확 내려가 달걀찜이 제대로 익지 않으니 주의하세요.

고명 올리는 법 125쪽

3
내열 용기에 ②의 달걀물을 부은 다음 뚜껑이나 종이 포일로 덮어 김이 오른 찜기에 올린다.
약한 불에서 12~15분간 찐다.

내열 용기의 크기에 따라 찌는 시간을 달리하세요.

4
뚜껑을 열어 달걀찜의 가운데를 젓가락으로 찔렀을 때 달걀물이 묻어나지 않으면 다 익은 것이다.

쇠고기 달걀덮밥

2인분 / 20~30분

재료 및 분량
- 따뜻한 밥 1과 1/2공기
  (또는 잡곡밥, 300g)
- 쇠고기 불고기용(또는 샤부샤부용) 70g
- 달걀 2개
- 양파 1/4개(50g)
- 쪽파 3줄기(또는 대파 푸른 부분 10cm)
- 팽이버섯 1/2줌(25g)

국물
- 가쓰오부시 1줌
  (5g, 또는 국물용 멸치 5마리)
- 물 1과 1/2컵(300㎖)

양념
- 설탕 2작은술
- 양조간장 2와 1/2큰술
- 맛술 1큰술

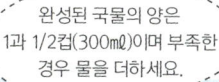
완성된 국물의 양은 1과 1/2컵(300㎖)이며 부족한 경우 물을 더하세요.

1
냄비에 물을 넣고 센 불에서 끓어오르면 불을 끈다. 가쓰오부시를 넣어 10분간 우린 후 체에 거른다.

2
양파는 가늘게 채 썰고, 쪽파는 3cm 길이로 썬다. 팽이버섯은 밑동을 제거해 3cm 길이로 썬다. 볼에 달걀을 푼다.

3
냄비에 ①의 국물과 양념 재료를 넣고 센 불에서 끓어오르면 양파를 넣어 30초간 끓인다.

4
쇠고기를 1장씩 떼어 넣은 후 쪽파, 팽이버섯을 넣고 중간 불에서 30초간 끓인다.

달걀을 넣고 바로 저으면 국물이 지저분해지니 주의하세요.

5
②의 달걀을 둘러가며 붓고 중간 불에서 1분간 젓지 않고 그대로 끓인 후 불을 끈다. 뚜껑을 덮고 1분간 익힌다.

6
2개의 그릇에 밥과 ⑤를 나눠 담는다.

닭고기 가지볶음

3~4인분 / 25~35분

재료 및 분량
- 닭다릿살 2쪽
  (또는 닭가슴살 2쪽, 200g)
- 가지 2개(300g)
- 양파 1/3개(70g)
- 쪽파 5줄기(30g)
- 소금 1/3작은술
- 식용유 2큰술

밑간
- 소금 1/3작은술
- 후춧가루 약간

양념
- 설탕 1큰술
- 양조간장 2큰술
- 통깨 2작은술
- 고춧가루 2작은술
- 참기름 2작은술
- 후춧가루 약간

1
가지는 길이로 2등분한 후 0.5cm 두께로 어슷 썬다. 위생팩에 가지와 소금을 넣고 흔들어 15분간 절인다.

가지 이야기 125쪽

2
가위로 위생팩의 끝 1cm 정도를 자르고 위생팩째 꼭 짜 가지의 물기를 제거한다.

3
닭다릿살은 기름기를 제거하고 1cm 폭으로 썬다. 볼에 밑간 재료와 함께 버무려 10분간 둔다.

4
양파는 0.5cm 폭으로 채 썰고, 쪽파는 5cm 길이로 썬다. 작은 볼에 양념 재료를 넣고 섞는다.

5
달군 팬에 식용유를 두르고 닭다릿살, 가지, 양파를 넣고 중간 불에서 3분간 볶는다.

> 볶음 요리에 물기가 생기지 않게 하려면 먼저 팬을 충분히 달군 다음 재료를 넣어야 해요.

6
양념을 넣고 1분, 쪽파를 넣고 10초간 볶는다.

Cooking Note

닭고기 가지볶음

★ 제철 재료, 가지 이야기

여름에 꼭 챙겨야 할 식재료를 꼽는다면 가지를 빼놓을 수 없습니다. 최근 컬러 푸드로 각광받고 있기도 하고요.
하지만 물컹거리는 식감 때문에 우리나라에서는 별로 인기가 없지요. 다양한 양념과 부재료를 섞어
어묵 가지볶음(110쪽), 닭고기 가지볶음(124쪽), 사천식 가지조림(139쪽) 등 다채로운 방법으로
조리해보세요. 가지에 풍부한 영양과 식이섬유는 물론 맛도 놓치지 않고 밥상 위에 올릴 수 있을 거예요.
특히 가지는 나트륨 배출을 도와주는 효자 식품이므로 나트륨 섭취량이 많은 우리나라 사람들이
꼭 섭취해야 한답니다.

장보기 너무 굵은 것은 씨가 있고 질기므로 보통 굵기가 좋아요.
표면에 흠집이 없으면서 진한 보랏빛을 띠며 단단한 것으로 고르세요.

보관하기 지퍼백에 담아 5일간 냉장 보관 가능해요. 단, 단기간(2일) 보관할 때는 신문지나
키친타월에 싸서 실온에 보관하는 것이 좋아요.

푸딩 달걀찜

★ 달걀찜 Q & A

Q. 달걀찜이 덜 익었어요.
달걀찜이 완성되면 달걀찜을 꺼낸 뒤에도 찜기의 뚜껑은 덮어두세요. 이렇게 하면 찜기 안의 열을 보존해
혹시 덜 익었을 경우 바로 다시 찔 수 있지요. 찜기의 뚜껑을 열어두었다가 다시 찌려면 시간이 오래 걸려요.
꺼낸 달걀찜을 젓가락으로 찔러보았을 때 달걀물이 묻어 나온다면 찜기의 불을 끄지 말고 열을 빼앗기지 않은 찜기에
다시 넣어 찌면 돼요. 윗부분만 달걀물이 찰랑찰랑한다면 3분, 반 이상 안 익었다면 10분간 더 찌세요.

Q. 달걀찜에 기포가 생겼어요.
강한 열로 조리를 하면 달걀찜의 표면이 부드럽지 않고 기포가 생겨요.
부드러운 푸딩 같은 달걀찜을 만들고 싶다면 가장 약한 불에서 조리하세요.

Q. 달걀찜 가장자리가 푸르스름해졌어요.
달걀을 삶거나 쪘을 때 간혹 가장자리가 푸르스름하게 변하는 경우가 있어요.
너무 오랜 시간 조리했기 때문이지요. 달걀찜은 약한 불에서 10~15분 정도 찌는 것이 가장 좋아요.

★ 달걀찜에 고명 올리기

새우살, 쪽파, 쑥갓 등의 고명을 올릴 때는 122쪽 과정 ③에서 10분간 찐 후 뚜껑이나 종이 포일을 열어
달걀물 표면에 탄력이 생겼는지 확인하고 올리세요. 다시 뚜껑이나 종이 포일을 덮고 2~5분간 더 찌면 된답니다.

여름학기 8주차

애호박나물
어묵 꽈리고추조림
꽃새우 아욱된장국

> 여름이 제철인 아욱과 애호박, 꽈리고추로 가벼운 한 끼를 즐겨볼까요?
> 애호박은 밑간한 후 볶아 더욱 부드럽고 아욱은 쓴맛을 빼고
> 꽃새우와 함께 끓여 감칠맛이 살아 있지요. 친숙한 재료지만 몇 가지 노하우를
> 더한다면 깔끔하고 맛있는 반찬과 국을 만들 수 있답니다.

여름 학기_8주차

세 가지 메뉴
한꺼번에 장보기

해산물
- 꽃새우 1컵(25g)

채소
- 애호박 1개(270g)
- 아욱 2줌(200g)
- 꽈리고추 20개(100g)
- 당근 1/4개(50g)
- 마늘 6쪽(30g)
- 대파 10cm
- 홍고추 1과 1/4개

냉장 가공품
- 사각 어묵 4장(200g)

세 가지 메뉴
한 끼에 차리기

애호박나물	어묵 꽈리고추조림	꽃새우 아욱된장국
start		
애호박 썰어 절임 재료에 10분간 절인 후 체에 밭쳐 물기 빼기		멸치국물 끓이기 아욱 손질하기
홍고추 손질한 후 썰기	어묵, 꽈리고추, 당근, 마늘 손질한 후 썰기 어묵, 당근, 마늘 데칠 물 끓이기	대파, 홍고추 손질한 후 썰기
양념 섞기	양념 섞기	양념 섞기
	마늘, 당근, 어묵 데치기	
애호박나물 완성하기	어묵 꽈리고추조림 완성하기	꽃새우 아욱된장국 완성하기
finish		

애호박나물

2~3인분 / 20~30분

재료 및 분량
- 애호박 1개(270g)
- 홍고추 1/4개(생략 가능)
- 식용유 1큰술

절임
- 소금 1큰술
- 물 1과 1/2컵(300㎖)

양념
- 통깨 1작은술
- 설탕 1/4작은술
- 다진 마늘 1/2작은술
- 새우젓 1작은술(또는 소금 1/4작은술)
- 참기름 1작은술

1. 애호박은 길이로 2등분한 후 0.3cm 두께로 썬다. 홍고추는 송송 썬다. 작은 볼에 양념 재료를 넣고 섞는다.

절이면서 1차로 간을 한 것이므로 절인 후 절대로 물에 헹구지 마세요.

2. 볼에 애호박과 절임 재료를 넣고 10분간 절인 후 체에 밭쳐 물기를 뺀다.

호박은 여열로 더 익으므로 팬에서 약간 덜 익었을 때 불을 끄는 것이 좋아요.

3. 달군 팬에 식용유를 두르고 애호박을 넣어 중간 불에서 3~5분간 애호박이 약간 투명해질 때까지 볶는다.

4. 홍고추와 ①의 양념을 넣고 약한 불로 줄여 1분간 볶는다.

어묵 꽈리고추조림

3~4인분/ 20~30분

재료 및 분량
- 사각 어묵 4장(또는 다른 어묵 200g)
- 꽈리고추 20개(100g)
- 당근 1/4개(50g)
- 마늘 6쪽(30g)
- 통깨 1작은술

양념
- 고춧가루 1큰술
- 양조간장 3큰술
- 맛술 1큰술
- 올리고당 2큰술
- 물 1/2컵(100㎖)

> 꽈리고추를 2~3등분하거나 구멍을 뚫으면 양념이 더 잘 배요.

1 냄비에 물(5컵)을 끓인다. 꽈리고추는 큰 것은 2~3등분으로 어슷 썰고, 작은 것은 꼬치나 포크로 찔러 구멍을 뚫는다.

2 어묵은 2×5cm 크기로 썰고, 당근은 길이로 2등분하여 0.3cm 두께로 썬다.

> 어묵은 30초 이상 데치지 마세요.

3 ①의 끓는 물에 마늘과 당근을 넣고 중간 불에서 3분간 데친다. 마늘과 당근을 건지고 다시 끓어오르면 어묵을 넣어 30초간 데친 후 체에 밭쳐 물기를 뺀다.

> 아이들 반찬으로 만들 경우 양념 재료 중 고춧가루를 빼면 돼요.

4 ③의 냄비를 닦은 후 양념 재료를 넣고 센 불에서 끓어오르면 마늘, 당근, 어묵을 넣고 중간 불에서 2~3분간 조린다.

5 꽈리고추를 넣고 1분간 조린 후 불을 끄고 통깨를 넣는다.

꽃새우 아욱된장국

3~4인분 / 45~55분

재료 및 분량
- 꽃새우 1컵(또는 두절 건새우, 25g)
- 아욱 2줌(200g)
- 대파 10cm
- 홍고추 1개
- 국간장 1작은술(기호에 따라 가감)

국물
- 국물용 멸치 10마리(10g)
- 다시마 5×5cm
- 물 7컵(1.4ℓ)

양념
- 다진 마늘 1큰술
- 된장 3큰술(또는 집 된장 2와 1/2큰술)
- 고추장 1큰술

> 완성된 국물의 양은 6컵(1.2ℓ)이며 부족한 경우 물을 더하세요.

1 냄비에 국물 재료를 넣고 센 불에서 끓어오르면 중약 불로 줄여 5분, 다시마를 건져내고 10분간 더 끓인 후 멸치를 건져낸다.

2 아욱은 줄기 끝을 꺾어 투명한 실 같은 섬유질을 벗겨낸 다음 두꺼운 줄기 부분은 잘라내고 연한 줄기와 잎 부분만 사용한다.

> 아욱을 소금물에 넣고 부드러워질 때까지 바락바락 주물러 씻은 후 헹구면 풋내가 나지 않아요.

3 큰 볼에 아욱과 물(1/2컵), 소금(1큰술)을 넣고 푸른 즙이 나올 때까지 바락바락 주물러 씻은 후 여러 번 헹궈 물기를 꼭 짠 다음 4cm 폭으로 썬다.

4 대파, 홍고추는 어슷 썬다.

5 ①의 냄비에 양념 재료, 꽃새우, 아욱을 넣고 센 불에서 끓어오르면 10분, 중간 불로 줄여 10분간 끓인다.

6 대파, 홍고추를 넣고 중간 불에서 1분간 끓인다. 기호에 따라 국간장으로 간을 한다.

여름학기
9주차

감자채 파프리카볶음
마늘종 건새우볶음
버섯불고기

> 감자볶음과 마늘종볶음, 불고기는 언제 먹어도 맛있는 인기 만점 밥반찬이지요. 감자볶음에는 비타민이 풍부하고 여름에 특히 저렴한 파프리카를 더했고 마늘종볶음에는 칼슘과 단백질이 풍부한 건새우를, 불고기에는 쇠고기와 영양 궁합이 잘 맞는 버섯을 넣어 영양가를 높였어요.

세 가지 메뉴
한꺼번에 장보기

정육
- 쇠고기 불고기용 300g

해산물
- 두절 건새우 2컵(50g)

채소
- 감자 2개(400g)
- 마늘종 3줌(30줄기, 300g)
- 파프리카 2/3개(약 150g)
- 양파 3/4개(150g)
- 당근 1/4개(50g)
- 표고버섯 2개(50g)
- 느타리버섯 1줌(50g)
- 팽이버섯 1/2줌(25g)
- 대파 10cm

세 가지 메뉴
한 끼에 차리기

감자채 파프리카볶음	마늘종 건새우볶음	버섯불고기
● start		
		● 불고기 양념을 만든 후 4/5 분량을 볼에 넣고 쇠고기와 함께 버무려 1시간 이상 재우기
	● 기름을 두르지 않은 팬에 건새우 볶아 체에 담고 부스러기 털기 ● 마늘종 데칠 물 끓이기	
● 감자 손질해 썰어 소금물에 10분간 담가두기	● 마늘종 건새우볶음 양념 섞어두기	
● 파프리카, 양파 손질한 후 썰기	● 마늘종 손질해 썬 후 데치기	● 느타리버섯, 팽이버섯, 표고버섯, 양파, 당근, 대파 손질한 후 썰기
● 감자채 파프리카볶음 완성하기	● 마늘종 건새우볶음 완성하기	● 버섯불고기 완성하기
● finish		

감자채 파프리카볶음

3~4인분 / 20~30분

재료 및 분량
- 감자 2개(400g)
- 파프리카 2/3개(약 150g)
- 양파 1/2개(100g)
- 식용유 3큰술
- 소금 1/2작은술(기호에 따라 가감)
- 검은깨(또는 통깨) 1작은술
- 참기름 1작은술

너무 얇으면 볶을 때 쉽게 부서지니 주의하세요.

1 감자는 필러로 껍질을 벗긴 다음 0.5cm 두께의 편으로 썰고, 다시 0.5cm 폭으로 채 썬다.

감자를 찬물에 헹궈 전분 성분을 씻어내면 볶을 때 팬에 붙지 않아요. 소금물에 담가두면 감자에 간이 잘 배고 빨리 익는답니다.

2 흐르는 물에 가볍게 헹구고 물(3컵) + 소금(1큰술)에 10분간 담가둔 후 체에 밭쳐 물기를 뺀다.

3 양파와 파프리카는 0.5cm 두께로 채 썬다.

4 달군 팬에 식용유를 두르고 감자를 넣어 센 불에서 2분간 볶은 후 중간 불로 줄여 2분간 볶는다.

5 양파를 넣고 중간 불에서 1분, 파프리카를 넣어 1분간 볶는다.

6 소금을 넣고 1분간 더 볶은 후 불을 끄고 검은깨와 참기름을 넣어 섞는다.

마늘종 건새우볶음

3~4인분 / 15~25분

재료 및 분량
- 마늘종 3줌(약 30줄기, 300g)
- 두절 건새우 2컵(50g)
- 통깨 1/2큰술

양념
- 양조간장 1큰술
- 올리고당 2큰술
- 고추장 4큰술
- 고추기름(또는 식용유) 1큰술
- 참기름 1/2큰술
- 다진 마늘 1작은술

> 너무 오래 데치면 아삭하지 않고, 짧게 데치면 아린 맛이 남아 매우니 조리 시간을 준수하세요.

1 마늘종 데칠 물(7컵) + 소금(2작은술)을 끓인다. 달군 팬에 건새우를 넣고 중간 불에서 30초간 볶은 후 체에 담아 부스러기를 털어 그릇에 덜어둔다.

2 마늘종은 양 끝의 시든 부분을 제거하고 4cm 길이로 썬다.

3 ①의 끓는 물에 마늘종을 넣고 2분간 데친 후 체에 밭치고 찬물에 헹궈 그대로 물기를 뺀다.

4 작은 볼에 양념 재료를 넣고 섞는다.

5 ①의 팬을 키친타월로 닦고 양념을 넣어 중간 불에 올린다. 끓어오르면 마늘종을 넣고 30초간 볶는다.

6 건새우를 넣고 1분간 더 볶은 후 불을 끄고 통깨를 넣어 섞는다.

버섯불고기

2~3인분 / 20~30분(+ 고기 양념하기 1시간)

재료 및 분량
- 쇠고기 불고기용 300g
- 느타리버섯 1줌(50g)
- 팽이버섯 1/2줌(25g)
- 표고버섯 2개(50g)
- ★ 모든 버섯은 동량으로 대체 가능
- 양파 1/4개(50g)
- 당근 1/4개(50g)
- 대파 10cm

양념
- 통깨 1큰술
- 설탕 1큰술
- 다진 마늘 1큰술
- 양조간장 4큰술
- 맛술 2큰술
- 물 2큰술
- 참기름 1큰술
- 후춧가루 약간

1

작은 볼에 양념 재료를 넣고 섞는다.

2

쇠고기는 키친타월로 감싸 핏물을 없애고 10cm 폭으로 썬다. 볼에 쇠고기와 ①의 양념 4/5 분량을 넣고 버무린 후 냉장고에 1시간 넣어둔다.

3

느타리버섯은 밑동을 제거하여 결대로 찢는다. 팽이버섯은 밑동을 제거하여 2등분하고, 표고버섯은 기둥을 제거하고 0.5cm 두께로 썬다.

4

양파와 당근은 0.5cm 두께로 채 썬다. 대파는 어슷 썬다.

5

달군 팬에 팽이버섯을 제외한 모든 재료, 남은 양념 1/5분량을 넣고 센 불에서 3분간 볶는다.

6

팽이버섯을 넣어 섞은 후 불을 끈다.

> 가지는 여름에 특히 맛있는 채소로 조리하는 방법에 따라 다양한 요리를 만들 수 있어요. 오늘은 두반장으로 매콤하게 조리는 사천식 가지조림을 만들게요. 짭조름하고 담백한 감자조림, 새콤달콤 시원한 냉국과 함께 기분 좋은 여름을 맛보세요.

여름 학기_10주차

세 가지 메뉴
한꺼번에 장보기

정육
- 쇠고기 불고기용 70g

채소
- 감자 2개(400g)
- 가지 2개(300g)
- 양파 1개(200g)
- 오이 1/2개(100g)
- 홍고추 1개

해산물
- 마른 미역 1줌(10g, 불린 후 200g)

세 가지 메뉴
한 끼에 차리기

오이 미역냉국 	감자 양파조림 	사천식 가지조림 
● start		
멸칫국물 끓여 식히기 미역 찬물에 담가 20분간 불리기		
오이, 홍고추 손질한 후 썰기	감자 손질한 후 썰어 물에 헹구기 양파 손질한 후 썰기	가지, 쇠고기 손질한 후 썰기
양념 섞기		양념 섞기
불린 미역 썰어 밑간 양념에 버무려 5분간 재우기		
오이 미역냉국 완성해 냉장실에 넣어두기	감자 양파조림 완성하기	사천식 가지조림 완성하기
● finish		

오이 미역냉국

3~4인분 / 20~30분 (+ 미역 불리기 20분)

재료 및 분량
- 마른 미역 1줌(10g, 불린 후 200g)
- 오이 1/2개(100g)
- 홍고추 1개

국물
- 국물용 멸치 5마리(5g)
- 다시마 5×5cm
- 물 6컵(1.2ℓ)

밑간
- 국간장 1큰술
- 참치 액젓(또는 국간장) 1큰술
- 고운 고춧가루 2작은술
- 다진 마늘 2작은술

양념
- 설탕 3큰술
- 식초 3큰술
- 소금 2작은술

> 완성된 국물의 양은 5컵(1ℓ)이며 부족한 경우 물을 더하세요.

1 볼에 마른 미역과 찬물(7컵)을 넣고 20분간 불린다. 냄비에 국물 재료를 넣고 센 불에서 끓어오르면 중약 불로 줄여 5분, 다시마를 건져내고 10분간 더 끓인 후 멸치를 건지고 볼에 담아 차게 식힌다.

2 ①의 미역을 바락바락 주물러 거품이 나오지 않을 때까지 찬물에 3~4회 씻고 물기를 꼭 짠다.

3 오이는 0.3cm 두께로 어슷 썬 후 다시 0.3cm 폭으로 채 썬다. 홍고추는 송송 썰어 씨를 털어낸다. 미역은 2cm 폭으로 썬다.

4 볼에 미역과 밑간 재료를 넣고 버무려 5분간 둔다.

5 ①의 볼에 양념 재료를 넣고 설탕이 녹을 때까지 섞는다.

6 ④의 미역과 ⑤의 국물을 각자의 그릇에 담고 ③의 오이, 홍고추를 나눠 담는다.

사천식 가지조림

2~3인분 / 20~30분

재료 및 분량
- 가지 2개(300g)
- 쇠고기 불고기용(또는 잡채용) 70g
- 식용유 2큰술
- 참기름 1/3작은술

양념
- 두반장 1과 1/2큰술
- 설탕 2작은술
- 다진 마늘 1작은술
- 양조간장 2작은술
- 청주 2작은술
- 식초 1작은술
- 물 3/4컵(150㎖)

> 가지 껍질의 질긴 식감이 싫다면 감자 필러를 이용해 가지의 껍질을 중간중간 벗겨낸 후 썰어도 돼요.

1
가지는 양쪽 끝을 제거하고 길이로 2등분한 후 6cm 길이로 썰어 3~4등분한다.

> 쇠고기 잡채용을 구입한 경우 키친타월로 핏물만 없애세요.

2
쇠고기는 키친타월로 감싸 핏물을 없애고 0.7cm 폭으로 채 썬다.

3
볼에 양념 재료를 섞는다.

4
달군 팬에 식용유를 두르고 가지를 넣어 중간 불에서 3분간 볶은 후 그릇에 덜어둔다.

5
④의 팬에 쇠고기를 넣어 센 불에서 1분간 볶은 후 중간 불로 줄여 ③의 양념을 넣고 볶는다.

6
가지를 넣고 5~6분간 국물이 자작해질 때까지 조린다. 불을 끄고 참기름을 넣어 섞는다.

감자 양파조림

2~3인분 / 20~30분

재료 및 분량
- 감자 2개(400g)
- 양파 1개(200g)

양념
- 설탕 2큰술
- 양조간장 4큰술
- 고추기름(또는 식용유) 2큰술
- 물 1과 1/2컵(300㎖)

1. 감자는 껍질을 벗겨 사방 2cm 크기로 썬다. 체에 밭쳐서 흐르는 물에 헹궈 전분 성분을 없애고 그대로 물기를 뺀다.

› 감자 이야기 141쪽

2. 양파는 2×2cm 크기로 썬다.

3. 냄비에 양념 재료를 넣고 섞은 후 감자를 넣어 센 불에 올린다. 끓어오르면 뚜껑을 덮고 중간 불로 줄여 7분간 끓인다.

› 감자가 부서지지 않게 조리는 법 141쪽

4. 양파를 넣고 중간 불에서 2분간 살살 저어가며 조린다.

› 눌어붙지 않도록 중간중간 섞어가며 조리세요.

› 양파가 덜 익었다면 냄비의 뚜껑을 덮어 여열로 2분간 더 익히세요.

감자 양파조림
★ 제철 재료, 감자 이야기

삶고, 볶고, 으깨고, 어떻게 먹어도 맛있는 감자는 의외로 비타민 C가 풍부한 채소예요.
또한 나트륨을 배출시키는 칼륨이 풍부해 짜게 먹는 한국인에게 좋은 식재료지요.
여름 감자인 '하지 감자'는 껍질이 얇고 수분이 많아 그대로 쪄 먹어도 맛있어요. 감자는 껍질에
영양이 많으니 껍질째 조리하면 더욱 좋답니다.

장보기 표면에 흠집이 없고, 들었을 때 무거우면서 단단한 것이 좋아요.
흙이 묻어 있는 것이 신선하며 싹이 트거나 곰팡이가 있지 않은지
확인하고 고르세요.

보관하기 신문지나 검은 비닐에 담아 서늘한 곳에서 15일간
보관이 가능해요. 상자째로 보관할 경우 사과 1개를 함께 넣어두면
사과의 에틸렌 성분이 감자의 싹이 나는 것을 막아준다고 하니 참고하세요.

★ 깔끔한 감자조림 노하우

감자조림을 할 때 가장 중요한 포인트는 감자의 모양을 유지하면서 익히는 거예요.
감자를 깔끔하게 조리하려면 냄비에 감자와 양념을 넣고 젓지 않은 상태로 그대로 조리세요. 한두 번 정도만 냄비째
흔들어주고 300㎖였던 양념물이 50㎖(1/4컵) 남았을 때 양파를 넣은 다음 살살 저어가며 조립니다.
이때부터 살살 저어도 되는 이유는 감자가 어느 정도 익었을 때 저으면 잘 부서지지 않기 때문이에요.
또한 양념이 줄어 자작할 때 양파를 넣어 조리면 양파 물이 살아 있어 수분 가득한 조림을 맛볼 수 있어요.

오이 미역냉국
★ 냉국 만들 때 주의하세요.

냉국을 만들 때는 다시마와 멸치로 국물을 낸 다음 양념을 넣어야 감칠맛이 나요.
하지만 멸치를 너무 많이 넣으면 비린내가 날 수 있어요. 멸치는 국물 맛에 약간의 풍미를 더할 수 있도록
조금만 넣으세요. 참치 액젓이 없을 경우에는 국간장으로 대체하되 맛을 보며 양을 추가하세요.
또한 더운 여름, 냉국 국물을 얼려두었다가 먹으면 더욱 시원하게 즐길 수 있답니다.

여름학기
말복
11주차

궁중 약선 닭죽
양배추김치
절임무 오징어젓갈무침

> 여름의 막바지, 삼계탕보다 간편하지만 누구나 좋아하는 닭죽으로 든든하게 마무리하세요.
> 절이지 않고 바로 버무리면 되는 색다른 김치, 양배추김치를 만들어 곁들일까요?
> 죽 전문점에서 기본 반찬으로 내는 오징어젓갈무침의 비법도 알려드릴게요.

여름 학기_11주차

세 가지 메뉴
한꺼번에 장보기

정육
- 닭다리 3쪽(350g)

채소 & 청과
- 양배추 1통(2.5kg)
- 배 1/2개(250g)
- 양파 1과 3/4개(350g)
- 무 지름 10cm, 두께 2cm(200g)
- 감자 3/4개(150g)
- 부추 2와 1/2줌(125g)
- 당근 1/2개(100g)
- 표고버섯 2개(50g)
- 마늘 25쪽(65g)
- 생강 1/2톨(마늘 크기, 3g)
- 대파(푸른 부분) 10cm

냉장 가공품
- 오징어젓갈 100g

기타
- 은행 10알(생략 가능)
- 황기 1뿌리
- 볶은 콩가루 1큰술

세 가지 메뉴
한 끼에 차리기

궁중 약선 닭죽	양배추김치	절임무 오징어젓갈무침
start		
	양배추김치 만들어 12시간 동안 숙성시키기	
냄비에 닭다리와 국물 재료 넣어 20분간 끓이기		무와 절임 재료 함께 넣고 섞어 20분간 재우기
감자, 당근, 표고버섯, 양파, 부추 손질한 후 썰기		양념 재료의 양파 썰기
양념 섞기		양념 섞기
닭다리 끓인 물을 체에 밭쳐 국물은 볼에 담고 닭다리는 한 김 식힌 후 껍질 벗겨 먹기 좋은 크기로 찢기		절인 무 물기 꼭 짜기 / 오징어젓갈 썰기
궁중 약선 닭죽 완성하기		절임무 오징어젓갈무침 완성하기
finish		

양배추김치

20회분 / 20~30분(+ 숙성시키기 12시간)

재료 및 분량
- 양배추 1통(2.5kg)
- 부추 2줌(100g)
- 고춧가루 2/3컵(60g)

밀가루풀
- 밀가루 1큰술
- 물 1/2컵(100mℓ)

양념
- 배 1/2개(250g)
- 양파 1개(200g)
- 마늘 20쪽(40g)
- 생강 1/2톨(마늘 크기, 3g)
- 설탕 2큰술
- 소금 1큰술
- 새우젓 1/2컵(100g)

> 밀가루풀이 뜨거우면 양념이 발효되지 않아요. 완전히 식혀서 사용하세요.

1 작은 냄비에 밀가루풀 재료를 넣고 중간 불에서 끓인다. 가장자리가 끓어오르면 1분간 저어가며 끓인 후 큰 볼에 옮겨 완전히 식힌다.

2 양배추는 4×4cm 크기로 썬다. 부추는 4cm 길이로 썬다.

3 배, 양파는 한입 크기로 썰어 푸드 프로세서에 다른 양념 재료와 함께 넣고 곱게 간다.

4 큰 볼에 ③의 양념과 밀가루풀, 고춧가루를 넣어 섞은 후 양배추를 넣고 골고루 버무린다.

5 부추를 넣고 가볍게 섞는다.

> 2개월간 냉장 보관 가능해요.

6 밀폐 용기에 담고 뚜껑을 덮어 실온에서 12시간 익힌 후 냉장실에서 익혀 먹는다.

절임무 오징어젓갈무침

5회분 / 15~25분(+ 무 절이기 20분)

재료 및 분량
- 오징어젓갈 100g
- 무 지름 10cm, 두께 2cm(200g)

절임
- 설탕 1큰술
- 식초 2큰술
- 소금 1작은술
- 물 1/2컵(100㎖)

양념
- 양파 1/4개(50g)
- 통깨 1큰술
- 고춧가루 1큰술
- 올리고당 1큰술
- 설탕 2작은술
- 다진 마늘 2작은술

1 무는 2×7×0.2cm 크기로 썬다.

2 볼에 무와 절임 재료를 넣고 버무려 20분간 둔다.

3 양념 재료의 양파는 잘게 다진다. 큰 볼에 나머지 양념 재료와 함께 넣고 잘 섞는다.

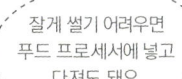

잘게 썰기 어려우면 푸드 프로세서에 넣고 다져도 돼요.

4 ②의 무는 물기를 꼭 짠 후 0.5~0.7cm 크기로 잘게 썬다. 오징어젓갈도 같은 크기로 썬다.

5 ③의 볼에 ④의 절인 무와 오징어젓갈을 넣고 버무린다.

궁중 약선 닭죽

3~4인분 / 40~50분

재료 및 분량
- 진 찹쌀밥 2공기(또는 진밥 400g)
- 닭다리 3쪽(350g)
- 감자 3/4개(150g)
- 당근 1/2개(100g)
- 양파 1/2개(100g)
- 표고버섯 2개(50g)
- 부추 1/2줌(25g)
- 은행 10알(생략 가능)
- 식용유 1큰술
- 참기름 1큰술
- 소금 약간(기호에 따라 가감)

국물
- 황기 1뿌리
- 마늘 5쪽(25g)
- 대파(푸른 부분) 10cm
- 물 6컵(1.2ℓ)

양념
- 볶은 콩가루 1큰술
- 맛술 1큰술
- 굴소스 1큰술
- 소금 1작은술
- 다진 마늘 1작은술
- 참기름 1작은술
- 후춧가루 약간

1

냄비에 닭다리와 국물 재료를 넣고 센 불에서 끓어오르면 중간 불로 줄여 20분간 끓인다.

> 완성된 국물의 양은 4컵(800㎖)이며 부족한 경우 물을 더하세요.

2

감자, 당근, 양파는 사방 0.5cm 크기로 썬다. 표고버섯은 기둥을 제거해 같은 크기로 썰고, 부추는 0.5cm 길이로 썬다. 볼에 양념 재료를 넣고 섞는다.

3

①은 체에 걸러 국물과 건더기를 분리한다. 닭은 한 김 식혀 껍질을 벗기고 먹기 좋은 크기로 찢는다.

> 국물을 고운체나 면포에 거르면 더욱 깔끔하게 즐길 수 있어요.

4

달군 냄비에 식용유와 참기름을 두르고 양파, 감자, 당근, 표고버섯을 넣어 중간 불에서 5분, ③의 닭고기를 넣어 2분간 볶는다.

> 만약 냄비에 달라붙으면 물을 조금씩 넣어가며 볶으세요.

5

찹쌀밥을 넣어 중간 불에서 1분간 볶은 후 ③의 국물을 붓고 센 불로 끓어오르면 다시 중간 불로 줄여 3분간 저어가며 끓인다.

> 죽용 밥 짓는 법 147쪽

6

②의 양념을 넣고 2~3분, 부추와 은행을 넣어 30분간 끓인다. 부족한 간은 소금으로 더한다.

> 은행 껍질 벗기는 법 147쪽

궁중 약선 닭죽

★ 은행 이야기

비타민 E가 풍부하고 기침과 가래, 천식의 완화에 도움을 준다고 해요. 한꺼번에 많은 양을 섭취하면 두통, 발열, 알레르기 등의 증상이 나타나니 주의하세요.

장보기 알이 고르며 탱탱하고 은행 고유의 향이 강한 것을 고르세요.

손질하기 끓는 물에 은행을 넣고 수저로 저으면 은행이 익으면서 속 껍질이 벗겨져요.

보관하기 지퍼백에 넣어 6개월간 냉동 보관이 가능해요.
필요한 만큼 꺼내 속껍질을 벗겨 사용하세요.

★ 죽 전문점의 맛내기 비법

죽 전문점에서는 쌀로 죽을 만들지 않아요. 일반 밥보다 수분이 많은 죽용 찹쌀밥을 지은 후 한 번 볶고 다시마 우린 물과 함께 끓인답니다. 그래서 다음 날 먹어도 삭지 않고 데워서 먹어도 방금 한 것과 똑같이 맛있지요. 여기에 사골 농축액과 굴소스를 넣어 간을 하고 맛을 낸답니다. 집에서 죽을 만들 때 더 구수하게 먹고 싶다면 사골 육수를 조금 넣어보세요.

★ 죽용 찹쌀밥 짓는 법

1 찹쌀 1컵(180g)을 깨끗이 씻은 후 볼에 담아 잠길 만큼의 물을 붓고 30분간 불린다.
2 물 4컵을 붓고 압력밥솥 또는 전기밥솥을 이용해 밥을 짓는다.

절임무 오징어젓갈무침

★ 오징어젓갈 더 맛있게 먹는 방법

오징어젓갈에 참기름을 넣으면 짠맛은 조금 줄이면서 고소한 맛과 풍미는 높일 수 있어요.
하지만 저장 음식에 참기름이 들어가면 빨리 상할 수 있지요.
때문에 먹기 직전, 먹을 양만큼 덜어서 참기름을 넣어 살짝 버무리면 더 맛있게 먹을 수 있답니다.

사과

1

2

3

자몽

1

2

3·4

키위

1

2

3

1 과도가 아닌 묵칼을 이용해 사과 껍질을 깎아 물결무늬를 만든다.
2 사과를 8등분한다.
3 씨 부분을 일(-)자로 썬다.
★ 배, 감 등 단단한 과일을 썰 때 활용하세요

1 자몽을 껍질째 8등분한다.
2 끝부분을 일(-)자로 썰어 속껍질을 제거한다.
3 방법 1 과육과 껍질을 1cm 남기고 분리한다. 자몽 끝에 민트잎을 끼운다.
4 방법 2 과육과 껍질을 끝까지 분리한다.
★ 오렌지나 자몽 등의 과일에 활용해보세요

1 키위의 양쪽 끝을 썬다.
2 껍질을 벗긴 다음 과육에 0.5cm 간격으로 V자형 홈을 낸다.
3 0.5cm 두께로 모양대로 썰어 꽃 모양을 만든다.

애플민트나 허브잎과 함께 접시에 담으면 색감이 더해져 예뻐요.

과육을 사선으로 살짝 비틀어 담아도 좋아요.

꽃 모양의 키위를 개별 접시에 펼쳐 담아서 내세요.

파인애플

1 파인애플 잎은 보기 좋은 길이로 썰어 깔끔하게 정리한다.
2 파인애플을 길이로 4등분한다.
3 파인애플의 밑동을 제거한다.
4 심 부분을 제외하고 과육만 분리한다.
5 과육만 빼내 1cm 폭으로 썬 후 다시 파인애플 껍질에 모양 좋게 올려놓는다.

참외

1 참외는 양쪽 끝 부분을 제거한 후 길이로 2등분한다. 껍질의 가운데에 1cm 폭으로 칼집을 낸다.
2 1cm 두께로 썬다.
3 껍질을 벗길 때 칼집을 냈던 가운데 1cm를 남긴다.

망고

1 망고는 씨를 기준으로 양옆의 과육을 칼로 발라낸다.
2 과육에 바둑판 모양으로 칼집을 낸다.
3 망고 껍질을 뒤집듯이 밖으로 밀어 망고 과육을 꽃처럼 피운다.

> 1/4조각씩 접시에 담은 다음 1cm 폭으로 썬 파인애플을 지그재그로 엇갈리게 연출하세요.

> 썬 참외를 비스듬히 놓아 1cm 남긴 껍질이 사선이 되도록 담으세요.

> 망고를 꽃처럼 만들어 개인 접시에 담으세요.

멜론

1

2

3

수박

2

4

5

바나나

2

3

5

---

1. 멜론을 8등분한 후 씨를 제거한다.
2. 과육과 껍질을 분리한다.
3. 과육을 1.5cm 두께로 썰어 지그재그로 놓는다.

1. 수박을 8등분한다.
2. 바닥에 닿는 껍질 부분을 500원 동전 크기로 썰어 수박이 안정적으로 서 있도록 한다.
3. 과육과 껍질을 분리한다.
4. 과육을 1.5cm 두께로 썰어 지그재그로 놓는다.
5. 수박은 과육이 멜론보다 단단하기 때문에 한두 조각 정도 트리 모양으로 만들어도 예쁘다.

1. 바나나는 양 끝을 썬 후 2등분한다.
2. 양쪽 끝 1.5cm를 남기고 과육 가운데에 칼집을 낸다.
3. 한쪽만 대각선으로 썬다.
4. 뒤집어서 방향을 바꾸지 않고 대각선으로 썬다.
5. 두 조각이 난 바나나를 분리한다.

지그재그로 만든 과일과 트리로 만든 과일을 함께 담으면 예뻐요.

단면을 접시 위에 올려 집어 먹기 편하게 담으세요.

Autumn

추석이 있어 설레는 계절인 가을은 기온이 낮아지면서
입맛이 뚝 떨어지는 계절이기도 합니다. 입맛을 돋워줄 매콤한 반찬,
가을에 가장 맛있는 뿌리채소와 수산물로 만든 반찬이 풍성한
가을 학기를 준비했어요.
다가올 김장철을 대비한 김치 레시피도 소개해드릴게요.

1주차	오징어볶음, 황태 양념구이, 우엉조림
2주차	토란대볶음, 갈치 무조림, 개성식 돼지불고기
3주차	갈비찜, 삼색나물, 삼색전
4주차	닭볶음탕, 깻잎채 생선전조림, 느타리버섯볶음
5주차	깐풍새우, 마파두부, 두반장 오이피클
6주차	연근조림, 닭고기 두반장 채소볶음, 매콤한 아귀찜
7주차	무생채, 대구 맑은탕, 꽃게 양념무침
8주차	낙지 미나리볶음, 쇠고기 뭇국, 바삭한 멸치볶음
9주차	연근 새우무침, 부추 달걀탕, 부추잡채와 꽃빵
10주차	배추 포기김치, 백김치, 생강소스 삼겹살찜
11주차	LA갈비 양념구이, 고등어 김치조림, 두부 새우볶음
특강	수강생들이 최고로 뽑은 김선영표 샌드위치 3가지 양파잼샌드위치, 새우 루콜라샌드위치, 케이준 치킨샌드위치

가을학기
1주차

오징어볶음
황태 양념구이
우엉조림

> 가을은 뿌리채소와 오징어가 가장 맛있고 저렴할 때예요. 뿌리채소인 우엉으로 짭짤한 조림을 만들고 오징어는 채소와 함께 매콤하게 볶으면 가을에 딱 어울리는 반찬이 되지요. 여기에 황태를 활용한 양념구이를 더하면 풍성한 가을 식탁 완성!

세 가지 메뉴
한꺼번에 장보기

해산물
- 오징어 2마리(480g)
- 황태포 2마리(140g)

채소
- 우엉 지름 2cm, 길이 20cm 3개(300g)
- 무 300g(팬에 깔 용도)
- 양배추 4장(손바닥 크기, 120g)
- 당근 1/3개(70g)
- 양파 1/2개(100g)
- 대파 10cm

세 가지 메뉴
한 끼에 차리기

오징어볶음	황태 양념구이	우엉조림
● start		
	● 황태포 손질해 적신 후 냉장실에 10분간 두기	● 우엉 손질해서 썬 후 식촛물에 10분간 담가두기
● 양배추, 당근, 양파, 대파 손질한 후 썰기	● 무(팬에 깔 용도) 손질한 후 썰기	
● 오징어 손질하기		
● 양념 섞기	● 양념 섞기	● 양념 섞기
● 오징어와 채소 볶아 오징어볶음 완성하기	● 황태 양념구이 완성하기	● 우엉조림 완성하기
● finish		

황태 양념구이

3~4인분 / 35~45분

재료 및 분량
- 황태포 2마리(또는 북어포, 140g)
- 무 300g(팬에 깔 용도)
- 찹쌀가루(또는 밀가루) 4큰술
- 식용유 2큰술 + 1큰술

양념
- 고춧가루 1큰술
- 양조간장 1큰술
- 설탕 2작은술
- 통깨 1작은술
- 다진 대파 4작은술
- 다진 마늘 2작은술
- 생강술 2작은술
  (또는 다진 생강 약간 + 청주 1큰술)
- 올리고당 2작은술
- 고추장 2작은술
- 식용유 2작은술
- 참기름 1작은술
- 후춧가루 약간

> 황태포를 물에 적셔 불려야 양념이 잘 배고 부드러워요.

1 황태포는 흐르는 물에 충분히 적신 후 물기를 짜서 위생봉투에 넣고 냉장고에 10분간 넣어둔다. 가위로 황태포의 머리, 꼬리, 지느러미를 자른다.

2 무는 필러를 이용해 0.3cm 두께로 썬다. 볼에 양념 재료를 넣고 섞는다.

3 황태포 앞뒤로 찹쌀가루를 골고루 묻힌다.

> 안쪽부터 구워야 황태가 휘지 않아요.

4 달군 팬에 식용유 2큰술을 두르고 황태포의 안쪽 부분이 팬의 바닥에 닿도록 올려 약한 불에서 앞뒤로 1분간 구워 그릇에 옮겨 담는다.

5 구운 황태포에 ②의 양념장을 앞뒤로 골고루 발라 10분간 둔다.

> 양념이 타지 않는 양념구이 비법 159쪽

> 200℃로 예열한 오븐에 넣고 5분간 구워도 좋아요.

6 ④의 팬을 닦고 다시 달궈 식용유 1큰술을 두르고 ②의 무를 약간씩 겹치도록 깐다. 그 위에 양념한 황태를 안쪽 부분이 팬의 바닥에 닿도록 올려 중약 불에서 3분, 뒤집어서 2분간 구운 다음 가위로 먹기 좋게 자른다.

우엉조림

3~4인분 / 40~50분

재료 및 분량
- 우엉 지름 2cm, 길이 20cm 3개(300g)

식촛물
- 물 5컵(1ℓ)
- 식초 1큰술

양념
- 양조간장 4큰술
- 식용유 2큰술
- 물 2컵(400㎖)
- 맛술 1컵(200㎖)

> 식촛물에 담가두면 색이 검게 변하는 것을 막고 특유의 떫은맛이 제거돼요. 조리 후 신맛이 남아 있을 수 있으니 조금만 넣으세요.

1 우엉은 필러로 껍질을 벗겨 0.3cm 두께로 어슷 썰어 식촛물 재료에 10분간 담가둔다.

2 체에 밭쳐 흐르는 물에 헹궈 물기를 뺀다.

3 종이 포일에 구멍을 낸다.

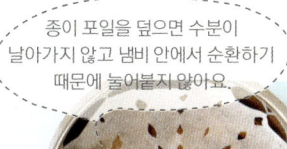

> 종이 포일을 덮으면 수분이 날아가지 않고 냄비 안에서 순환하기 때문에 눌어붙지 않아요.

4 냄비에 양념 재료를 넣고 섞은 후 우엉을 넣어 ③의 종이 포일을 덮고 센 불에 올린다 10분간 끓인 다음 중간 불로 줄여 10분간 더 끓인다.

> 마지막에 센 불로 졸이면 윤기와 색상이 더욱 좋아져요.

5 국물이 자작하게 남았을 때 다시 센 불로 올려 2분간 조린다.

오징어볶음

3~4인분 / 30~40분

재료 및 분량
- 오징어 2마리(480g, 손질 후 360g)
- 양배추 4장(손바닥 크기, 120g)
- 당근 1/3개(70g)
- 양파 1/2개(100g)
- 대파 10cm
- 고추기름(또는 식용유) 2큰술
- 통깨 1큰술
- 참기름 1큰술

양념
- 고춧가루 2큰술
- 설탕 1큰술
- 다진 마늘 1큰술
- 양조간장 1큰술
- 물 2큰술
- 올리고당 2큰술
- 고추장 2큰술
- 소금 1작은술
- 연겨자 2작은술
- 후춧가루 약간

1 손질한 오징어는 칼을 비스듬히 눕혀 몸통 안쪽에 0.3cm 간격의 우물 정(#)자로 칼집을 낸 후 1×5cm 크기로 썬다. 다리는 5cm 길이로 썰고 지느러미는 1cm 폭으로 썬다.

2 볼에 양념 재료를 넣고 섞는다. 양배추는 2×6cm 크기로 썰고 당근은 2×6×0.2cm 크기로 썬다. 양파는 0.5cm 폭으로 채 썰고, 대파는 어슷 썬다.

3 달군 팬에 고추기름을 두르고 양파를 넣어 중간 불에서 30초, 당근을 넣고 30초, 양배추를 넣고 1분간 더 볶아 그릇에 덜어둔다.

> 완성된 요리는 바로 팬에서 완성 그릇으로 옮겨 담아야 물이 덜 생겨요.

4 ③의 팬에 양념을 넣고 중간 불에서 가장자리가 끓기 시작하면 2분간 저어가며 끓인다.

5 오징어를 넣고 센 불로 올려 1분간 볶는다.

6 ③에서 덜어둔 채소와 대파를 넣고 센 불에서 1분간 볶은 후 불을 끄고 통깨, 참기름을 넣어 섞는다.

오징어볶음

★ 제철 재료, 오징어 이야기

오징어는 아미노산이 풍부한 양질의 단백질 식품으로 7~11월이 제철이지만 1년 내내 구입이 가능해요.
한식에 자주 쓰이는 수산 식재료지요.

장보기 표면이 짙은 갈색(어두운 붉은색)을 띠는 것이 신선한 오징어입니다.
하루 정도 시간이 지나면 표면이 하얀색으로 변해요. 또한 표면을 눌렀을 때 탄력이 있고 눈이 선명한 것을 고르세요.

손질하기
1 몸통에 손을 넣어 다리와 내장을 당겨 빼낸다.
2 몸통에 손을 넣어 안쪽에 붙은 투명한 뼈를 제거한다. 내장이 남아 있으면 숟가락으로 긁어낸다.
3 내장과 다리의 연결 부위를 잘라 내장은 버리고 다리 안쪽에 있는 눈과 입을 제거한다.
4 다리는 2개의 긴 다리를 2등분하고 나머지는 펼쳐서 가위로 가닥가닥 잘라 흐르는 물에서 다리를 훑어가며
   빨판의 이물질을 제거한다.
5 껍질은 미끄러우니 키친타월을 사용하거나 소금을 손에 묻혀 끝에서부터 당겨 벗긴다.

1　　　　　2　　　　　3　　　　　4　　　　　5

보관하기 손질한 오징어는 밀폐 용기나 지퍼백에 담아 1~2일간 냉장 보관, 3개월간 냉동 보관 가능해요.

★ 오징어의 식감과 맛을 살리는 볶음 비법

볶음 요리는 물이 생기지 않도록 조리해야 양념이 겉돌지 않고 식감을 살릴 수 있습니다.
특히 해산물 볶음 요리는 해산물의 야들야들한 식감과 채소의 아삭함을 살리면서 양념은 잘 배도록
따로 볶는 것이 좋아요. 채소를 미리 볶아 덜어둔 후 팬에 양념을 넣고 중간 불에서 충분히 볶다가
센 불로 올려 오징어를 넣고 다시 한 번 볶으세요. 적당히 익으면 마지막으로 볶은 채소를 넣어 후다닥 볶아
마무리하세요. 이렇게 하면 양념의 깊은 맛과 각 재료의 식감이 살아 있는 볶음 요리를 만들 수 있지요.

황태 양념구이

★ 양념이 타지 않게 황태 굽는 방법

양념구이를 할 때 가장 주의해야 할 부분은 양념을 태우지 않고 재료의 맛을 살리는 거예요.
그래서 저는 양념구이를 할 때 수분이 많은 채소(상추, 양상추 등)를 활용한답니다.
무를 팬에 깔고 그 위에 양념한 황태를 올리면 무가 익으면서 황태가 구워져 양념이 타지 않아요.
또한 무의 수분이 스며들어 황태가 부드러워지고 시원한 무 맛이 배어 더 맛있답니다.

가을학기 2주차

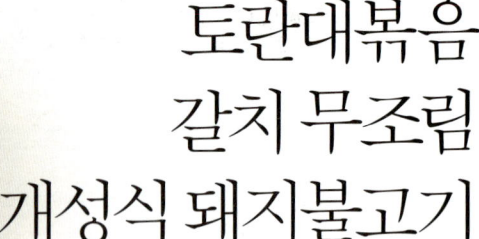

토란대볶음
갈치 무조림
개성식 돼지불고기

> 갈치는 가을에 꼭 먹어야 할 생선 중 하나예요. 살이 오른 갈치와 무를 함께 조린 갈치 무조림은 감칠맛이 일품이랍니다. 칼칼한 갈치 무조림에 아주 잘 어울리는 고소한 토란대볶음, 새우젓으로 간을 해 구수한 개성식 돼지불고기도 함께 만들어보세요.

세 가지 메뉴
한꺼번에 장보기

정육
- 돼지고기 불고기용 400g

해산물
- 손질된 갈치 2마리
  (7~8토막, 500g)

채소
- 삶은 토란대 200g
- 무 지름 10cm, 두께 1cm
  2토막(200g)
- 대파 10cm
- 풋고추 1개

세 가지 메뉴
한 끼에 차리기

● 토란대볶음	● 갈치 무조림	● 개성식 돼지불고기
start		
	● 무 썰어 국물 재료와 함께 끓이기	● 돼지고기 데쳐 양념 재료와 함께 버무려 30분간 재우기
● 토란대 데친 후 썰어 양념 재료와 함께 버무리기	● 대파와 고추 썰기 ● 양념 섞기 ● 갈치 손질하기 ● 갈치 무조림 끓이기	
● 토란대볶음 완성하기	● 대파, 풋고추 넣고 조려 갈치 무조림 완성하기	● 개성식 돼지불고기 볶아 완성하기
finish		

토란대볶음

2~3인분 / 30~40분

재료 및 분량
- 삶은 토란대 200g
- 들기름 2큰술
- 물 약 1/4컵(50mℓ)

양념
- 들깻가루 1큰술
- 다진 마늘 1큰술
- 국간장 1큰술
- 통깨 2작은술
- 새우 가루 1과 1/2작은술
- 후춧가루 약간

토란대 이야기 165쪽

1
냄비에 물(5컵)을 넣고 센 불에서 끓어오르면 토란대를 넣어 3분간 데친다.

2
찬물에 헹궈 물기를 꼭 짠 후 5cm 길이로 썬다.

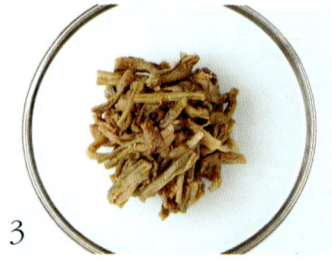

3
볼에 양념 재료를 넣고 섞은 후 토란대를 넣어 조물조물 무친다.

4
달군 팬에 들기름을 두르고 ③의 토란대를 넣어 중간 불에서 5분간 볶는다.

물 1/4컵(50mℓ)을 넣고 뚜껑을 덮어두어도 돼요.

5
물기가 없고 양념이 탁탁 튀어오를 때 1~2분 간격으로 물을 3큰술씩 5~6회 넣어가며 부드러워질 때까지 10분간 볶는다.

개성식 돼지불고기

2~3인분 / 35~45분

재료 및 분량
- 돼지고기 불고기용
  (또는 앞다릿살, 뒷다릿살) 400g
- 생강술 2큰술(또는 다진 생강
  1/3작은술 + 청주 2큰술)

양념
- 고춧가루 2와 1/2큰술
- 설탕 1/2큰술
- 다진 마늘 1큰술
- 생강술 1큰술(또는 다진 생강
  1/4작은술 + 청주 1큰술)
- 맛술 1/2큰술
- 새우젓 1/2큰술
- 올리고당 1과 1/2큰술
- 고추장 2와 1/2큰술
- 참기름 1/2큰술
- 후춧가루 약간

1
돼지고기 데칠 물(5컵) + 생강술
(2큰술)을 끓인다. 볼에 양념 재료를
넣고 섞는다.

돼지고기를 데쳐서
지방성분과 잡냄새를
제거하면 좋아요.

2
①의 끓는 물에 돼지고기를 2~3장씩
넣어 3초간 데친 후 건져 찬물에
헹군다.

개성식 돼지불고기는
새우젓으로 간을 하는 것이
특징이에요.

3
큰 볼에 ①의 양념과 ②의 돼지고기를
넣고 버무려 20분간 둔다.

220℃로 예열한
오븐에 넣고 8~10분간
구워도 돼요.

4
달군 팬에 돼지고기를 넣고 센 불에서
5분간 볶는다.

갈치 무조림

3~4인분 / 40~50분

재료 및 분량
- 손질된 갈치 2마리(7~8토막, 500g)
- 무 지름 10cm, 두께 1cm 2토막(200g)
- 대파 10cm
- 풋고추 1개

국물
- 국물용 멸치 5마리(5g)
- 다시마 5×5cm
- 물 3컵(600㎖)

양념
- 고춧가루 2큰술
- 양조간장 3큰술
- 생강술 2큰술
  (다진 생강 1/3작은술 + 청주 2큰술)
- 고추장 1큰술
- 설탕 1작은술
- 다진 마늘 2작은술

> 완성된 국물의 양은 2컵(400㎖)이며 부족한 경우 물을 더하세요.

1 무는 열십(+)자로 썬다.

2 냄비에 국물 재료와 무를 넣고 센 불에서 끓어오르면 중약 불로 줄여 20분간 끓인 다음 멸치, 무, 다시마를 건져낸다.

3 대파와 풋고추는 어슷 썬다. 볼에 양념 재료를 넣고 섞는다.

4 갈치는 가위로 지느러미를 잘라내고 내장을 제거한 후 흐르는 물에 깨끗이 씻는다.

> 갈치 이야기 165쪽

5 ②의 냄비에 건져두었던 무, 갈치, ③의 양념 순으로 넣고 뚜껑을 연 채로 센 불에서 5분간 끓인 후 중간 불로 줄여 뚜껑을 덮고 8분간 조린다.

6 대파, 풋고추를 넣고 중약 불로 줄여 1~2분간 조린다.

갈치 무조림

★ 제철 재료, 갈치 이야기

칼처럼 생긴 생선이라고 해서 갈치라 불리게 되었다는 이 생선은 7~10월이 제철입니다.
구이와 찌개, 국 등 다양하게 조리해서 즐길 수 있지요.

장보기 은백색의 껍질이 벗겨지지 않고 광택이 있으며 살이 단단하고 나쁜 냄새가 나지 않는 것을 고르세요.

보관하기 내장을 꺼내고 소금을 뿌려 밀폐 용기나 지퍼백에 담아 2일간 냉장 보관, 1개월간 냉동 보관이 가능해요.

★ 갈치 무조림, 색다르게 즐기기

무 대신 삶은 고구마줄기(200g) 또는 삶은 고사리(200g)를 넣어 조리해보세요. 무와는 또 다른 식감과 맛을 즐길 수 있어요. 또는 감자 2개를 넣어도 좋아요. 고구마줄기나 고사리를 넣을 때는 7cm 길이로 썰어 164쪽의 과정 ⑤에 넣으세요. 감자는 필러로 껍질을 벗겨 2등분한 후 2cm 두께로 썰어 10분간 삶아 무 대신 넣으면 돼요.

토란대나물

★ 제철 재료, 토란대 이야기

9~10월이 제철인 토란대는 식이섬유가 풍부합니다.
하지만 삶아도 아린 맛이 남아 있으니 여러 번 헹궈야 해요.

장보기 토란대는 토란의 대를 말렸다가 다시 삶은 것으로 쉽게 구할 수 있지요. 가끔 덜 삶아진 것이 있으니 너무 굵지 않고 부드러운 것을 고르세요. 만약 구입한 것이 덜 삶아져 딱딱하다면 20분 정도 삶아서 사용하세요.

보관하기 손질한 토란대는 물기를 꼭 짜서 1회 먹을 분량만큼 지퍼백에 나눠 담아 3개월간 냉동 보관이 가능해요.

★ 마른 나물 볶음에 없어선 안 될 들기름의 역할

토란대는 물론 고구마줄기나 고사리 등 말린 나물을 이용해 조리를 할 때 빠질 수 없는 양념이 들기름이에요.
들기름은 음식의 맛을 고소하게 하는 역할도 하지만 재료를 무르게 하는 성질도 있어 질긴 나물을 부드럽게 만들어준답니다.
말린 나물을 조리할 때는 들기름을 빼놓지 마세요!

가을학기 추석 3주차

갈비찜
삼색나물
삼색전

> "'명절 음식' 하면 생각나는 갈비찜과 삼색나물, 삼색전을 준비해볼까요?
> 삼색전은 재료 본연의 맛과 식감을 살려 좀 더 고급스럽게 만들었어요.
> 좋은 재료로 정성 들여 만든 풍성한 음식으로 마음까지 넉넉해지는 추석 보내세요."

세 가지 메뉴
한꺼번에 장보기

정육
- 소갈비 찜용 600g
- 다진 쇠고기 200g
- 다진 돼지고기 100g

해산물
- 오징어 몸통 1마리분(150g)
- 냉동 생새우살 8마리
  (중간 사이즈, 100g)

채소 & 청과
- 무 지름 10cm, 두께 2cm(200g)
- 삶은 고사리 200g
- 도라지 2줌(200g)
- 당근 1/2개(100g)
- 시금치 2줌(100g)
- 배 1/6개(약 80g)
- 표고버섯 3개(75g)
- 풋고추 5개
- 대파(흰 부분) 5cm

난류
- 달걀 2개

냉장 가공품
- 두부 큰 팩 1/2모(부침용, 150g)

기타
- 은행 5알

세 가지 메뉴
한 끼에 차리기

갈비찜	삼색나물	삼색전
start 찬물에 갈비 30분 이상 담가 핏물 빼기 / 갈비 데칠 물 끓이기	시금치, 고사리, 도라지 손질하기	
양념 재료 갈아 섞어두기 / 무, 당근, 표고버섯, 은행 손질한 후 썰기		고기 반죽 만들기
갈비 데친 후 냄비에 양념의 2/3 분량, 물을 함께 넣어 끓이기	시금치와 도라지 데쳐 찬물에 헹궈 물기 짜기 / 고사리와 도라지 양념하기	새우 찬물에 담가 해동하기 / 새우와 오징어 데칠 물 끓이기
나머지 채소와 양념 넣고 갈비찜 완성하기 **finish**	시금치 무치고, 고사리와 도라지 볶아 삼색나물 완성하기	고추와 오징어 손질하기 / 새우와 오징어 데치기 / 각각의 전에 고기 반죽 채우기 / 새우전, 오징어전, 고추전 순서로 구워 완성하기

갈비찜

2~3인분 / 1시간 20분~1시간 30분(+ 핏물 제거하기 30분~1시간)

재료 및 분량
- 소갈비 찜용 600g
- 무 지름 10cm, 두께 2cm(200g)
- 당근 1/2개(100g)
- 표고버섯 3개(75g)
- 은행 5알

양념
- 배 1/6개(약 80g)
- 대파(흰 부분) 5cm
- 설탕 2큰술
- 통깨 1/2큰술
- 다진 마늘 1큰술
- 양조간장 4큰술
- 청주 2큰술
- 올리고당 1큰술
- 참기름 1큰술
- 후춧가루 1/3작은술

> 완성된 국물의 양은 5컵(1ℓ)이며 부족한 경우 물을 더하세요. 국물을 젖은 면포에 거르면 더욱 깔끔하게 즐길 수 있어요.

1 볼에 갈비와 잠길 만큼의 물을 담고 30분 이상 핏물을 뺀다. 이때, 중간중간 깨끗한 물을 2~3회 갈아준다.

2 갈비 데칠 물(5컵)을 센 불에 올려 끓어오르면 갈비를 넣고 5분간 데친 후 체에 걸러 갈비와 국물을 따로 둔다.

3 배, 대파는 한 입 크기로 썰어 푸드 프로세서에 넣고 곱게 간 후 볼에 넣고 나머지 양념 재료를 넣어 섞는다.

> 무와 당근의 모서리를 둥글게 도려내면 채소가 잘 뭉개지지 않아요.

4 무와 당근은 사방 3cm 크기로 썰어 칼로 모서리를 둥글게 도려낸다.

5 표고버섯은 기둥을 제거한 후 4등분한다. 은행은 껍질을 벗긴다.

> 은행 껍질 벗기기 147쪽

6 바닥이 두꺼운 냄비에 데친 갈비, ③의 양념 2/3 분량, ②의 국물 3컵(600㎖)을 넣고 센 불에서 5분간 끓인다. 뚜껑을 덮어 10분간 더 끓인 후 중간 불로 줄여 25분간 끓인다.

Cooking Note

★ 갈비찜 Q & A

Q. 갈비찜을 태웠어요.
양념만 눌어붙어 탔다면 다른 냄비에 고기만 옮기세요.
옮긴 냄비에 양념을 절반 정도 더 만들어 넣어 물을 넣고
계속 조리하면 돼요.

Q. 갈비찜에 국물이 너무 많아 찜 요리 같지 않아요.
50분 이상 끓였는데도 물이 너무 많아 찜으로 볼 수 없는 경우에는
크고 넓적한 팬을 꺼내 찜의 국물만 덜어내 계속 끓이세요.
넓은 팬의 국물이 걸쭉해지면 갈비찜 냄비에 다시 부어
국물이 자작하게 찜을 완성하면 됩니다.

Q. 냄비에 따라 조리 시간을 다르게 해야 하나요?
갈비찜은 불 위에 올려 1시간 정도 걸리는 요리이므로
조리 도구에 따라 물의 양이 차이가 많이 나요.
냄비가 두꺼우면 육수의 양이 적어도 되지만 냄비가 얇은 경우엔
육수 양을 더 늘려야 해요. 그래서 상태를 보면서 물을
수시로 넣어야 갈비찜을 태우지 않고 완성할 수 있어요.

7
손질한 무, 당근과 남은 양념(1/3
분량)을 넣고 중간 불에서 15분간
끓인다. 수분이 부족할 경우 남은 ②의
국물(2컵)을 넣어가며 끓인다.

8
표고버섯, 은행을 넣고 3분간 더 끓인다.

현대백화점 문화센터 요리 수업 현장에서
"여러분, 오늘 배울 요리의 중요한 포인트는…"
저는 항상 강의를 하면서 오늘 배우는 요리의 중요한 팁이나 가장 많이
실수하는 부분을 강조해요. 여러분도 오늘 따라 할 레시피를 훑어보고
제가 적어둔 조리 포인트를 염두에 두며 요리를 해보세요.

시금치나물·고사리나물

2~3인분 / 10~20분 & 2~3인분 / 20~30분

시금치나물

재료 및 분량
- 시금치 2줌(100g)
- 통깨 1작은술
- 참기름 1큰술

양념
- 소금 1/4작은술
- 다진 대파 1작은술
- 다진 마늘 1/2작은술

고사리나물

재료 및 분량
- 삶은 고사리 200g
- 들기름(또는 식용유) 1큰술
- 통깨 1/2큰술
- 참기름(또는 들기름) 1/2큰술

양념
- 들깻가루 1큰술
- 다진 마늘 1큰술
- 국간장 1큰술

→ 시금치나물 만들기

1 시금치 데칠 물(5컵) + 소금(1작은술)을 끓인다. 시금치는 지저분한 잎을 떼어내고 뿌리째 씻어 끓는 물에 뿌리부터 넣어 10초간 데친다. 체에 받쳐 찬물에 헹군 후 물기를 꼭 짠다.

2 데친 시금치는 뿌리 부분을 제거하고 5cm 길이로 썬다.

3 볼에 시금치와 양념 재료를 넣고 조물조물 무친 후 통깨, 참기름을 넣고 가볍게 무친다.

→ 고사리나물 만들기

1 볼에 삶은 고사리와 잠길 만큼의 물을 넣고 흔들어가며 헹군 후 체에 밭쳐 물기를 제거한다.

2 고사리를 8cm 길이로 썰어 볼에 양념 재료와 함께 넣어 조물조물 버무린다.

3 달군 팬에 들기름을 두르고 고사리를 넣어 중간 불에서 볶다가 물기가 없고 양념이 탁탁 튀어오를 때 물을 3큰술씩 넣어가며 고사리가 부드러워질 때까지 15분간 볶는다. 불을 끄고 통깨, 참기름을 넣어 골고루 섞는다.

도라지나물

2~3인분 / 25~35분

> 도라지처럼 섬유질이 질긴 나물류는 약간 무른 듯하게 볶아도 맛있어요. 육수를 팬 가장자리로 붓고 뚜껑을 덮어 익히면 간도 잘 배고 부드러워요

재료 및 분량
- 도라지 2줌(200g)
- 들기름(또는 식용유) 1큰술
- 통깨 1/2큰술
- 참기름(또는 들기름) 1/2큰술

양념
- 맛술 1큰술
- 소금 1/2작은술
- 다진 마늘 1작은술

1

도라지는 깨끗이 씻은 후 두꺼운 윗부분을 제거하고 칼등으로 긁어 껍질을 벗겨 8cm 길이로 썬다. 두꺼운 부분은 길게 2~3등분한다.

2

냄비에 도라지 데칠 물(4컵) + 소금(1작은술)을 끓인다. 볼에 도라지, 소금(1큰술)을 넣고 물이 생길 때까지 힘주어 바락바락 주무른 후 찬물에 4~5회 헹군다.

3

②의 끓는물에 도라지를 넣고 3분간 데친 후 체에 밭치고 찬물에 헹궈 그대로 물기를 뺀다.

4

볼에 도라지와 양념 재료를 넣고 조물조물 무친다.

5

달군 팬에 들기름을 두르고 ④를 넣어 물기가 없고 양념이 탁탁 튀어오를 때 물을 3큰술씩 넣어가며 중간 불에서 도라지가 부드러워질 때까지 10분간 볶는다.

6

불을 끄고 통깨와 참기름을 넣어 골고루 섞는다.

💬 삼색전 속재료로 활용하세요.

고기 반죽

450g 분량 / 10~20분

재료 및 분량
- 다진 쇠고기 200g
- 다진 돼지고기 100g
- 두부 큰 팩 1/2모(부침용, 150g)

양념
- 다진 대파 2큰술
- 다진 마늘 1큰술
- 참기름 1큰술
- 통깨 2작은술
- 설탕 1작은술
- 소금 1작은술
- 후춧가루 약간

💬 지퍼백에 넣고 편평하게 펴 1개월간 냉동 보관이 가능해요.

1
다진 쇠고기와 다진 돼지고기는 키친타월에 감싸 핏물을 없앤다.

2
두부는 칼날 옆면으로 으깬다. 젖은 면포에 두부를 담아 물기를 꼭 짠다.

3
볼에 모든 재료와 양념을 넣어 섞은 후 1분간 치대 고기 반죽을 만든다. 이 반죽을 동글납작하게 빚어 완자전을 만들거나 다른 전의 속 재료로 활용한다.

새우전

2인분 / 20~30분

재료 및 분량
- 냉동 생새우살 8마리 (중간 사이즈, 100g)
- 고기 반죽 50g(만드는 법 172쪽)
- 달걀흰자 1개분
- 밀가루 2큰술
- 식용유 2큰술

1
냉동 생새우살은 찬물(2컵)에 5분간 담가 해동한 후 체에 밭쳐 물기를 뺀다. 생새우살 데칠 물(2컵)을 끓여 물이 끓어오르면 생새우살을 넣고 2분간 데친 후 체로 건져 물기를 빼고 그대로 식힌다.

2
작은 볼에 달걀흰자를 넣어 푼다.

3
생새우살의 구부러진 안쪽에 밀가루를 묻히고 고기 반죽을 지름 1cm 크기로 둥글게 빚어 채운 후 밀가루, 달걀흰자 순으로 옷을 입힌다.

4
달군 팬에 식용유를 두르고 ③의 새우전을 올려 약한 불에서 2분, 뒤집어서 1분간 굽는다.

오징어전

약 15개 분량 / 15~25분

재료 및 분량
- 오징어 몸통 1마리분(150g)
- 고기 반죽 150g(만드는 법 172쪽)
- 달걀흰자 1개분
- 밀가루 4큰술
- 식용유 3큰술

1. 오징어 데칠 물(4컵)을 끓인다. 손질한 오징어는 칼을 비스듬히 눕혀 몸통 안쪽에 가로로 0.3cm 간격의 칼집을 낸다.

오징어 손질법 159쪽

2. ①의 끓는 물에 오징어를 넣어 30초간 데친다. 오징어를 건져 그대로 식힌 후 1cm 두께로 썬다.

오징어가 익으면서 원통형으로 말려요.

3. 작은 볼에 달걀흰자를 넣어 푼다.

4. 오징어 안쪽에 밀가루를 묻히고 고기 반죽을 지름 2cm 크기로 둥글게 빚어 채운 후 밀가루, 달걀흰자 순으로 옷을 입힌다.

5. 달군 팬에 식용유를 두르고 ④를 올려 약한 불에서 2분, 뒤집어서 1분간 굽는다.

고추전

2~3인분 / 20~30분

재료 및 분량
- 풋고추 5개
- 고기 반죽 250g(만드는 법 172쪽)
- 달걀노른자 2개
- 밀가루 2큰술
- 식용유 5큰술

꼭지를 2cm 정도 남기면 고기가 빠져 나가지 않게 막아주며 전을 먹을 때 손잡이처럼 잡고 먹을 수 있어 좋아요.

1 풋고추는 씻어 꼭지를 2cm 남기고 잘라낸 뒤 길게 반으로 가른다. 이때, 털어내지 않는다.

2 풋고추 안쪽에 밀가루를 얇게 묻힌다. 고기 반죽 1/10 분량을 고추 안쪽에 채워 넣는다. 같은 방법으로 9개 더 만든다.

3 넓적한 그릇에 달걀노른자를 푼다. 소가 채워진 쪽에만 밀가루, 달걀노른자 순으로 옷을 입힌다.

고추의 겉면이 팬에 닿으면 기포가 생기므로 절대 뒤집지 마세요.

4 달군 팬에 식용유를 두르고 고추의 달걀물을 입힌 쪽이 팬의 바닥에 닿도록 올린 후 약한 불에서 2분간 굽는다. 익히는 동안 팬을 기울여 수저로 뜨거운 기름을 고추 윗부분에 끼얹어가며 익힌다.

Cooking Note

★ **삼색전, 하나의 팬으로 깔끔하게 부치기**

새우전 → 오징어전 → 고추전 순서로 부치는 것이 좋아요.
그래야 팬을 물로 닦아내지 않고 계속 깨끗하게 부칠 수 있답니다.
만약 고기 반죽이 남았다면 지름 4cm, 두께 0.7cm의 완자전을 빚어
남은 밀가루, 달걀물을 입혀 구우면 동그랑땡으로 먹을 수 있어요.
또한 고기 반죽을 이용해 깻잎전이나 표고버섯전을 만들어 먹어도 좋아요.

가을학기 4주차

{ 닭볶음탕
깻잎채 생선전조림
느타리버섯볶음

> 명절에 먹고 남은 생선전의 맛있는 변신! 간장과 맛술로 생선전을 조리고 깻잎채를 곁들이면 색다른 요리가 된답니다. 여기에 와인 한 스푼으로 맛을 업그레이드한 닭볶음탕, 들깻가루로 구수함을 더한 느타리버섯볶음을 더하면 고기와 생선, 버섯과 채소의 균형이 잘 맞는 한 끼 식단이 되지요. "

세 가지 메뉴
한꺼번에 장보기

정육
- 닭(닭볶음탕용) 1kg

채소
- 감자 1개(200g)
- 양파 약 1과 1/10개(220g)
- 당근 약 1/2개(95g)
- 느타리버섯 4줌(200g)
- 깻잎 10장(20g)
- 대파 15cm

기타
- 생선전 10개(300g)
- 떡볶이 떡 2/3컵(120g)

세 가지 메뉴
한 끼에 차리기

닭볶음탕	깻잎채 생선전조림	느타리버섯볶음
● start		
닭고기 손질한 후 양념에 버무려 20분간 재우기	깻잎, 양파 손질한 후 썰기	느타리버섯, 당근, 양파 손질한 후 썰기
양파, 당근, 감자, 대파 손질한 후 썰기		
	양념 섞기	양념 섞기
닭볶음탕 끓여 완성하기	생선전 데우기	느타리버섯볶음 완성하기
	깻잎채 생선전조림 완성하기	
● finish		

닭볶음탕

3~4인분/ 55~65분(+ 닭 양념 재우기 20분)

재료 및 분량
- 닭(닭볶음탕용) 1kg
- 양파 1/2개(100g)
- 당근 1/3개(70g)
- 감자 1개(200g)
- 대파 15cm
- 떡볶이 떡 2/3컵(120g)
- 물 2컵(400㎖)

양념
- 고춧가루 3큰술
- 설탕 2큰술
- 통깨 1큰술
- 들깻가루 1큰술
- 다진 마늘 2큰술
- 양조간장 4큰술
- 생강술 3큰술(또는 다진 생강 1/2작은술 + 청주 3큰술)
- 맛술 2큰술
- 레드 와인 (또는 화이트 와인, 청주) 1큰술
- 고추장 2큰술
- 참기름 1큰술
- 후춧가루 약간

1
닭은 체에 밭쳐 흐르는 물에 씻은 후 물기를 뺀다.

> 더 맛있는 닭볶음탕의 비법 181쪽

2
냄비에 양념 재료를 넣어 섞은 후 닭을 넣고 버무려 20분간 둔다.

3
대파는 3cm 두께로 어슷 썰고, 양파는 3×3cm 크기로 썬다. 당근, 감자는 사방 3cm 크기로 썰어 모서리를 둥글게 깎는다.

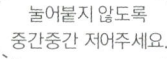

> 눌어붙지 않도록 중간중간 저어주세요.

4
②의 냄비에 물(2컵)을 넣고 센 불에서 끓어오르면 5분간 끓인 후 중간 불로 줄여 뚜껑을 덮고 5분간 끓인다.

5
당근, 감자를 넣고 중간 불에서 뚜껑을 덮어 10분간 끓인 후 양파, 떡볶이 떡을 넣고 5분간 더 끓인다.

6
대파를 넣고 중약 불로 줄여 2분간 끓인다.

깻잎채 생선전조림

2~3 인분 / 10~20분

재료 및 분량
- 생선전 10개(300g)
- 깻잎 10장(20g)
- 양파 1/3개(70g)

양념
- 양조간장 1큰술
- 청주 1큰술
- 맛술 1큰술
- 생강술 1큰술(또는 다진 생강 1/4작은술 + 청주 1큰술)

> 찬물에 담가두면 양파의 매운맛이 제거돼요.

1 깻잎은 돌돌 말아 가늘게 채 썰고, 양파도 가늘게 채 썬다.

2 볼에 깻잎과 양파를 넣고 찬물을 부어 10분간 담가 매운맛을 제거한 후 체에 밭쳐 물기를 뺀다.

※ 생선전 만드는법 181쪽

3 식은 생선전은 내열 용기에 담아 뚜껑을 덮고 전자레인지(700W)에 넣어 1분간 데운다.

4 팬에 양념 재료를 넣어 센 불에서 끓인다.

5 ④의 양념이 끓어오르면 생선전을 넣고 중간 불에서 2분간 양념이 없어질 때까지 전을 뒤집어가며 조린다.

6 그릇에 생선전조림을 담고 ②의 깻잎과 양파를 곁들인다.

느타리버섯볶음

2인분 / 15~25분

재료 및 분량
- 느타리버섯 4줌(200g)
- 당근 1/8개(25g)
- 양파 1/4개(50g)
- 식용유 1큰술
- 참기름 1작은술

양념
- 들깻가루 2작은술
- 소금 1/4작은술
- 양조간장 1작은술
- 맛술 1작은술

1. 느타리버섯은 밑동을 제거하여 결대로 찢는다.

2. 당근은 5cm 길이로 썬 후 0.2cm 두께의 편으로 썰어 다시 0.2cm 폭으로 채 썰고, 양파는 0.3cm 폭으로 채 썬다. 볼에 양념 재료를 넣고 섞는다.

3. 달군 팬에 식용유를 두르고 당근을 넣어 센 불에서 30초간 볶는다.

4. 느타리버섯, 양파를 넣고 센 불에서 1분간 볶는다.

센 불에서 재빨리 볶아야 물이 생기지 않아요.

5. ②의 양념을 넣어 1분간 볶은 후 불을 끄고 참기름을 넣어 버무린다. 부족한 간은 소금으로 더한다.

팬에 그대로 두면 물이 생기니 주의하세요.

6. 완성 그릇에 바로 담아낸다.

느타리버섯볶음

★ 제철 재료, 가을 버섯 이야기

손쉽게 구할 수 있는 대표적인 버섯으로 느타리버섯, 표고버섯, 팽이버섯이 있어요. 사계절 내내 구할 수 있지만 가을이 되면 풍미가 더욱 진해진답니다. 버섯은 향이 은은하기 때문에 버섯이 주재료로 들어가는 요리는 너무 강한 향채소를 쓰지 않는 것이 좋아요.

장보기 느타리버섯은 송이가 작고 송이 부분이 짙은 쥐색인 것이 좋아요. 표고버섯은 표면이 거북이 등처럼 갈라져 있고, 갓의 아랫부분이 활짝 피지 않고 오므라져 있는 것으로 고르세요. 팽이버섯은 보통 비닐봉투에 들어 있는 것을 구입하는데요, 진공포장되어 공기가 들어 있지 않고 팽이버섯의 갓이 작은 것이 좋아요.

손질하기 버섯은 물로 씻지 말고 면포로 먼지를 터는 정도로 닦는 것이 좋아요. 물이 닿으면 향이 달아난답니다.

보관하기 생표고버섯이나 느타리버섯, 팽이버섯 모두 키친타월에 감싸 밀폐 용기에 담아 5~7일간 냉장 보관이 가능하고, 데쳐서 물기를 꼭 짜 1회 분량씩 나눠 지퍼백에 담아두면 1개월간 냉동 보관이 가능해요.

닭볶음탕

★ 맛있는 닭볶음탕 만드는 비법

손질한 닭에 밑간을 하고 20분간 재워두면 더 맛있게 만들 수 있어요.
밑간은 닭 1kg 기준에 양조간장 1큰술, 설탕 1/2큰술, 생강술 1큰술(또는 다진 생강 1/4작은술 + 청주 1큰술)을 섞어 만드세요. 닭에 밑간을 할 경우 전체 양념에서 밑간에 넣은 양념의 양을 빼야 합니다.
또한 레드 와인을 약간 첨가하면 감칠맛이 더 살아나요.

깻잎채 생선전조림

★ 생선전 만들기

재료 및 분량
동태포(또는 대구포 등의 흰 살 생선) 300g, 밀가루 3큰술, 달걀 1개, 후춧가루 약간

1

만드는 법
1 동태포에 후춧가루를 뿌려 밑간한다.
  ★소금이 들어가지 않아도 나중에 조림 양념이 들어가므로 간이 맞다.
2 볼에 달걀을 넣어 잘 푼다.
3 동태포에 밀가루를 묻힌 후 달걀물을 입힌다.
4 달군 팬에 식용유를 두르고 ③을 올려 중약 불에서 앞뒤로 노릇하게 부친다.

4

가을학기 5주차

{ 깐풍새우
마파두부
두반장 오이피클

> 매일 먹는 한식이 지겹다면, 중식에 도전해볼까요? 집에서 어렵지 않게 만들 수 있는 마파두부와 깐풍새우, 두반장 오이피클을 소개해드릴게요. 고추기름을 넣어 매콤하고 마늘을 넣어 향이 이색적인 두반장 오이피클은 기름기가 많아 느끼할 수 있는 중식 요리에 곁들이면 입맛을 깔끔하게 해준답니다.

세 가지 메뉴
한꺼번에 장보기

정육
- 다진 돼지고기 100g

해산물
- 새우 8~10마리
  (대하 또는 중하, 300g)

채소
- 오이 5개(1kg)
- 대파 25cm
- 풋고추 1개
- 홍고추 2개
- 건고추 1개
- 마늘 5쪽(25g)

냉장 가공품
- 두부 큰 팩 1모(부침용, 300g)

난류
- 달걀 1개

세 가지 메뉴
한 끼에 차리기

깐풍새우	마파두부	두반장 오이피클
● start		
		● 두반장 오이피클 만들어 하루 동안 숙성시키기
● 새우 손질하기 ● 건고추, 대파, 마늘 손질한 후 썰기	● 두부, 대파, 풋고추, 홍고추, 돼지고기 손질한 후 썰기 ● 두부 데칠 물 끓이기	
● 양념 섞기	● 양념 섞기	
	● 두부 데쳐 찬물에 헹군 후 체에 밭쳐 물기 빼기 ● 마파두부 완성하기	
● 튀김 반죽 만들기 ● 튀김기름 180℃로 예열하기 ● 위생팩에 새우 넣어 전분 가루 입히기 ● 튀김 반죽 묻혀 튀긴 후 키친타월에 올려 기름기 빼기 ● 양념 끓인 후 튀긴 새우 넣고 버무려 완성하기		
● finish		

마파두부

3~4인분 / 25~35분

재료 및 분량
- 다진 돼지고기 100g
- 두부 큰 팩 1모(부침용, 300g)
- 대파 15cm
- 풋고추 1개
- 홍고추 1개
- 고추기름 1큰술 + 1큰술

- 소금 1/4작은술
- 다진 마늘 1큰술
- 물 1과 1/2컵(300㎖)
- 녹말물(감자 전분 2큰술 + 물 4큰술)
- 참기름 1작은술

양념
- 생강술 2큰술(또는 다진 생강 1/3작은술 + 청주 2큰술)
- 두반장 2큰술
- 설탕 2작은술
- 굴소스 2작은술
- 후춧가루 약간

1
물(5컵) + 소금(2작은술)을 끓인다. 볼에 양념 재료를 넣고 섞는다. 돼지고기는 키친타월로 감싸 핏물을 없애고, 대파는 송송 썬다. 두부는 사방 1cm 크기로 썰고, 고추는 모두 반으로 갈라 씨를 털어내 0.3cm 크기로 다진다.

2
①의 끓는 물에 두부를 넣어 1분간 데친 후 찬물에 헹구고 체에 밭쳐 물기를 뺀다.

두부 부서지지 않게 하는 비법 187쪽

3
달군 팬에 고추기름 1큰술을 두르고 돼지고기와 소금을 넣은 후 센 불에서 1분간 노릇하게 볶아 그릇에 덜어둔다.

4
③의 팬을 닦고 다시 달궈 고추기름 1큰술을 두르고 다진 고추와 다진 마늘을 넣어 중간 불에서 1분, ①의 양념을 넣고 1분간 더 볶는다.

5
물(1과 1/2컵)을 넣고 센 불에서 끓어오르면 데친 두부, 대파를 넣고 다시 끓어오르면 2분간 더 끓인다.

6
③의 돼지고기를 넣어 센 불에서 1분, 녹말물을 가장자리로 둘러가며 넣고 30초간 저어가며 끓인다. 불을 끄고 참기름을 넣어 섞는다.

두반장 오이피클

20~30분(+ 오이 절이기 1시간 + 숙성시키기 하루)

재료 및 분량
- 오이 5개(1kg)
- 마늘 3쪽(15g)
- 홍고추 1개

절임
- 소금 1/3컵(50g)
- 물 1컵(200㎖)

양념
- 설탕 1/2컵(100g)
- 식초 1/2컵(100㎖)
- 두반장 1큰술
- 고추기름 1큰술

> 씨를 제거해야 절이면서 오이가 부서지는 것을 막을 수 있어요. 또한 오이를 더 오래 아삭하게 보관할 수 있지요.

> 물기가 많이 나오지는 않지만 수분을 제거하면 오이의 식감이 훨씬 아삭아삭해져요.

1 오이는 칼로 튀어나온 돌기를 제거한 후 쓴맛이 나는 양 끝을 제거한다.

2 길게 4등분해 가운데 씨 부분을 제거한 후 5cm 길이로 썬다.

3 볼에 ②의 오이와 절임 재료를 넣고 버무려 1시간 동안 절인 후 면포에 싸서 물기를 꼭 짠다.

> 2개월간 냉장 보관이 가능해요.

4 마늘은 0.2cm 두께의 편으로 썰고, 홍고추는 꼭지를 제거해 길게 반으로 썰어 씨를 빼고 가늘게 채 썬다.

5 밀폐 용기에 양념 재료를 넣고 섞은 후 오이, 마늘, 홍고추를 넣어 섞는다. 중간중간 섞어가며 냉장실에서 하루 동안 숙성시킨 후 먹는다.

깐풍새우

2~3인분 / 30~40분

재료 및 분량
- 새우 8~10마리(대하 또는 중하, 300g)
- 대파 10cm
- 마늘 2쪽
- 건고추(또는 홍고추) 1개
- 감자 전분 2큰술
- 식용유 3컵(600㎖)
- 고추기름 2큰술

반죽
- 달걀흰자 1개분
- 감자 전분 4큰술(32g)

양념
- 설탕 1과 1/2큰술
- 청주 1큰술
- 물 1큰술
- 굴소스 1큰술
- 고추기름 1큰술

> 튀김 반죽이 묽으면 재료에 잘 묻지 않아 튀김옷이 너무 얇아지니 주의하세요.

1 손질한 새우는 체에 밭치고 찬물에 헹궈 물기를 뺀 후 꼬리 5개 중 가운데 부드러운 꼬리, 물샘을 떼어낸다.

2 작은 볼에 양념 재료를 넣고 섞는다. 건고추는 가위로 잘게 자르고 대파와 마늘은 잘게 다진다.

3 큰 볼에 반죽 재료의 달걀흰자를 넣고 힘차게 30회 정도 푼 후 감자 전분과 섞어 반죽을 만든다.

4 냄비에 식용유를 붓고 센 불에서 180℃(반죽 약간을 넣었을 때 냄비 중간까지 가라앉았다가 2초 후 바로 떠오르는 정도)로 끓인다. 위생팩에 새우와 감자 전분을 넣고 흔들어 골고루 섞는다.

5 ③의 볼에 ④의 새우를 넣고 튀김옷을 입힌다. 180℃로 달군 기름에 하나씩 넣어 중간 불에서 2분간 튀긴 후 키친타월에 올려 기름기를 뺀다.

6 달군 팬에 고추기름을 두르고 건고추, 다진 대파, 다진 마늘을 넣어 중간 불에서 1분간 볶아 향을 낸다. ②의 양념을 넣어 1분간 끓인 후 튀긴 새우를 넣고 1분간 버무리듯 볶는다.

Cooking Note

깐풍새우

★ 제철 재료, 새우(대하) 이야기

9월에서 12월이 제철인 새우(대하)는 고혈압 예방과 성장 발육에 효과적이며 혈액 내 콜레스테롤을 낮춰준답니다.

장보기 껍질이 투명하고 윤기가 나며 단단한 것이 좋아요.
생새우의 머리를 보면 신선도를 쉽게 알 수 있는데요,
싱싱한 것은 머리가 투명하고, 선도가 떨어지는 것은 머리가 까맣지요.
또 수염이 달려 있는 새우도 싱싱한 새우입니다.

손질하기
1 이쑤시개로 등으로 두 번째와 세 번째 마디 사이를 찔러 내장을 위로 빼내 제거한다.
2 머리를 분리한다.
3 껍데기를 벗긴다.

보관하기 깨끗이 손질한 후 1회 분량씩 나눠 지퍼백에 담아 3일간 냉장 보관, 3개월간 냉동 보관이 가능해요.

★ 튀김용 새우 손질법

새우로 튀김 요리를 할 때는 조금 더 신경 써서 손질해야 해요. 그렇지 않으면 새우 꼬리의 물기로 인해 기름이 튈 수 있기 때문이죠. 우선 새우 꼬리의 가운데 부분(물샘)을 가위나 손으로 떼어낸 다음 꼬리 부분을 칼로 한 번 긁으세요. 그러면 꼬리 부분에 머금고 있던 물기가 쫙 빠져요. 이렇게 손질한 다음 튀김옷을 입혀 튀기면 안전하게 조리할 수 있어요.

마파두부

★ 탱글탱글 부서지지 않게 두부 조리하는 비법

마파두부는 두부가 부서지지 않아야 깔끔하게 조리할 수 있습니다.
두부를 끓는 물에 한 번 데친 후 바로 찬물에 헹구면 단단해져서 잘 부서지지 않지요.

연근조림
닭고기 두반장 채소볶음
매콤한 아귀찜

> 아귀찜, 이제 집에서 더 맛있게 만들어 드세요. 아귀찜은 어렵게 생각하지만 정말 쉽고 간단하답니다. 부드러운 아귀찜에 달콤하고 아삭한 연근조림을 곁들이면 이만한 궁합이 따로 없지요. 중식 대표 소스인 두반장 활용법이 궁금했다면 오늘 소개하는 닭고기 두반장 채소볶음을 놓치지 마세요!

세 가지 메뉴
한꺼번에 장보기

정육
- 닭다릿살 2쪽
  (또는 닭안심, 200g)

해산물
- 손질된 아귀 1마리(800g)

채소
- 콩나물 8줌(찜용, 400g)
- 연근 지름 5cm,
  길이 18cm(300g)
- 양파 1과 1/2개(100g)
- 미나리 1줌(70g)
- 청피망 1/2개(50g)
- 홍피망 1/2개(50g)
- 표고버섯 2개(50g)
- 풋고추 1개
- 쪽파 1줄기(5g)
- 대파 10cm

세 가지 메뉴
한 끼에 차리기

● 연근조림   ● 닭고기 두반장 채소볶음   ● 매콤한 아귀찜

● start

연근조림	닭고기 두반장 채소볶음	매콤한 아귀찜
● 연근 손질해 끓는 물에 30분간 삶아 찬물에 헹군 후 물기 빼기	● 닭다릿살 손질해 밑간한 후 20분간 재우기	● 멸칫국물 끓이기
	● 양파, 청피망, 홍피망, 표고버섯, 쪽파 손질한 후 썰기	● 아귀 손질하기 ● 콩나물, 미나리, 풋고추, 대파 손질한 후 썰기
	● 양념 섞기	● 양념 재료 갈아 섞어두기
● 연근조림 완성하기	● 닭고기 두반장 채소볶음 완성하기	● 냄비에 손질한 아귀와 멸칫국물 넣고 아귀 익히기 ● 아귀찜 완성하기

● finish

연근조림

3~4인분 / 50~60분

재료 및 분량
- 연근 지름 5cm, 길이 18cm(300g)
- 올리고당 3큰술

양념
- 설탕 1큰술
- 양조간장 3큰술
- 맛술 1큰술
- 식용유 1과 1/2큰술
- 물 1컵(200㎖)

1 연근 삶을 물(5컵)을 끓인다. 연근은 껍질을 벗기고 0.5cm 두께로 썬다.

> 연근 이야기 211쪽

2 ①의 끓는 물에 식초(1큰술)와 연근을 넣고 센 불에서 30분간 삶은 후 체에 밭치고 찬물에 헹궈 그대로 물기를 뺀다.

3 ②의 냄비를 닦아 양념 재료를 넣고 잘 섞는다.

4 연근을 넣어 중간 불에서 10분간 끓인 후 올리고당을 넣고 센 불로 올려 국물이 3큰술 남을 때까지 5분간 저어가며 조린다.

5 3분간 국물이 거의 남아 있지 않을 때까지 연근을 뒤적여가며 윤기가 나도록 조린다.

> 연근조림 냉동법 193쪽

> 연근이 부서질 것 같다면 냄비를 잡고 냄비째 흔들어가며 조리세요.

닭고기 두반장 채소볶음

2~3인분 / 30~40분

재료 및 분량
- 닭다릿살 2쪽(또는 닭안심 10쪽, 200g)
- 양파 1/2개(100g)
- 청피망 1/2개(또는 홍피망, 50g)
- 홍피망 1/2개(또는 청피망, 50g)
- 표고버섯 2개(50g)
- 쪽파 1줄기(5g)
- 식용유 2큰술

밑간
- 생강술 1큰술(또는 다진 생강 1/4작은술 + 청주 1큰술)
- 감자 전분 1작은술
- 양조간장 1작은술

양념
- 감자 전분 1큰술
- 설탕 1큰술
- 다진 마늘 1큰술
- 생강술 1큰술(또는 다진 생강 1/4작은술 + 청주 1큰술)
- 물 3큰술
- 식초 1큰술
- 두반장 2큰술
- 참기름 1큰술
- 후춧가루 약간

1 닭다릿살은 껍질을 제거한 후 1.5cm 두께로 썬다. 볼에 밑간 재료와 함께 넣고 버무려 20분간 재워둔다.

2 양파, 청피망, 홍피망은 1×5cm 크기로 썬다. 표고버섯은 기둥을 제거하고 0.5cm 두께로 썬다. 쪽파는 송송 썬다. 볼에 양념 재료를 넣고 섞는다.

3 달군 팬에 식용유를 두르고 닭다릿살을 넣어 센 불에서 1분간 볶는다.

4 양파를 넣고 센 불에서 30초, 표고버섯을 넣고 30초간 볶는다.

5 청피망, 홍피망을 넣고 센 불에서 30초간 볶은 후 ②의 양념을 넣고 1분간 더 볶는다.

6 완성 그릇에 담고 쪽파를 뿌린다.

매콤한 아귀찜

3~4인분/ 40~50분

재료 및 분량
- 손질된 아귀 1마리(800g)
- 콩나물 8줌(찜용, 400g)
- 미나리 1줌(70g)
- 풋고추 1개
- 대파 10cm
- 된장 1/2큰술
- 녹말물 4큰술
 (감자 전분 2큰술 + 물 4큰술)
- 통깨 1큰술
- 참기름 1큰술

국물
- 국물용 멸치 5마리(5g)
- 다시마 5×5cm
- 물 3컵(600㎖)

양념
- 양파 1개(200g)
- 고춧가루 5큰술
- 설탕 2큰술
- 다진 마늘 2큰술
- 생강술 3큰술(또는 다진 생강 1/2작은술 + 청주 3큰술)
- 맛술 2큰술
- 참치 액젓(또는 멸치 액젓) 2큰술
- 양조간장 1큰술
- 후춧가루 약간

> 완성된 국물의 양은 2컵(400㎖)이며 부족한 경우 물을 더하세요.

> 콩나물은 데칠 때 뚜껑을 열지 않고 그대로 둬야 비린내가 나지 않아요.

> 보기도 좋은 아귀찜 비법 193쪽

1 냄비에 국물 재료를 넣고 센 불에서 끓어오르면 중약 불로 줄여 15분간 끓인 후 멸치와 다시마를 건져낸다. 체에 된장을 넣고 국물을 조금씩 부어가며 푼다.

2 아귀는 먹기 좋은 크기로 썬다. 미나리는 시든 잎을 제거하고 흐르는 물에 씻어 5cm 길이로 썬다. 풋고추와 대파는 어슷 썬다.

3 콩나물은 체에 밭쳐 흐르는 물에 씻은 후 그대로 물기를 빼 냄비에 물(1/2컵)과 함께 넣는다. 뚜껑을 덮어 센 불에서 끓여 김이 나기 시작하면 1분간 끓인 후 불을 끄고 5분간 그대로 두었다가 체에 펼쳐 한 김 식힌다.

4 양념 재료의 양파는 한입 크기로 썰어 푸드 프로세서에 넣고 곱게 간다. 볼에 나머지 양념 재료와 함께 넣어 섞는다.

5 깊은 팬에 아귀와 ①의 국물(2컵)을 넣고 센 불에서 끓어오르면 5분간 끓인 후 아귀를 뒤집는다.

6 ④의 양념을 넣고 센 불에서 5분간 뒤집어가며 아귀를 익힌다. 풋고추, 대파를 넣고 중간 불에서 2분간 끓인다.

Cooking Note

7
녹말물을 팬의 가장자리로 둘러가며 넣고 센 불에서 30초간 저어가며 끓인다.

> 녹말물은 넣기 전에 한 번 더 섞으세요.

8
약한 불로 줄여 콩나물, 미나리를 넣고 30초간 섞는다. 불을 끄고 통깨와 참기름을 섞는다.

매콤한 아귀찜
★ 아귀 이야기

12월에서 2월이 제철인 아귀는 단백질, 칼슘, 철분, 인, 콜라겐이 풍부한 고단백 생선입니다. 지방이 적어 담백하지요.

장보기 표면이 깨끗한 흰색이며 냄새가 나지 않는 것이 신선하고, 무조건 큰 것을 구입해야 살이 많아요.

보관하기 아귀는 구입처에서 손질을 해주므로 깨끗이 씻고 체에 받쳐 물기를 제거한 후 지퍼백에 담으면 1~2일간 냉장 보관, 1개월간 냉동 보관이 가능해요.

★ 보기도 먹기도 좋게 아귀찜 하는 방법

아귀찜 요리의 포인트는 첫째, 아귀의 살이 부서지지 않도록 조리하는 것. 둘째, 콩나물의 아삭한 식감을 그대로 살리는 것이에요. 아귀의 살이 부서지지 않게 그대로 유지하면서 요리를 완성하려면 아귀가 익을 때까지 뒤적거리거나 뒤집지 말고 5분 정도 그대로 끓여 익혀야 합니다. 또한 콩나물의 아삭한 식감을 그대로 살리려면 콩나물을 오래 찌지 말아야 해요. 콩나물과 소금을 넣고 김이 차오르기 시작하면 1분 끓이다가 불을 끄고 5분 동안 여열로 익혀요. 그리고 마지막 조리 과정에 넣어 섞어주듯 조리하면 찜에 넣어도 아삭한 맛을 유지할 수 있지요.

연근조림
★ 연근조림 냉동 보관하기

연근은 조리 후 차게 식혀 지퍼백에 담아 3개월간 냉동 보관 가능해요. 냉동한 연근조림은 냉장실에 넣어두거나 실온에 두어 자연 해동시켜 한 번 더 끓이거나 그대로 즐기면 됩니다.

가을학기 7주차

{ 무생채
대구 맑은탕
꽃게 양념무침

> 대구가 제철이죠? 대구는 맑은탕(지리)이 진리! 쌀쌀한 날씨에 딱 어울리는 대구 맑은탕과 살이 꽉 찬 수게를 매콤달콤한 양념에 버무린 꽃게 양념무침만 있으면 가을 보양, 문제없어요. 단맛이 잘 든 가을무로 만든 무생채는 시원하고 아삭해 식감을 풍성하게 해주지요. 밥과 함께 비벼 비빔밥으로 즐겨도 좋답니다.

세 가지 메뉴
한꺼번에 장보기

해산물
- 대구 1마리(큰 것, 1kg)
- 꽃게 2마리(손질 전, 약 500g)

채소
- 무 지름 10cm, 두께 4cm(400g)
- 느타리버섯 2줌(100g)
- 배춧잎 2장(손바닥 크기 80g)
- 애호박 1/4개(70g)
- 미나리 2/3줌(50g)
- 양파 1/4개(50g)
- 대파 10cm
- 대파(흰 부분) 5cm
- 청양고추 2개
- 홍고추 1/2개
- 풋고추 1/2개

기타
- 가쓰오부시 2컵(10g)

세 가지 메뉴
한 끼에 차리기

무생채	대구 맑은탕	꽃게 양념무침
start		
		꽃게 손질해 밑간 재료에 버무려 냉장실에 1시간 두기
	가쓰오부시 국물 끓이기 대구 손질해서 밑간한 후 10분간 두기	
무 손질한 후 썰기	배춧잎, 무, 애호박, 미나리, 느타리버섯, 대파, 청양고추 손질한 후 썰기	양파, 대파, 홍고추, 풋고추 손질한 후 썰기
양념 섞기	양념 섞기	꽃게 체에 밭쳐 생긴 국물에 고춧가루 넣어 불리기
무에 고춧가루 넣어 버무리기 양념 넣어 버무려 무생채 완성하기	냄비에 대구와 채소, 가쓰오부시 국물 넣고 끓여 완성하기	꽃게 양념무침 완성하기
finish		

무생채

2~3인분 / 15~25분

재료 및 분량
- 무 지름 10cm, 두께 2cm(200g)
- 고운 고춧가루 2작은술

양념
- 설탕 2작은술
- 통깨 1/2작은술
- 소금 1/2작은술
- 다진 마늘 1작은술
- 식초 2작은술
- 참기름 1작은술

> 무생채를 무칠 때 2배 식초를 사용해보세요. 식초 양을 1/2로 줄일 수 있어 물기도 1/2로 줄어 무친 후에도 물이 생기지 않는답니다.

1 무는 0.3cm 두께의 편으로 썬 후 다시 0.3cm 폭으로 채 썬다.

2 작은 볼에 양념 재료를 넣고 섞는다.

3 볼에 무와 고춧가루를 넣고 손바닥으로 비비듯 버무려 고춧가루 물을 들인다.

> 미리 만들면 무에서 수분이 빠지므로 먹기 직전에 바로 버무리는 것이 좋아요.

4 ②의 양념을 넣어 골고루 무친다.

꽃게 양념무침

2~3인분 / 20~30분(+ 꽃게 밑간하기 1시간 + 고춧가루 불리기 20분)

재료 및 분량
- 꽃게 2마리(손질 전, 약 500g)
- 양파 1/4개(50g)
- 대파(흰 부분) 5cm
- 홍고추(또는 풋고추) 1/2개
- 풋고추(또는 홍고추) 1/2개
- 고춧가루 4큰술
- 올리고당 1큰술
- 통깨 1/2큰술

밑간
- 설탕 2큰술
- 양조간장 4큰술
- 다진 마늘 1큰술
- 생강술 1큰술(또는 다진 생강 1/4작은술 + 청주 1큰술)

1. 손질한 꽃게는 가위로 입, 아가미, 다리 끝 쪽의 지저분한 부분을 잘라낸다.

2. 꽃게의 집게다리는 자르고, 몸통은 열십(+)자로 4등분한다.

> 고춧가루까지 함께 버무리면 양념이 겉에만 묻어 있어 속까지 간이 배기 어려워요.

3. 볼에 밑간 재료를 넣고 섞은 후 꽃게를 버무려 꽃게 속살까지 간이 배도록 냉장실에 1시간 둔다.

4. 양파, 대파는 잘게 다진다. 홍고추, 풋고추는 어슷 썬다.

> 밑간 양념을 거른 것과 고춧가루를 섞으면 고춧가루가 불면서 물이 생기는 것을 막을 수 있어요.

5. 볼에 체를 걸쳐놓고 ③의 꽃게를 체에 부어 밑간 양념을 거르고 꽃게만 냉장실에 둔다. 밑간 양념에 고춧가루를 넣고 섞어 실온에 20분간 둔다.

> 바로 먹을 수 있으며 냉장실에 12시간 정도 숙성시키면 더욱 맛있어요.

6. ⑤의 볼에 양파와 대파, 올리고당을 넣고 섞은 후 꽃게, 홍고추, 풋고추, 통깨를 넣고 골고루 무친다.

대구 맑은탕

3~4인분 / 40~50분

재료 및 분량
- 대구 1마리(큰 것, 1kg)
- 배춧잎 2장(손바닥 크기, 또는 알배기배춧잎 약 3장, 80g)
- 무 지름 10cm, 두께 2cm(200g)
- 애호박 1/4개(70g)
- 미나리 2/3줌(50g)
- 느타리버섯 2줌(100g)
- 대파 10cm
- 청양고추 2개
- 소금 약간(기호에 따라 가감)

국물
- 가쓰오부시 2컵(10g)
- 다시마 5×5cm 4장
- 물 8컵(1.6ℓ)

밑간
- 소금 1작은술
- 후춧가루 약간

양념
- 국간장 1큰술
- 참치 액젓(또는 국간장) 1큰술
- 생강술 1큰술(또는 다진 생강 1/4작은술 + 청주 1큰술)
- 소금 1작은술
- 다진 마늘 1작은술
- 후춧가루 약간

완성된 국물의 양은 7과 1/2컵(1.5ℓ)이며 부족한 경우 물을 더하세요.

1 냄비에 국물 재료의 물(8컵)과 다시마를 넣고 센 불에서 끓어오르면 약한 불로 줄여 5분간 끓인 후 다시마를 건져내고 불을 끈다. 가쓰오부시를 넣고 10분간 우린 후 체에 거른다.

대구 손질법 199쪽

2 볼에 손질한 대구와 밑간 재료를 넣고 버무려 10분간 둔다.

3 배춧잎은 2cm 폭으로 썬다. 무는 2×6×0.3cm 크기로 썰고, 애호박은 3등분하여 0.5cm 두께로 썬다. 미나리는 시든 잎을 제거하고 흐르는 물에 헹궈 6cm 길이로 썬다.

4 느타리버섯은 밑동을 제거하여 결대로 찢고 대파, 청양고추는 어슷 썬다. 볼에 양념 재료를 넣고 섞는다.

5 냄비에 ①의 국물을 넣고 센 불에서 끓어오르면 대구를 넣어 2분간 끓인다.

6 배춧잎, 무를 넣고 중간 불에서 끓어오르면 2분간 끓인다.

대구 맑은탕

★ **제철 재료, 대구 이야기**

대구는 11~3월이 제철이며 얼핏 보면 생태랑 비슷하지만 대구의 비늘이 조금 더 밝은 편이에요.

장보기 표면에 윤기가 흐르고 살에 탄력이 있으며 아가미가 선홍색이고 냄새가 나지 않는 것을 고르세요.

손질하기
1 칼을 이용해 꼬리에서 머리 쪽으로 긁어내며 비늘을 제거한다.
2 물로 씻은 후 머리와 몸통을 나눈다.
3 몸통은 먹기 좋은 크기로 썰어 내장과 꼬리를 제거하고 깨끗이 씻는다.
4 비린맛의 원인인 머리 쪽의 아가미는 특히 깨끗이 세척한다.

보관하기 밀폐 용기에 담아 3일간 냉장 보관, 1개월간 냉동 보관 가능해요.

7

느타리버섯, 애호박, ④의 양념을 넣고 센 불에서 끓어오르면 2분간 끓인다.

> 양조간장 1큰술, 식초 1큰술, 맛술 1큰술, 물 1큰술, 설탕 1작은술, 고추냉이 1작은술을 섞어 찍어 먹는 소스로 곁들이세요.

꽃게 양념무침

★ **제철 재료, 꽃게 이야기**

4~5월, 9~10월이 제철인 꽃게는 다른 달은 포획을 금하고 1년에 두 번, 봄과 가을에만 잡습니다.

장보기 살아 움직이는 꽃게의 배를 뒤집어 보았을 때 손가락처럼 뾰족한 모양은 수게이고 둥그스름하게 넓은 모양은 암게입니다. 간장게장을 담근다면 알이 꽉 찬 암게가 좋고 찌개나 무침에는 살이 꽉찬 수게가 좋습니다. 용도에 맞게 고르세요.

손질하기
1 조리용 솔로 구석구석 문질러 깨끗이 씻는다.
2 게딱지를 들어 올린 후 사과 쪼개듯이 벌려 몸통과 게딱지를 분리한다.
3 게딱지의 가운데 부분에 있는 모래주머니를 제거한다(몸통에 붙어 있는 경우도 있다).
4 몸통의 아가미와 입, 다리 끝의 지저분한 부분을 잘라낸 후 용도에 맞게 썬다.

보관하기 밀폐 용기나 지퍼백에 담아 2~3일간 냉장 보관, 1개월간 냉동 보관이 가능해요.

8

대파, 청양고추를 넣고 중간 불에서 1분간 끓이고 미나리를 넣어 30초간 더 끓인다. 부족한 간은 소금으로 더한다.

가을학기
8주차

낙지 미나리볶음
쇠고기 뭇국
바삭한 멸치볶음

" 봄은 주꾸미, 가을은 낙지죠. 매콤한 낙지볶음에 맑은 쇠고기 뭇국을 곁들여 맛의 조화를 맞췄어요. 낙지볶음은 양념에 바짝 조리면 간이 잘 배고 물이 생기지 않아 더 맛있답니다. 생강술을 넣어 비린 맛을 잡은 바삭한 멸치볶음은 어떤 식단에도 잘 어울리는 반찬이지요. "

가을학기_8주차

세 가지 메뉴
한꺼번에 장보기

정육
- 쇠고기 양지머리 200g

해산물
- 낙지 1~2마리(300g)
- 잔멸치 1과 2/3컵(100g)

채소
- 무 지름 10cm, 두께 5cm(500g)
- 양파 1/3개(70g)
- 당근 1/4개(50g)
- 미나리 2/3줌(50g)
- 대파 15cm
- 대파(푸른 부분) 10cm
- 풋고추 1개

세 가지 메뉴
한 끼에 차리기

낙지 미나리볶음	쇠고기 뭇국	바삭한 멸치볶음
start		
낙지 손질해 밑간하고 10분간 재운 후 체에 밭쳐 물기 빼기	찬물에 다시마 넣어 30분간 우리기 / 쇠고기 손질해 밑간한 후 10분간 재우기	
양파, 당근, 대파, 풋고추, 미나리 손질한 후 썰기	무, 대파 손질한 후 썰기	
양념 섞기	양념 섞기	
낙지 미나리볶음 완성하기	쇠고기 뭇국 끓여 완성하기	마른 팬에 멸치 볶아 불순물 털어내기 / 팬에 양념 끓이다가 멸치 볶아 완성하기
finish		

쇠고기 뭇국

3~4인분 / 30~40분 (+ 국물 우리기 30분)

재료 및 분량
- 쇠고기 양지머리 200g
- 무 지름 10cm, 두께 5cm(500g)
- 대파(푸른 부분) 10cm
- 소금 1작은술(기호에 따라 가감)

국물
- 다시마 5×5cm 3장
- 물 6컵(1.2ℓ)

밑간
- 국간장 1큰술
- 다진 마늘 2작은술
- 참기름 2작은술
- 후춧가루 약간

양념
- 다진 마늘 1큰술
- 국간장 1큰술
- 생강술 1작은술(또는 다진 생강 1/4작은술 + 청주 1큰술)
- 후춧가루 약간

1 큰 볼에 국물 재료를 넣고 30분간 둔다.

2 쇠고기는 키친타월로 감싸 핏물을 없애고 2.5×2.5×0.5cm 크기로 썬다. 볼에 밑간 재료와 함께 버무려 10분간 둔다.

3 무는 2×3×0.5cm 크기로 썬다. 대파는 어슷 썬다. 작은 볼에 양념 재료를 넣고 섞는다.

냄비가 달궈지면 고기가 냄비에 붙어 조리하기도 힘들고 국물이 지저분해져요.

4 달궈지지 않은 냄비에 쇠고기를 넣고 중간 불에서 2분간 볶는다.

끓어오르면서 생기는 거품은 고운체 또는 숟가락으로 걷어내세요.

5 ①의 국물(6컵)을 넣고 센 불에서 끓어오르면 다시마를 건져낸다. 무, 소금을 넣어 다시 끓어오르면 중간 불로 줄여 15분간 끓인다.

6 ③의 양념과 대파를 넣고 중간 불에서 2분간 끓인다. 부족한 간은 소금으로 더한다.

바삭한 멸치볶음

3~4인분 / 10~20분

재료 및 분량
- 잔멸치 1과 2/3컵(100g)
- 통깨 2작은술
- 참기름 1/2작은술

양념
- 올리고당 2와 1/2큰술
- 식용유 1큰술
- 설탕 2작은술
- 양조간장 2작은술
- 맛술 2작은술
- 생강술(또는 다진 생강 1/4작은술 + 청주 1큰술)

> 내열 그릇에 펼쳐 담아 전자레인지(700W)에 2분간 돌려도 돼요.

1. 달군 팬에 식용유를 두르지 않은 채 잔멸치를 넣고 중간 불에서 2분간 바삭하게 볶는다.

2. 볶은 잔멸치를 체에 밭쳐 불순물과 부스러기를 털어낸다.

3. 팬에 양념 재료를 넣어 섞은 후 중간 불에서 끓인다.

4. 양념의 가장자리가 끓어오르면 잔멸치를 넣고 약한 불로 줄여 2분간 볶아 불을 끈다. 통깨와 참기름을 넣어 섞는다.

낙지 미나리볶음

2~3인분 / 30~40분

재료 및 분량
- 낙지 1~2마리(300g)
- 양파 1/3개(70g)
- 당근 1/4개(50g)
- 대파 15cm
- 풋고추 1개
- 미나리 2/3줌(50g)
- 식용유 1큰술
- 통깨 1큰술
- 참기름 1큰술

밑간
- 양조간장 1/2큰술
- 참기름 1/2큰술
- 고춧가루 2작은술
- 다진 마늘 1작은술

양념
- 고춧가루 2큰술
- 설탕 1과 1/2큰술
- 다진 마늘 1큰술
- 생강술 1큰술(또는 다진 생강 1/4작은술 + 청주 1큰술)
- 물 4큰술
- 양조간장 1큰술
- 고추장 2큰술

> 낙지에 밑간을 하면 낙지가 부드러워지고 속까지 간이 배 감칠맛이 살아나요. 밑간 후 생긴 물기는 제거해야 볶은 후에 물도 생기지 않는답니다.

1 손질한 낙지의 다리는 10cm 길이로 썰고, 머리는 2cm 폭으로 길쭉하게 썬다.

낙지 손질법 205쪽

2 볼에 밑간 재료와 낙지를 넣고 버무려 10분간 둔 후 체에 밭쳐 물기를 제거한다.

3 양파, 당근은 가늘게 채 썬다. 대파, 풋고추는 어슷 썬다. 미나리는 시든 잎을 제거하고 흐르는 물에 헹궈 5cm 길이로 썬다. 볼에 양념 재료를 넣고 섞는다.

4 달군 팬에 식용유를 두르고 양파, 당근, 대파, 풋고추를 넣어 중간 불에서 1분간 볶은 후 그릇에 덜어둔다.

5 ④의 팬에 ③의 양념을 넣고 중간 불에서 가장자리가 끓기 시작하면 2~3분간 저어가며 끓여 고추장 같은 농도가 되도록 볶는다.

6 ⑤의 팬을 센 불로 올려 15초간 끓이다가 팬에 열이 충분히 달아오르면 밑간한 낙지를 넣고 골고루 섞으며 2분간 볶는다.

Cooking Note

★ **제철 재료, 낙지 이야기**

낙지는 가을, 겨울이 제철이에요. 지방 성분이 거의 없고 타우린과 무기질은 물론 아미노산이 풍부한 양질의 단백질 식품입니다. 특히 타우린은 우리 체내의 신진대사는 물론 간 기능을 원활하게 해준다고 하네요.

장보기 빨판의 흡착력이 강한 낙지가 신선해요. 또한 너무 큰 낙지보다는 중간이나 조금 작은 낙지가 훨씬 부드럽답니다.

손질하기
1 머리에 손가락을 넣고 뒤집어 내장을 제거한다.
  혹은 머리의 한쪽을 길게 자른 후 뒤집어 속의 내장을 제거한다.
2 가위로 눈을 잘라낸다.
3 다리를 뒤집어 안쪽에 있는 입 주변을 꾹 눌러 튀어나오는 뼈를 제거한다.
4 볼에 낙지, 밀가루(3큰술)를 넣고 바락바락 주무른 다음 찬물로 3~4회 깨끗이 씻어 용도에 맞게 썬다.
  ★ 낙지는 요리하면 길이가 반으로 줄어드니 손질할때 너무 짧게 썰지 않도록 주의하세요.

보관하기 밀폐 용기에 담아 3일간 냉장 보관이 가능하며 물기를 제거한 후 참기름 2작은술, 다진 마늘 1작은술 (낙지 2마리 기준)과 함께 버무려 밀폐 용기에 담아 냉동하면 통통한 육즙을 보존할 수 있지요.

④에서 덜어 둔 채소를 모두 넣어 30초, 미나리를 넣고 15초간 볶는다.

곧바로 완성 그릇에 담아야 물이 덜 생겨요.

불을 끄고 통깨, 참기름을 넣어 섞는다.

가을학기 9주차

{ 연근 새우무침
부추 달걀탕
부추잡채와 꽃빵

> 고소한 통깨소스에 버무린 연근 새우무침은 밥반찬으로도 잘 어울리고, 가볍게 먹고 싶은 날 밥 대신 샐러드처럼 먹어도 좋아요. 당면 없이 부추로 만드는 부추잡채는 꽃빵을 곁들이면 더 푸짐하게 즐길 수 있지요. 밥에 얹어 덮밥으로 먹어도 좋답니다. 남은 부추는 달걀탕에 넣어 맛과 영양, 색감까지 더하세요.

세 가지 메뉴
한꺼번에 장보기

정육
- 쇠고기 앞다릿살 70g

해산물
- 냉동 생새우살 5마리 (킹사이즈, 75g)
- 생새우살 15마리(작은 사이즈, 50g)

채소
- 연근 지름 5cm, 길이 6cm 2개(200g)
- 부추 5줌(250g)
- 양파 3/4개(150g)
- 빨강 파프리카 1/2개(100g)
- 노랑 파프리카 1/2개(100g)
- 표고버섯 3개(75g)

난류
- 달걀 4개

기타
- 시판 꽃빵 6개

세 가지 메뉴
한 끼에 차리기

연근 새우무침	부추 달걀탕	부추잡채와 꽃빵
start		
	찬물에 다시마 담가 30분간 우려내기	쇠고기 손질해 밑간한 후 20분간 재우기
새우 찬물에 담가 해동하기 연근 삶을 물 끓이기		
파프리카 손질한 후 썰기	부추, 양파 손질 후 썰기	부추, 양파, 표고버섯 손질 후 썰기
끓는 물에 연근과 식초 넣어 5분간 삶기 새우 데칠 물 끓이기		
양념 섞기	양념 섞기 달걀 풀기	양념 섞기
새우 데치기 연근 새우무침 완성하기	부추 달걀탕 끓여 완성하기	찜기 예열하기 부추잡채 완성하기 꽃빵 10분간 찌기 부추잡채에 꽃빵 곁들여 완성하기
finish		

연근 새우무침

2~3인분 / 20~30분

재료 및 분량
- 연근 지름 5cm, 길이 6cm 2개(200g)
- 냉동 생새우살 5마리(킹사이즈, 75g)
- 노랑 파프리카(또는 빨강 파프리카) 1/2개(100g)
- 빨강 파프리카(또는 노랑 파프리카) 1/2개(100g)

양념
- 통깨 6큰술
- 설탕 1과 1/2큰술
- 양조간장 1큰술
- 마요네즈 5큰술
- 소금 약간
- 후춧가루 약간

1
냉동 생새우살은 찬물(2컵)에 5분간 담가 해동한 후 체에 밭쳐 물기를 뺀다. 연근 삶을 물(5컵)을 끓인다. 다른 냄비에 새우살 데칠 물(2컵)을 끓인다.

> 연근을 얇게 썰어야 식감이 더 좋아요.

2
연근은 껍질을 벗겨 0.3cm 두께로, 파프리카는 1.5×5cm 크기로 썬다.

> 연근이 두꺼울 경우 1~2분 더 삶아요.

3
①의 연근 삶을 물이 끓어오르면 식초(1큰술)와 연근을 넣고 센 불에서 5분간 삶은 후 체에 밭치고 찬물에 헹궈 그대로 물기를 뺀다.

4
①의 새우살 데칠 물이 끓어오르면 생새우살을 넣고 센 불에서 2분간 데친 다음 체에 밭쳐 그대로 식힌다.

5
푸드 프로세서에 통깨를 넣어 곱게 간다. 큰 볼에 통깨와 나머지 양념 재료를 모두 넣어 잘 섞는다.

6
⑤의 볼에 연근, 새우살, 파프리카를 넣고 가볍게 무친다.

부추 달걀탕

2~3인분 / 15~25분(+ 국물 우리기 30분)

재료 및 분량
- 달걀 4개
- 부추 1줌(50g)
- 양파 1/4개(50g)
- 소금 1/2작은술

국물
- 다시마 5×5cm 2장
- 물 5컵(1ℓ)

양념
- 소금 2/3작은술
- 국간장 2작은술
- 참치 액젓(또는 국간장) 2작은술
- 후춧가루 약간

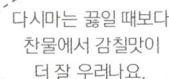

다시마는 끓일 때보다 찬물에서 감칠맛이 더 잘 우러나요.

1
큰 볼에 국물 재료를 넣고 30분간 둔다.

2
볼에 달걀, 소금을 넣고 푼다.

3
부추는 시든 잎을 제거해 흐르는 물에 씻고 체에 밭쳐 물기를 뺀 후 1cm 길이로 썬다. 양파는 사방 0.7cm 크기로 다진다.

달걀을 넣고 바로 저으면 국물이 뿌옇게 되니 주의하세요.

4
②의 볼에 부추, 양파를 넣고 섞는다. 다른 볼에 양념 재료를 넣어 섞는다.

5
냄비에 ①을 넣고 센 불에서 끓어오르면 다시마를 건져낸 후 ④의 양념을 넣어 30초간 끓인다.

6
약한 불로 줄여 ④의 달걀물을 가운데부터 가장자리 방향으로 달팽이 모양으로 돌려가며 부은 후 센 불로 올려 1분간 그대로 끓인다. 부족한 간은 소금으로 더한다.

부추잡채와 꽃빵

2~3인분 / 40~50분

재료 및 분량
- 시판 꽃빵 6개
- 쇠고기 앞다릿살(또는 잡채용) 70g
- 생새우살 15마리 (작은 사이즈, 50g)
- 부추 4줌(200g)
- 양파 1/2개(100g)
- 표고버섯 3개(75g)
- 고추기름 1큰술 + 1/2큰술 + 2큰술
- 참기름 1작은술

밑간
- 감자 전분 1/2작은술
- 소금 1/4작은술
- 청주 1작은술
- 양조간장 1/2작은술

양념
- 양조간장 1큰술
- 청주 1큰술
- 굴소스 2큰술
- 설탕 2작은술
- 소금 약간
- 후춧가루 약간

> 잡채용 고기로 준비할 경우 핏물만 없애 밑간하세요. 고기 밑간에 감자 전분을 넣으면 고기에 윤기가 생겨요.

1 볼에 밑간 재료를 넣어 섞는다. 쇠고기는 키친타월에 감싸 핏물을 없애고 0.5cm 폭으로 채 썬 다음 밑간에 버무려 20분간 둔다.

2 양파는 0.3cm 폭으로 채 썰고, 표고버섯은 기둥을 제거해 0.3cm 두께로 썬다. 부추는 흐르는 물에 씻고 체에 밭쳐 물기를 뺀 후 6cm 길이로 썰어 뿌리 부분과 잎 부분을 따로 둔다. 볼에 양념 재료를 넣어 섞는다.

3 찜기의 1/3 지점까지 물을 붓고 뚜껑을 덮어 센 불에서 끓인다. 달군 팬에 고추기름 1큰술을 두르고 생새우살을 넣어 중간 불에서 1분간 볶은 후 그릇에 덜어둔다.

4 ③의 팬을 키친타월로 닦고 다시 달궈 고추기름 1/2큰술을 두르고 ①의 쇠고기를 넣어 중간 불에서 1분간 볶은 후 ③의 그릇에 덜어둔다.

5 ④의 팬을 키친타월로 닦고 다시 달군 후 고추기름 2큰술을 두르고 양파를 넣어 중간 불에서 1분, 표고버섯을 넣어 1분간 볶는다.

6 ②의 양념을 넣고 중간 불에서 30초간 볶은 후 덜어둔 새우살과 쇠고기를 넣어 30초간 더 볶는다.

Cooking Note

부추잡채와 꽃빵

★ **꽃빵, 전자레인지로 찌는 방법**

내열 용기에 꽃빵을 담고 종이 포일을 덮은 후 전자레인지(700W)에서
1분 30초간 말랑할 때까지 익혀도 돼요.

연근 새우무침

★ **제철 재료, 연근 이야기**

10월에서 3월이 제철인 연근은 비타민 C와 철분이 풍부해 혈액 생성에 도움을 주며 칼륨 함량이 많아 혈압을 낮추는 데 좋다고 해요. 식이섬유가 풍부해 변비 해소에도 효과적이지요. 또한 포만감을 주므로 밥 먹기가 부담될 때 간단한 식사 대용으로도 좋아요.
연근이 풍부해지는 가을, 다양한 조리법으로 연근 요리를 즐겨보세요. 여름 동안 지친 몸에 영양을 채워줄 거예요.

장보기 짧고 굵은 것, 상처가 없는 것이 좋아요.
중간 이상 굵기의 연근을 고르세요.

보관하기 세척하지 않은 연근을 신문지나 키친타월로 싸서 지퍼백에 담아 10일간 서늘한 곳에 두거나 냉장 보관하세요. 손질한 연근은 타닌 성분이 있어 갈변되니 밀폐 용기에 잠길 만큼의 식촛물과 함께 담아두면 3~5일간 냉장 보관이 가능해요.

부추 뿌리 부분을 넣어 중간 불에서 30초, 잎 부분을 넣어 15초간 볶은 후 불을 끄고 참기름을 섞는다.

8

③의 찜기에 김이 오르면 찜판에 꽃빵을 올려 뚜껑을 덮고 10분간 찐 다음 부추잡채에 곁들인다.

가을학기 김장 10주차

배추 포기김치
백김치
생강소스 삼겹살찜

" 오늘은 김장 하는 날. 식탁에서 빠지지 않는 배추 포기김치와 깔끔하고 맵지 않아 아이들도 잘 먹는 백김치를 배워볼까요? 김장하는 날에 수육이 빠지면 섭섭하죠? 특별한 생강소스를 곁들여 더 맛있는 생강소스 삼겹살찜으로 김장의 피로를 풀어보세요. "

가을 학기_10주차

세 가지 메뉴
한꺼번에 장보기

정육
- 통삼겹살 1덩어리
 (또는 통목살, 600g)

해산물
- 젓생새우 1컵(100g, 생략 가능)

채소 & 청과
- 배추 3포기(4.5kg)
- 무 지름 10cm, 두께 10cm(1kg)
- 배 약 2/3개(310g)
- 미나리 3줌(210g)
- 쪽파 17줄기(약 200g)
- 양파 약 1개(170g)
- 깻잎 15장(30g)
- 대파(흰 부분) 15cm
- 대파(푸른 부분) 30cm
- 생강 2톨(마늘 크기, 10g)

향신료
- 통계피 10cm
- 월계수잎 2장

기타
- 사이다 1컵(200㎖)

세 가지 메뉴
한 끼에 차리기

배추 포기김치	백김치	생강소스 삼겹살찜
●start		
배추 절여 30분 이상 물기 빼기		
찹쌀풀 만들어 완전히 식히기		
무, 쪽파, 미나리, 젓생새우 손질한 후 썰기	무, 쪽파, 미나리, 배 손질한 후 썰기	
김치 소 만들기	김치 소 만들기	
배추 포기김치 완성하기	백김치 소 넣기	
	국물 양념 섞기	
	백김치 완성하기	생강소스 삼겹살찜 완성하기
●finish		

배추 포기김치

40회분 / 2시간~2시간 30분(+ 숙성시키기 2일)

재료 및 분량
- 절임배추 2포기(3kg)
- 무 지름 10cm, 두께 7cm(700g)
- 쪽파 12줄기(약 100g)
- 미나리 2줌(또는 홍갓, 140g)
- 굵은 소금 1컵(천일염, 160g)
- 고춧가루 1컵(120g)
- 젓생새우 1컵(100g, 생략 가능)

찹쌀풀
- 찹쌀가루 2큰술
- 물 1컵(200㎖)

양념
- 배 1/5개(100g)
- 양파 1/2개(100g)
- 설탕(또는 매실청) 2큰술
- 소금 1큰술
- 다진 마늘 2큰술
- 다진 생강 1큰술
- 액젓 1/3컵
  (또는 멸치 액젓, 까나리 액젓, 70㎖)

배추 절이는 법 217쪽

1. 절임배추를 찬물에 2~3회 헹군 후 배추의 썰린 면이 아래로 향하도록 체에 밭쳐 30분 이상 물기를 충분히 뺀다.

찹쌀풀이 뜨거우면 양념이 발효되지 않으니 완전히 식히세요.

2. 작은 냄비에 찹쌀풀 재료를 넣고 중약 불에서 끓인다. 가장자리가 끓어오르면 저으면서 1분간 더 끓인 후 볼에 옮겨 완전히 식힌다.

젓생새우 이야기 217쪽

3. 무는 0.5cm 두께로 편 썰어 0.5cm 폭으로 채 썬다. 쪽파와 미나리는 5cm 길이로 썬다. 푸드 프로세서에 양념 재료를 모두 넣어 곱게 간다. 젓생새우는 소금물에 씻고 체에 밭쳐 물기를 뺀다.

4. 넓은 볼에 채 썬 무, 고춧가루, ②의 찹쌀풀, ③의 양념을 넣어 골고루 버무린 후 쪽파와 미나리를 넣고 가볍게 섞어 소를 만든다.

5. ④의 볼에 절인 배추를 넣고 아래쪽 겉잎부터 켜켜이 소를 넣는다. 맨 아래쪽 겉잎은 소를 바르듯이 넣고, 그다음부터 한 켜는 바르기만 하고 한 켜는 건더기도 넣는 식으로 번갈아가며 넣는다.

배추 밑동이 층층이 엇갈리도록 담아야 간이 고루 잘 들어요. 김치통의 80% 정도만 채워야 익으면서 생기는 가스가 뚜껑 밖으로 새나가지 않는답니다.

6. 김치 소가 쏟아지지 않도록 잎을 모아 잡고 반으로 접어 겉잎으로 감싼다. 김치통에 썬 단면이 위로 향하도록, 밑동 부분이 지그재그로 들어가도록 담은 후 맨 위에 나머지 소를 넣고 실온에서 2일간 숙성시킨 후 냉장 보관한다.

생강소스 삼겹살찜

3~4인분 / 1시간~1시간 10분

재료 및 분량
- 통삼겹살 1덩어리(또는 통목살, 600g)
- 깻잎 15장(30g)
- 대파(흰 부분) 15cm

통삼겹살 삶는 물
- 대파(푸른 부분) 30cm
- 생강 2톨(마늘 크기, 10g)
- 통계피 10cm
- 월계수 잎 2장
- 통후추 1작은술
- 굴소스 2큰술
- 양조간장 2큰술
- 물 8컵(1.6ℓ)

생강소스
- 다진 생강 1큰술
- 설탕 1과 1/2큰술
- 양조간장 3큰술
- 청주 1큰술
- 맛술 1큰술
- 물 1/2컵(100㎖)

> 삶기 전에 삼겹살을 구우면 삶고 나서도 모양이 흐트러지지 않으며 기름기가 제거되어 깔끔하답니다.

1. 냄비에 통삼겹살 삶는 물 재료를 넣고 센 불에서 끓인다. 달군 팬에 기름을 두르지 않은 채 통삼겹살을 올려 중간 불에서 집게로 돌려가며 4면을 4~5분간 노릇하게 굽는다.

2. ①의 끓는 물에 구운 통삼겹살을 넣고 중간 불에서 뚜껑을 덮어 45분간 삶는다.

3. 깻잎은 길게 반을 썰어 돌돌 말아 0.2cm 폭으로 채 썬다. 대파 흰 부분은 5cm 길이로 썰고 길이로 반으로 갈라 가운데의 심을 제거한 후 가늘게 채 썬다.

4. 깻잎과 대파채는 찬물에 2~3회 씻어 10분간 담가두었다가 체에 밭쳐 물기를 뺀다.

5. ②의 통삼겹살은 건져 한 김 식힌 후 0.7cm 두께로 썬다.

6. 냄비에 생강소스 재료를 넣어 센 불에서 끓어오르면 중간 불로 줄여 4분간 끓인 후 체에 내린다. ④의 깻잎과 대파, 삼겹살을 완성 그릇에 담고 생강소스를 곁들인다.

백김치

40 회분 / 2시간~2시간 30분(+ 숙성시키기 1일)

재료 및 분량
- 절임배추 1포기(1.5kg)
- 무 지름 10cm, 두께 3cm(300g)
- 배 1/4개(150g)
- 쪽파 5줄기(60g)
- 미나리 1줌(또는 청갓, 70g)
- 생수 5컵(1ℓ)

찹쌀풀(1/2컵 분량)
- 찹쌀가루 1큰술
- 물 1/2컵(100㎖)

소 양념
- 소금 2큰술
- 설탕 1과 1/2큰술
- 다진 마늘 2큰술
- 다진 생강 1/2큰술

국물 양념
- 배 1/8개(60g)
- 양파 1/3개(70g)
- 설탕 2큰술
- 소금 1큰술
- 사이다 1컵(200㎖)
- 물 5컵(1ℓ)

1 절임배추를 찬물에 2~3회 헹군 후 썬 단면이 아래를 향하도록 체에 받쳐 30분 이상 물기를 충분히 뺀다.

배추 절이는 법 217쪽

2 작은 냄비에 찹쌀풀 재료를 넣고 중약 불에서 끓인다. 가장자리가 끓어오르면 저어가며 1분간 더 끓인 후 큰 볼에 옮겨 완전히 식힌다.

찹쌀풀이 뜨거우면 양념이 발효되지 않으니 완전히 식히세요.

3 무, 배는 0.5cm 두께의 편으로 썰어 0.5cm 폭으로 채 썬다.
쪽파, 미나리는 5cm 길이로 썬다.

4 큰 볼에 소 양념 재료, 찹쌀풀, ③의 재료를 넣고 버무려 소를 만든다.

5 볼에 절임배추를 넣고 아래쪽 겉잎부터 켜켜이 소를 넣는다. 맨 아래쪽 겉잎은 소를 바르듯이 넣고, 그다음부터 한 켜는 바르기만 하고 한 켜는 건더기도 넣는 식으로 번갈아가며 넣는다.

6 김치 소가 쏟아지지 않도록 잎을 모아 잡고 반으로 접어 겉잎으로 감싼다. 김치통에 썬 단면이 위로 향하도록 차곡차곡 눌러 담아 맨 위에 나머지 소를 넣는다.

Cooking Note

배추 포기김치, 백김치

★ **배추 절이는 방법(1포기 기준)**

1 배추는 밑동의 튀어나온 부분을 자른다. 밑동을 자르면 겉잎이 저절로 떨어져 지저분한 잎이 자연스럽게 손질된다.
   ★ 배추는 들어보아 무겁고 속이 꽉 차 단단한 것으로 고른다.
2 배추 밑동이 위를 향하도록 세우고 밑동 부분의 1/3 지점까지 칼집을 내어 양손으로 반을 쪼갠다. 같은 방법으로 또 반을 갈라 배추를 4등분한다.
3 큰 볼에 절임물(굵은소금 1/2컵, 물 15컵)을 넣고 섞는다. 배추를 절임물에 담갔다가 빼 다른 큰 볼에 담는다.
4 배추의 줄기 쪽에 굵은소금 1컵을 나눠가며 고루 뿌린다. ③의 절임 물을 부어 5~6시간 절인다.
   ★ 배추의 줄기 부분이 부드럽게 휘면 다 절여진 것이다. 절이는 중간중간 뒤집어준다.

배추 포기김치

★ **김치에 시원한 맛을 더하는 젓생새우**

김장철에만 대형 마트나 재래시장에서 볼 수 있는 젓생새우는 배추김치에 굴을 넣는 것과 마찬가지로 김치에 시원한 맛을 더해주는 재료예요. 굴은 수분이 많아 김치를 빨리 쉬게 하지만 젓생새우는 굴보다 수분이 적어 오래 보관해두고 먹는 김장김치에 사용해도 좋아요.

7 푸드 프로세서에 국물 양념 재료를 넣어 곱게 간다. 큰 볼에 생수와 함께 섞어 체에 내린다.

배추 밑동이 층층이 엇갈리도록 담아야 간이 고루 잘 배요. 김치통의 80% 정도만 채워야 익으면서 생기는 가스가 뚜껑 밖으로 새나가지 않는답니다.

8 ⑥의 김치통에 ⑦의 국물을 붓고 실온에서 하루 정도 숙성시킨 후 냉장실에서 익혀 먹는다.

가을학기 11주차

LA갈비 양념구이
고등어 김치조림
두부 새우볶음

> 제철 고등어를 맛있게 요리하고 싶다면 묵은김치와 함께 요리하세요. 김치가 고등어의 비린 맛을 잡아주면서 감칠맛은 살려준답니다. 두부 새우볶음은 칠리소스와 굴소스로 만드는 인기 반찬이에요. 여기에 누구나 좋아하는 LA갈비 양념구이까지 더한다면 손님 초대상이나 가족 특별식으로 모두 잘 어울리지요.

가을 학기_11주차

세 가지 메뉴
한꺼번에 장보기

정육
- 냉동 LA갈비 1kg

해산물
- 고등어 1마리
 (조림용, 손질된 것, 220g)
- 냉동 생새우살 5마리
 (킹사이즈, 75g)

채소 & 청과
- 익은 배추김치 1컵(150g)
- 배 1/5개(약 100g)
- 양파 약 1/2개(95g)
- 피망 1/2개(50g)
- 파프리카 1/4개(50g)
- 표고버섯 2개(50g)
- 새송이버섯 1/2개(40g)
- 대파 10cm
- 풋고추 1개

냉장 가공품
- 두부 큰 팩 1모(부침용, 300g)

세 가지 메뉴
한 끼에 차리기

LA갈비 양념구이	고등어 김치조림	두부 새우볶음
● start		
● LA갈비 냉장실에서 12시간 해동한 후 키친타월로 눌러 핏물 빼기 ● 양념 재료 갈아 갈비와 함께 버무려 1시간 재우기		
		● 새우 찬물에 담가 해동하기 ● 두부 썰어 키친타월에 올리고 밑간한 후 물기 빼기 ● 두부에 전분 가루 묻히기
	● 양파, 풋고추, 대파, 김치 손질한 후 썰기 ● 고등어 손질하기	● 새송이버섯, 표고버섯, 피망, 파프리카, 양파 손질한 후 썰기
	● 양념 섞기	● 양념 섞기
● LA갈비 구워 양념구이 완성하기	● 고등어 김치조림 완성하기	● 두부 구워 접시에 담아두기 ● 두부 새우볶음 완성하기
● finish		

LA갈비 양념구이

3~4인분 / 20~30분(+ 고기 해동하기 12시간, + 양념 재우기 1시간)

재료 및 분량
- 냉동 LA갈비 1kg

양념
- 배 1/5개(약 100g)
- 설탕 1큰술
- 다진 마늘 2큰술
- 양조간장 5큰술
- 맛술 1큰술
- 올리고당 5큰술
- 참기름 1큰술
- 후춧가루 1/3작은술

> LA갈비는 기계로 뼈와 살을 썰기 때문에 뼛가루가 묻어 있을 수 있어 흐르는 물에 씻어야 해요. 물에 담그면 고기의 맛이 옅어지니 흐르는 물로 겉에 있는 핏물만 제거하세요.

1. LA갈비는 냉장실에서 12시간 해동한다. 흐르는 물에 씻은 후 키친타월로 감싸 꾹꾹 눌러 핏물을 제거한다.

2. 배는 한입 크기로 썬다. 푸드 프로세서에 양념 재료를 넣고 곱게 간다.

> 중간중간 뒤집어가며 재우세요. 6시간 이상 재우면 갈비가 질겨질 수 있으니 주의하세요.

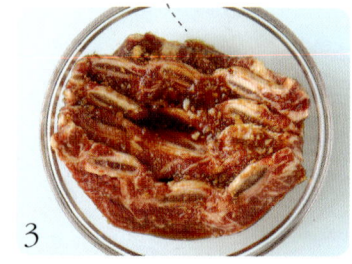

3. 볼에 LA갈비와 ②의 양념을 넣고 버무린 다음 랩을 씌워 냉장실에서 1시간 이상 둔다.

> 240℃로 예열된 오븐의 위칸에 넣어 10~15분간 구워도 돼요.

4. 달군 팬에 ③의 LA갈비를 올려 중간 불에서 3분, 뒤집어 중약 불로 줄여 4분간 굽는다.

고등어 김치조림

2~3인분 / 30~40분

재료 및 분량
- 고등어 1마리
  (조림용, 손질된 것, 약 220g)
- 익은 배추김치 1컵(150g)
- 양파 1/4개(50g)
- 풋고추 1개
- 대파 10cm
- 식용유 1큰술
- 물 1과 1/2컵(300㎖)

양념
- 고춧가루 1과 1/2큰술
- 다진 마늘 1큰술
- 생강술 2큰술(또는 다진 생강 1/3작은술 + 청주 2큰술)
- 맛술 1큰술
- 고추장 1큰술
- 통깨 1작은술
- 양조간장 2작은술
- 참기름 1작은술
- 후춧가루 약간

1 고등어는 흐르는 물에 헹궈 물기를 없앤 후 몸통을 4cm 두께로 어슷하게 썬다.

2 배추김치는 소를 털어낸 후 3cm 폭으로 썬다. 양파는 0.5cm 폭으로 채 썰고, 풋고추와 대파는 어슷 썬다.

3 볼에 양념 재료를 넣고 섞는다.

> 조림용 김치 더 맛있게 조리하기 223쪽

4 깊은 팬을 달궈 식용유를 두르고 배추김치를 넣어 중간 불에서 2분간 볶는다.

> 눌어붙지 않도록 중간중간 팬을 흔들어요.

5 ④의 팬에 양파, 고등어, ③의 양념을 넣는다. 물(1과 1/2컵)을 냄비의 가장자리로 붓고 센 불로 끓어오르면 5분, 중간 불로 줄여 뚜껑을 덮고 10분간 조린다.

6 풋고추, 대파를 넣고 1분간 국물을 끼얹으며 조린다.

두부 새우볶음

2~3인분 / 25~35분

재료 및 분량
- 두부 큰 팩 1모(부침용, 300g)
- 냉동 생새우살 5마리(킹사이즈, 75g)
- 새송이버섯 1/2개(40g)
- 표고버섯 2개(50g)
- 피망 1/2개(50g)
- 파프리카 1/4개(50g)
- 양파 1/5개(45g)
- 감자 전분 1과 1/2큰술
- 식용유 2큰술
- 고추기름 2큰술
- 다진 마늘 2작은술
- 참기름 1/3작은술

밑간
- 소금 1/3작은술
- 후춧가루 약간

양념
- 양조간장 1큰술
- 청주 1큰술
- 스위트 칠리소스 5큰술
- 굴소스 1큰술
- 물 5큰술(75㎖)

> 전분이 두부 표면에 골고루 묻지 않아도 돼요.

1
냉동 생새우살은 찬물(2컵)에 5분간 담가 해동한 후 체에 밭쳐 물기를 뺀다.

2
두부는 열십(+)자로 4등분한 다음 삼각형으로 반을 썰어 0.7cm 두께로 썬다.

3
키친타월에 두부를 올리고 밑간 재료를 뿌려 10분간 둔 후 키친타월로 감싸 물기를 없앤다. 두부 한쪽 면에 감자 전분을 뿌려 손으로 두드려가며 묻힌다.

4
새송이버섯은 2등분한다. 0.5cm 두께의 모양대로 썰어 삼각형이 되도록 대각선으로 썬다. 표고버섯은 기둥을 제거하고 4등분한다.

5
피망, 파프리카는 3cm 폭으로 썬 후 삼각형으로 썬다. 양파는 잘게 다진다. 볼에 양념 재료를 넣고 섞는다.

6
달군 팬에 식용유를 두르고 감자 전분이 묻은 면이 팬에 닿도록 두부를 올려 중간 불에서 2분, 뒤집어 2분간 구워 그릇에 덜어둔다.

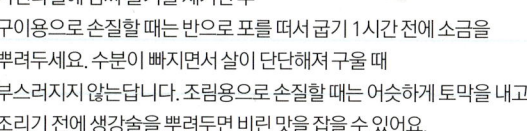

고등어 김치조림

★ **고등어**

9~11월이 제철인 고등어는
불포화지방산이 풍부한
대표 식품으로 동맥경화와
뇌졸중 예방에 도움을 주지요.

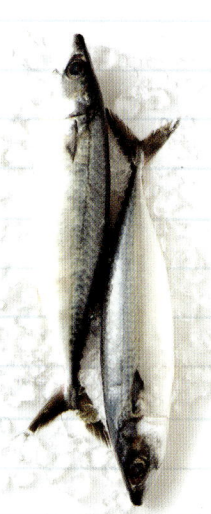

장보기 고등어 표면에 청록색의
광택이 나면서 살에 탄력이 있고
아가미가 선홍색이며 냄새가
나지 않는 것을 고르세요.

손질하기 조리법에 따라
손질법이 달라져요.
흐르는 물에 깨끗이 씻어
키친타월에 감싸 물기를 제거한 후
구이용으로 손질할 때는 반으로 포를 떠서 굽기 1시간 전에 소금을
뿌려두세요. 수분이 빠지면서 살이 단단해져 구울 때
부스러지지 않는답니다. 조림용으로 손질할 때는 어슷하게 토막을 내고
조리기 전에 생강술을 뿌려두면 비린 맛을 잡을 수 있어요.

보관하기 물기를 제거한 후 밀폐 용기에 담아 2일간 냉장 보관,
지퍼백에 담아 1개월간 냉동 보관이 가능해요. 하지만 고등어는
비린내가 많이 나고 냉동 보관하면 제 맛을 즐길 수 없으므로
먹을 만큼 구입해 빠른 시일 내에 먹는 것이 좋아요.

★ **조림에 넣는 김치 더 맛있게 조리하기**

고등어 김치조림을 하면 양념이 쏙 밴 고등어의 맛도 일품이지만
함께 요리한 김치의 맛도 놓칠 수 없죠. 김치는 볶은 다음 조림에
넣으면 더 맛있어져요. 김치를 볶을 때 탈 것 같다면 물을
조금씩 넣어보세요. 김치가 부드럽게 볶아져요. 또 김치가 익으면
익을수록 요리에 깊은 맛이 배어 맛이 한층 업그레이드 된답니다.

⑥의 팬을 다시 달궈 고추기름을 두르고
양파, 다진 마늘을 넣어 약한 불에서
1분간 볶아 향을 낸다. 센 불로 올려
새송이버섯, 표고버섯, 생새우살을 넣고
30초간 볶는다.

⑤의 양념을 넣고 끓어오르면 구운
두부, 피망, 파프리카를 넣어 1분간 볶은
후 불을 끈다. 참기름을 넣어 섞는다.

가을학기 특강

수강생들이 최고로 뽑은
김선영표 샌드위치 3가지

양파잼샌드위치

새우 루콜라샌드위치

케이준 치킨
샌드위치

양파잼샌드위치

2인분 / 40~50분

재료 및 분량
- 치아바타 2개
  (또는 포카치아 2개, 식빵 4장)
- 양파 1개(200g)
- 프랑크 소시지 4개(400g)
- 로메인 4장(또는 상추, 20g)
- 슬라이스 치즈 2장(40g)
- 오이피클 14개(60g)
- 올리브유 3큰술
- 마요네즈 4작은술

양파잼 양념
- 설탕 1큰술
- 발사믹 식초 3큰술
- 소금 약간
- 후춧가루 약간

> 양파잼은 밀폐 용기에 담아 10일간 냉장 보관, 6개월간 냉동 보관이 가능해요.

1. 양파는 가늘게 채 썬다. 달군 팬에 올리브유를 두르고 양파를 넣어 중간 불에서 15분간 볶는다.
2. 양파잼 양념 재료를 넣고 3분 30초간 볶는다.
3. 냄비에 물(5컵)을 끓인다. 로메인은 씻은 후 키친타월로 감싸 물기를 없앤다.
4. 프랑크 소시지는 1cm 간격으로 비스듬히 칼집을 넣는다(생략 가능). ③의 냄비에 소시지를 넣어 센 불에서 30초간 데친 후 체에 밭쳐 그대로 물기를 뺀다. 치아바타는 빵칼(또는 일반 칼)을 이용해 반으로 썬다.
5. 치아바타 안쪽 면에 마요네즈를 1작은술씩 펴 바른다. 2장의 치아바타 한쪽 면에 로메인, 프랑크 소시지 순으로 올린다.
6. 양파잼, 슬라이스 치즈, 피클, 로메인 순으로 올리고 다른 2장의 치아바타로 덮는다.

★ 치아바타 샌드위치 포장법
1. 치아바타 중앙을 기름종이로 감싼 다음 테이프로 고정한다.
2. 기름종이로 감싼 부분을 포장 끈으로 묶는다.
3. 비닐 백에 담아 완성한다.

새우 루콜라샌드위치

2인분 / 30~40분

재료 및 분량
- 치아바타 2개(또는 식빵 4장)
- 냉동 생새우살 12마리
  (킹사이즈, 180g)
- 루콜라 1줌(또는 양상추 2장,
  겨자잎 4장, 20g)
- 오이 1/4개(50g)
- 적양파 1/4개(또는 양파, 50g)
- 소금 약간

스프레드
- 할라페뇨 4큰술(50g)
- 양파 2큰술(20g)
- 설탕 1큰술
- 레몬즙 1큰술
- 마요네즈 6큰술
- 연와사비 1큰술
- 홀그레인 머스터드
  (또는 일반 머스터드) 1큰술
- 소금 약간
- 후춧가루 약간

1. 냉동 생새우살 데칠 물(2컵)을 끓인다. 루콜라는 씻은 후 키친타월로 감싸 물기를 없앤다. 오이는 필러를 이용해 얇고 길게 슬라이스해 소금을 약간 뿌리고 5분간 절인 후 키친타월로 감싸 물기를 뺀다. 적양파는 가늘게 채 썬다.

2. 스프레드 재료의 할라페뇨와 양파는 잘게 다진다. 볼에 스프레드 재료를 넣어 섞는다.

3. ①의 끓는 물에 생새우살과 청주(1큰술)를 넣고 센 불에서 2분간 끓인 후 체에 밭쳐 물기를 빼고 그대로 식힌다. 치아바타는 빵칼(또는 일반 칼)을 이용해 반으로 썬다.

4. 달군 팬에 기름을 두르지 않은 채 치아바타의 단면이 팬에 닿도록 올려 중약 불에서 1분 30초간 노릇하게 굽는다. 2장의 치아바타를 서로 기대어 세워놓고 한 김 식힌다.

5. 볼에 새우와 ②의 스프레드 1/2 분량을 넣고 버무린다.

6. 2개의 치아바타 안쪽 면에 남은 스프레드 1/2 분량을 나눠 펴 바른다. 루콜라, ⑤, 적양파를 나눠 올린다.

7. 오이를 나눠 올린 후 다른 2장의 치아바타로 덮는다.

케이준 치킨샌드위치

2인분 / 30~40분

세워서 식히면 닿는 면적이 작아 눅눅해지는 것을 막을 수 있어요.

재료 및 분량
- 식빵 4장(또는 곡물 식빵, 180g)
- 닭가슴살 2쪽(또는 닭안심, 200g)
- 양상추 4장(손바닥 크기, 60g)
- 적양파 1/5개(또는 양파, 두께 0.5cm)
- 토마토 슬라이스 2개(두께 0.8cm)
- 슬라이스 치즈 2장(40g)
- 마요네즈 4작은술

밑간
- 고운 고춧가루 1작은술
- 소금 1/2작은술
- 올리브유 1 작은술
- 후춧가루 약간

1. 닭가슴살은 1×6cm 크기로 썬 후 볼에 밑간 재료와 함께 넣고 버무려 10분간 둔다.
2. 양상추는 씻은 후 키친타월로 감싸 물기를 없앤다. 적양파는 0.5cm 두께의 모양대로 썬다.
3. 달군 팬에 기름을 두르지 않은 채 식빵을 올려 중약 불에서 1분 30초, 뒤집어 1분간 노릇하게 굽는다. 2장의 식빵을 서로 기대도록 세워 한 김 식힌다.
4. ③의 팬을 키친타월로 닦고 다시 달군 후 닭가슴살을 넣어 중간 불에서 3분간 앞뒤로 뒤집어가며 굽는다.
5. 4장의 식빵 한쪽 면에 마요네즈를 1작은술씩 펴 바른다.
6. 2장의 식빵 한쪽 면에 슬라이스 치즈, 양상추, 적양파, 닭가슴살, 토마토, 양상추를 순서대로 올리고 다른 2장의 식빵으로 덮는다. 먹기 좋은 크기로 썬다.

★ 식빵 샌드위치 포장법

1. 선물 포장하듯 유산지로 샌드위치를 감싸 테이프로 고정한 후 재료가 나오지 않도록 양 끝을 접어 포장을 마무리한다.
2. 포장한 채로 반을 썬다.
3. 박스에 담아 뚜껑을 덮는다.
4. 포장 끈을 이용해 박스를 묶어 샌드위치 포장을 완성한다.

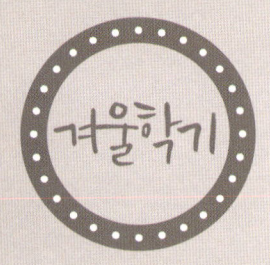

winter

따뜻함을 느낄 수 있는 계절인 겨울, 온기가 가득한 밥반찬으로
추천하는 메뉴를 담았습니다. 동지, 설날, 정월대보름 등의
절기와 크리스마스, 연말 파티 등 모임이 많은 겨울에 꼭 필요한 레시피를
담았어요. 특별히 겨울 특강은 손님 초대상을 빛나게 해줄
디저트로 준비했답니다.

1주차 중국식 채소절임, 희한한 생선젓, 새우 브로콜리볶음
2주차 무말랭이 고춧잎무침, 코다리조림, 쇠고기 미역국
3주차 시금치 사과겉절이, 팥칼국수, 새알심 팥죽
4주차 쌀국수샐러드, 와인 치킨조림, 스테이크 & 와인소스
5주차 안동식 찜닭, 어리굴젓, 매생이 굴떡국
6주차 매콤 쌀국수볶음, 유린기, 단호박샐러드
7주차 쇠고기장국, 파래 무생채무침, 매콤한 꽁치 무조림
8주차 파래자반볶음, 샤부샤부·부대찌개, 메추리알 버섯조림
9주차 녹두전, 김치 고기만두 & 만두전골, 호박식혜
10주차 맥적, 채소 들깨소스 무침, 홍합 굴짬뽕
11주차 보름나물, 보름잡곡밥

특강 김선영이 추천하는 홈 파티용 참 쉬운 디저트 4가지
       (초간단 맛탕, 달걀푸딩, 녹차티라미수, 단팥퐁듸)

{ 중국식 채소절임
  희한한 생선찜
  새우 브로콜리볶음

> 겨울 학기 첫 주 메뉴는 향으로 한 번, 소리로 한 번, 맛으로 한 번 먹는 희한한 생선찜을 소개할게요. 중국 요리인 '찡찡위'를 우리 식으로 변형한 메뉴로 찜기에 찐 생선 위에 파채를 듬뿍 올리고 간장 소스와 끓인 기름을 부어가며 조리하는 메뉴랍니다. 찡찡위에 잘 어울리는 채소 요리 두 가지도 알려드릴게요.

겨울 학기_1주차

세 가지 메뉴
한꺼번에 장보기

해산물
- 우럭 1마리(300g)
- 냉동 생새우살 13마리 (킹사이즈, 약 200g)

채소
- 무 지름 10cm, 두께 5cm(500g)
- 양배추 7장(손바닥 크기, 210g)
- 오이 1개(200g)
- 파프리카 1개(200g)
- 브로콜리 1/2개(150g)
- 대파(흰 부분) 15cm
- 대파(푸른 부분) 15cm
- 대파 10cm
- 건고추 3개(6g)
- 생강 1톨(마늘 크기, 5g)

세 가지 메뉴
한 끼에 차리기

● 중국식 채소절임   ● 희한한 생선찜   ● 새우 브로콜리볶음

● **start**

● 중국식 채소절임 완성한 후 하루 동안 숙성시키기

희한한 생선찜	새우 브로콜리볶음
● 우럭 손질 후 밑간해 10분 이상 재우기	● 새우 찬물에 담가 해동하기
● 대파 손질한 후 썰기	● 브로콜리, 파프리카, 대파 손질한 후 썰기
● 소스 섞기	● 양념 섞기
	● 브로콜리 데칠 물 끓이기
● 예열된 찜기에 대파 깔고 우럭 찌기	● 브로콜리 데치기
● 완성 그릇에 찐 우럭 담고 대파채 올리기 ● 소스 끓여 우럭 위에 붓기 ● 식용유 끓여 우럭에 부어 완성하기	● 새우 브로콜리 볶음 완성하기

● **finish**

중국식 채소절임

10회분 / 20~30분(+ 채소 절이기 1시간)

재료 및 분량
- 양배추 7장(손바닥 크기, 210g)
- 무 지름 10cm, 두께 5cm(500g)
- 오이 1개(200g)
- 생강 1톨(마늘 크기, 5g)
- 건고추 3개(또는 청양고추 1개, 6g)
- 식용유 2큰술

절임
- 소금 4큰술
- 물 2컵(400㎖)

양념
- 설탕 4큰술
- 식초 6큰술

1
양배추는 2×5cm 크기로 썰고, 무는 1×1×5cm 크기로 썬다. 오이는 칼로 튀어나온 돌기를 제거한 후 쓴맛이 나는 양 끝을 제거해 5cm 길이로 썬 후 4등분한다. 생강은 편으로 썰고, 건고추는 가위로 1cm 폭으로 어슷하게 자른다.

> 골고루 절여지도록 중간중간 뒤적이세요.

2
볼에 절임 재료를 넣고 섞는다. 양배추, 무, 오이를 넣고 1시간 절인다.

3
절인 양배추, 무, 오이는 체에 밭쳐 물기를 뺀다. 이때, 절임물 2컵(400㎖)은 따로 덜어둔다.

4
달군 팬에 식용유를 두르고 생강을 넣어 약한 불에서 1분, 건고추를 넣어 1분간 볶아 향신 기름을 만든다.

5
불을 끄고 양념 재료를 넣어 약한 불에서 저어가며 설탕을 녹인다.

> 2개월간 냉장 보관이 가능해요.

> 향신 기름에 채소를 넣는 이유 235쪽

6
③의 채소와 덜어둔 절임물을 넣고 섞은 후 밀폐 용기에 담아 뚜껑을 덮어 하루 동안 숙성시킨 후 냉장실에 넣고 먹는다.

새우 브로콜리볶음

2~3인분 / 20~30분

재료 및 분량
- 냉동 생새우살 13마리
  (킹사이즈, 약 200g)
- 브로콜리 1/2개(150g)
- 파프리카 1개(200g)
- 대파 10cm
- 식용유 2큰술
- 녹말물 1큰술
  (감자 전분 1작은술 + 물 1큰술)
- 참기름 1작은술

양념
- 설탕 1큰술
- 청주 1큰술
- 굴소스 1큰술
- 양조간장 2작은술

1 브로콜리 데칠 물(5컵) + 소금(1작은술)을 끓인다. 냉동 생새우살은 물(4컵)에 5분간 담가 해동하여 체에 밭쳐 물기를 뺀다. 볼에 양념 재료를 넣고 섞는다.

2 브로콜리는 사방 4cm 크기로 썰고, 파프리카는 1.5×5cm 크기로 썬다. 대파는 1cm 폭으로 어슷 썬다.

3 ①의 끓는 물에 브로콜리를 넣고 30초간 데친다. 체에 밭치고 찬물에 헹궈 그대로 물기를 뺀다.

중식 요리 풍미 살리는 비법 235쪽

4 달군 팬에 식용유를 두르고 대파를 넣어 1분간 볶아 대파 향을 낸 후 대파는 건져낸다. 데친 브로콜리, 파프리카를 넣고 센 불에서 1분간 볶는다.

5 생새우살과 ①의 양념 재료를 넣고 센 불에서 1분 30초간 볶는다.

녹말물은 넣기 전에 한 번 더 섞으세요.

6 녹말물을 팬의 가장자리로 둘러가며 넣고 중간 불에서 10초간 볶은 후 불을 끄고 참기름을 넣어 섞는다.

희한한 생선찜(찡쩡위)

2~3인분 / 30~40분

재료 및 분량
- 우럭 1마리(또는 병어, 가자미, 도미 등 흰살 생선은 모두 대체 가능, 300g)
- 대파(흰 부분) 15cm
- 대파(푸른 부분) 15cm
- 식용유 4큰술

밑간
- 생강술 2큰술(또는 다진 생강 1/3작은술 + 청주 2큰술)
- 소금 1작은술
- 후춧가루 약간

소스
- 설탕 3큰술
- 양조간장 4큰술
- 청주 1큰술
- 물 1큰술

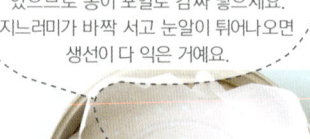

> 생선이 찜기에 닿으면 붙을 수 있으므로 종이 포일로 감싸 넣으세요. 지느러미가 바짝 서고 눈알이 튀어나오면 생선이 다 익은 거예요.

1 손질한 우럭은 양쪽 면에 2~3cm 간격으로 칼집을 낸 후 밑간 재료를 뿌려 10분간 둔다. 찜기의 1/3 지점까지 물을 붓고 뚜껑을 덮어 센 불에서 끓인다.

2 대파는 모두 5cm 길이로 썬다. 흰 부분은 길게 반으로 썰어 가운데 심을 빼고 가늘게 채 썬 다음 찬물에 10분간 담가 매운맛을 제거한 후 체에 밭쳐 그대로 물기를 뺀다.

3 김이 오른 찜기에 종이 포일을 깔고 ②의 대파 심과 대파 푸른 부분을 깔고 우럭을 올려 뚜껑을 덮은 후 센 불에서 10분간 찐다.

4 뒤집개를 이용해 우럭을 꺼내어 완성 그릇에 우럭만 옮겨 담는다.

5 ②의 대파채를 올린다.

6 냄비에 소스 재료를 넣어 섞은 후 센 불에서 끓어오르면 30초간 더 끓인 다음 우럭 위에 골고루 붓는다.

Cooking Note

치지직 하며 순간적으로
생선과 대파가 튀겨져요.

7
작은 팬 또는 냄비에 식용유 4큰술을 넣고 센 불에서 3~4분간 연기가 날 정도로 끓여 ⑥의 대파채 위에 뿌린다.

8
생선에 대파를 곁들여 소스에 한 번 적셔 먹는다.

새우 브로콜리볶음
★ **중식 요리에 풍미를 더욱 좋게 하는 방법**

중식 요리는 향이 음식 맛의 70%를 차지한다고 해도 과언이 아니에요. 그만큼 조리할 때 풍미를 충분히 살려야 하지요. 먼저 팬을 달군 후 대파를 넣어 파 향을 충분히 내고 대파를 건져내요. 이렇게 향이 가득한 파기름에 주재료를 넣어 볶으면 음식의 풍미가 훨씬 살아나지요. 또한 새우 브로콜리볶음의 양념은 어떤 채소와도 어울리는 중식 기본 양념이라서 다양한 색상의 채소를 사용하면 색감도 예쁘고 식감도 살아 있는 간단한 손님 초대 요리가 완성된답니다.

중국식 채소절임
★ **향신 기름에 채소를 넣는 이유**

중국식 채소절임은 양배추, 오이, 무 중 한 가지 재료만 사용해도 충분히 맛있는 저장 반찬이에요. 독특한 것은 생강과 고추를 식용유에 볶은 다음 채소와 양념을 넣고 섞는다는 것이에요. 이렇게 조리하면 기름이 채소에 코팅 막을 형성시켜주기 때문에 채소에서 수분이 빠져나가지 않아 부드럽고 향도 좋아져요.

★ **중국식 채소절임의 검붉은 빛깔**

건고추를 사용하고 하루 동안 숙성시키기 때문에 검붉은 빛깔이 돌아요. 검붉은색이 싫다면 건고추를 청양고추로 대체해도 좋아요.

겨울학기 2주차

{ 무말랭이 고춧잎무침
코다리조림
쇠고기 미역국

> 담백하고 구수한 미역국과 매콤한 코다리조림, 무말랭이 고춧잎무침을 함께 차리면 잘 어울리는 소박한 한상차림이 된답니다. 누구나 한 번쯤 꼭 만들게 되는 미역국, 실패하지 않고 맛있게 끓이는 방법과 무말랭이 맛있게 불리는 방법을 알려드릴게요.

세 가지 메뉴
한꺼번에 장보기

정육
- 쇠고기 양지머리 100g

해산물
- 냉동 코다리 2마리(약 430g)
- 마른 미역 2줌
 (20g, 불린 미역 약 400g)

채소
- 양파 1개(200g)
- 무말랭이 4컵(100g)
- 말린 고춧잎 10g(생략 가능)

세 가지 메뉴
한 끼에 차리기

무말랭이 고춧잎무침	코다리조림	쇠고기미역국
start		
무말랭이 고춧잎무침 만들어 실온에서 12시간 숙성시키기		
	코다리 썰어 실온에서 1시간 해동하기	쇠고기 손질 후 밑간해 20분간 재우기
		미역 찬물에 담가 15분간 불리기
		불린 미역 썰어 쇠고기와 함께 볶기
		국물 재료 넣고 20분간 끓이기
	해동된 코다리 손질하기	
	코다리조림의 양념 재료 섞기	
	코다리조림 완성하기	국에서 양파 건진 후 미역국 완성하기
finish		

코다리조림

3~4인분 / 20~30분(+ 코다리 해동하기 1시간)

재료 및 분량
- 냉동 코다리 2마리
  (또는 손질된 것, 약 430g)
- 다시마 10×10cm 2장

양념
- 설탕 2큰술
- 고춧가루 1큰술
- 다진 마늘 1큰술
- 양조간장 3큰술
- 식용유 2큰술
- 통깨 1작은술
- 참기름 1작은술
- 다시마 불린 물 1컵(200㎖)

1
냉동 코다리는 흐르는 물에 씻고 볼에 담아 냉장실에서 1시간 해동한다. 가위로 지느러미와 꼬리를 자르고 머리를 제거한다.

뼈 제거가 어렵다면 생략해도 괜찮아요.

2
등쪽으로 뼈 가까이에 칼을 붙여 살을 나눈다. 뼈가 보이는 부분은 뼈 바로 밑으로 칼을 넣어 뼈를 살살 긁듯 포를 떠 제거한다.

물기를 제거하면 비린내를 잡아줘요.

3
키친타월로 눌러가며 물기를 완전히 제거한다. 볼에 다시마, 물(1컵)을 넣어 10분간 다시마 물을 우린다. 이때, 불린 다시마 물은 따로 둔다.

4
볼에 양념 재료를 넣고 섞는다.

살이 많은 코다리 토막을 밑으로 깔면 간이 더 잘 배요.

5
냄비에 불린 다시마를 깔고 코다리를 올린다.

6
④의 양념을 넣고 센 불로 끓여 오르면 3분간 끓여 비린내를 날린다. 뚜껑을 덮고 중간 불로 줄여 5분간 끓인다.

쇠고기 미역국

3~4인분 / 1시간 10분~1시간 20분

재료 및 분량
- 쇠고기 양지머리 100g
- 마른 미역 2줌(20g, 불린 미역 약 400g)
- 참기름 1큰술
- 다진 마늘 1/2큰술
- 국간장 1큰술
- 참치 액젓(또는 국간장) 1큰술
- 소금 약간(기호에 따라 가감)

밑간
- 맛술 1큰술
- 다진 마늘 1작은술
- 양조간장 1작은술
- 참기름 1작은술
- 후춧가루 약간

국물
- 다시마 5×5cm
- 양파 1개(200g)
- 물 10컵(2ℓ)

1
쇠고기는 2×2cm 크기로 썬다. 볼에 밑간 재료를 넣고 섞은 후 쇠고기와 함께 버무려 20분간 둔다.

2
찬물(10컵)에 미역을 담가 15분간 불린다.

3
불린 미역은 찬물에 바락바락 씻어 거품이 나오지 않을 때까지 물을 3~4회 갈아주며 헹군다. 물기를 꼭 짠 후 4cm 길이로 썬다.

4
달궈지지 않은 냄비에 참기름을 두르고 ①의 쇠고기를 넣어 중간 불에서 2분, 미역을 넣고 센 불로 올려 2분간 볶는다.

미역국에 통양파를 넣는 이유 241쪽

5
④의 냄비에 국물 재료를 넣고 센 불에서 끓어오르면 다시마를 꺼낸다. 20분간 끓인 후 중간 불로 줄여 20분간 더 끓인다. 수분이 부족하면 중간중간 물(1컵)을 더한다.

6
양파를 건지고 다진 마늘, 국간장, 참치 액젓을 넣어 중간 불에서 3분간 끓인다. 부족한 간은 소금으로 더한다.

무말랭이 고춧잎무침

2~3인분 / 30~40분(+ 무말랭이 고춧잎 불리기 2시간 + 숙성하기 12시간)

재료 및 분량
- 무말랭이 4컵(100g)
- 말린 고춧잎 10g(생략 가능)

밑간
- 설탕 1큰술
- 식초 1큰술
- 청주 1큰술
- 맛술 1큰술
- 소금 1/2작은술

양념
- 고춧가루 3큰술
- 설탕 1큰술
- 다진 마늘 1큰술
- 생강술 1큰술(또는 다진 생강 1/4작은술 + 청주 1큰술)
- 양조간장 3큰술
- 청주 2큰술
- 멸치 액젓 1/2큰술
- 올리고당 3큰술

찹쌀풀(3큰술 분량)
- 찹쌀가루 1작은술
- 물 3큰술

1
볼에 무말랭이와 잠길 만큼의 물을 넣고 맑은 물이 나올 때까지 바락바락 주물러 여러 번 헹군다.

무말랭이 꼬들하게 불리는 법 241쪽

2
볼에 무말랭이와 뜨거운 물(5컵) + 찬물(1컵)을 부어 2분간 불린 후 찬 물에 헹궈 물기를 짠다.

3
볼에 밑간 재료를 넣고 섞은 후 무말랭이를 넣고 버무려 20분간 둔다.

번거롭다면 고춧잎은 생략해도 괜찮아요.

4
말린 고춧잎은 2~3시간 불려 찬물에 헹군 후 냄비에 물(3컵)과 함께 넣고 센 불에 올린다. 바글바글 끓어오르면 3분간 삶아 그대로 식힌다. 완전히 식으면 체에 밭쳐 찬물에 2~3회 헹군 후 물기를 꼭 짠다.

5
내열 용기에 찹쌀풀 재료를 넣고 전자레인지(700W)에서 40초~1분간 걸쭉한 상태가 될 때까지 익힌 후 완전히 식힌다.

6
③의 무말랭이를 면포에 감싸 물기를 꼭 짠다.

Cooking Note

무말랭이 고춧잎무침

★ 무말랭이 꼬들꼬들하게 불리는 방법

무말랭이무침에서 가장 중요한 조리 포인트는 무말랭이 불리기예요. 너무 오래 불리면 흐물흐물해지고, 덜 불리면 딱딱해 먹기 힘들지요. 가장 좋은 방법은 무말랭이에 뜨거운 물 5컵을 붓고 마지막으로 찬물 1컵을 넣어 2분만 불린 후 물기를 꼭 짜는 것입니다. 이렇게 1차로 불린 다음 밑간 양념을 넣고 2차로 20분간만 불리면 부드럽고 꼬들꼬들하게 무말랭이가 붇지요. 또한 찹쌀풀을 넣어 양념하면 무말랭이와 양념이 겉돌지 않는답니다.

코다리조림

★ 코다리의 다른 이름들 총정리

코다리는 명태의 가공품입니다. 생물 그대로일 때는 생태라고 부르며 얼리면 동태, 내장을 제거하고 반건조해서 냉동하면 코다리라고 불러요. 그리고 우리가 흔히 아는 북어는 명태를 완전히 말린 것이고 명태를 얼렸다가 말렸다가 100일 동안 반복한 것을 황태라고 부른답니다. 이렇게 명태는 어떻게 먹어도 맛있는 생선이에요.

쇠고기 미역국

★ 미역국에 통양파를 넣는 이유

1년에 적어도 한 번쯤은 접하게 되는 음식. 하지만 맛내기가 쉽지 않은 요리 중 하나예요. 미역국을 더 부드럽고 고소하게 끓이려면 물을 넣을 때 양파를 통째로 넣어 같이 푹 끓이세요. 양파의 향이 미역국에 은은하게 배어나 맛이 더욱 부드러워져요. 또 마지막에 새우 가루를 2작은술 넣으면 고소함이 더해진답니다. 그러나 양파가 너무 많이 들어가면 단맛이 강해지니 주의하세요.

7

볼에 양념 재료와 찹쌀풀을 넣어 섞는다.

14일간 냉장 보관이 가능해요.

8

큰 볼에 ⑦과 고춧잎, 무말랭이를 넣고 버무려 실온에서 12시간 숙성시킨 후 먹는다.

시금치 사과겉절이
팥칼국수
새알심 팥죽

> 밤이 가장 긴 동짓날의 별미, 팥을 이용한 동지 음식으로 1년의 액운을 모두 날리세요. 밥으로 만들어 쉽고 간단한 새알심 팥죽, 따뜻하게 후루룩 먹는 팥칼국수, 두 가지 모두 맛있으니 가족들의 기호에 따라 준비하세요. 제철인 시금치 사과겉절이를 곁들이면 든든한 한 끼로 손색이 없답니다.

세 가지 메뉴
한꺼번에 장보기

채소 & 청과
- 시금치 3줌
  (또는 포항초 3줌, 150g)
- 사과 1/4개(50g)
- 양파 1/5개(40g)

기타
- 생칼국수 면 300g
- 팥 3컵(420g)
- 찹쌀 가루 4큰술(65g)

세 가지 메뉴
한 끼에 차리기

- 시금치 사과겉절이
- 새알심 팥죽
- 팥칼국수

start

- 팥 6시간 불려 체에 밭쳐 물기 빼기
- 2개의 냄비를 준비해 각각 팥 삶기
- 푸드 프로세서에 삶은 팥과 정량의 물을 넣고 갈기

- 새알심 빚기

- 시금치, 양파, 사과 손질한 후 썰기
- 양념 섞기

- 냄비에 갈아놓은 팥물과 밥 넣고 끓이기
- 새알심 데칠 물 끓이기

- 시금치 사과겉절이 버무려 완성하기
- 새알심 데쳐 찬물에 헹군 후 체에 밭쳐 물기 빼기
- 팥죽에 새알심 넣어 완성하기
- 냄비에 삶아둔 팥물과 칼국수 넣고 끓여 완성하기

finish

시금치 사과겉절이

2~3인분 / 15~25분

재료 및 분량
- 시금치 3줌(또는 포항초 3줌, 150g)
- 사과 1/4개(50g)
- 양파 1/5개(40g)

양념
- 설탕 1큰술
- 고춧가루 1큰술
- 통깨 1/2큰술
- 다진 마늘 1/2큰술
- 식초 1큰술
- 멸치 액젓 1큰술
- 매실청 2큰술
- 참기름 1/2큰술

1 시금치는 시든 잎을 떼어내고 칼로 뿌리를 제거해 2등분한다. 체에 밭쳐 흐르는 물에 씻은 후 그대로 물기를 뺀다.

2 사과는 껍질째 길게 반으로 썬 후 0.3cm 폭으로 채 썬다. 양파는 0.3cm 두께로 썬다.

3 큰 볼에 양념 재료를 넣고 섞는다.

4 ③에 시금치, 사과, 양파를 넣고 가볍게 버무린다.

> 채소가 절여지면서 물이 생기므로 먹기 직전에 버무리세요.

팥칼국수

3~4인분 / 60~70분(+ 팥 불리기 6시간)

재료 및 분량
- 팥 2컵(280g)
- 생칼국수 면 300g
- 소금 1작은술(기호에 따라 가감)
- 설탕 4큰술(기호에 따라 가감)

> 처음 삶은 물에는 사포닌 성분이 많아 텁텁한 쓴맛이 나므로 버려야 해요.

> 팥 1개를 손가락으로 으깨었을 때 쉽게 으깨어지면 다 익은 거예요. 압력솥을 사용할 경우에는 20분만 삶으세요.

1
팥은 흐르는 물에 여러 번 씻은 후 볼에 담아 잠길 만큼의 물을 붓고 냉장실에서 6시간 불린 후 체에 밭쳐 물기를 뺀다.

2
냄비에 팥과 물(7컵)을 넣고 센 불에서 끓어오르면 체에 밭쳐 물만 버린다.

3
②의 냄비에 팥과 물(10컵)을 넣고 센 불에서 끓어오르면 중간 불로 줄여 35분간 삶은 후 체에 밭쳐 물기를 뺀다. 이때 팥 삶은 물은 따로 둔다.

4
믹서에 ③의 팥과 물(5컵)을 넣고 곱게 간다.

5
냄비에 ④와 팥 삶은 물(2컵), 소금, 설탕을 넣고 센 불로 끓인다. 끓어오르면 칼국수를 넣고 포장지에 적힌 시간대로 끓인다. 기호에 따라 소금, 설탕으로 간을 더한다.

겨울 하기_3주차

새알심 팥죽

4인분/ 1시간 10분~1시간 20분(+ 팥 불리기 6시간)

재료 및 분량
- 팥 1컵(140g)
- 쌀밥 1공기(200g)
- 소금 1작은술(기호에 따라 가감)
- 설탕 3큰술(기호에 따라 가감)

새알심
- 찹쌀가루 4큰술(65g)
- 따뜻한 물 2작은술
- 소금 1/4작은술

1
팥은 흐르는 물에 여러 번 씻은 후 볼에 담아 잠길 만큼의 물을 붓고 냉장실에서 6시간 이상 불린 다음 체에 밭쳐 물기를 뺀다.

> 처음 삶은 물에는 사포닌 성분이 많아 텁텁한 쓴맛이 나므로 버려야 해요.

2
냄비에 팥과 물(5컵)을 넣고 센 불에서 끓어오르면 체에 밭쳐 물만 버린다.

> 팥 1개를 손가락으로 으깨었을 때 쉽게 으깨어지면 다 익은 거예요. 압력솥을 사용할 경우에는 20분만 삶으세요.

3
②의 냄비에 팥과 물(9컵)을 넣고 센 불에서 끓어오르면 중간 불로 줄여 35분간 삶은 후 체에 밭쳐 물기를 뺀다. 이때 팥 삶은 물은 따로 둔다.

4
믹서에 ③의 팥과 물(3컵)을 넣고 곱게 간다.

> 눌어붙지 않도록 중간중간 저어준다.

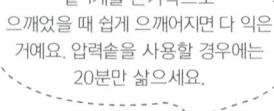
밥으로 죽하는 이유 247쪽

5
큰 냄비에 ④, ③의 팥 삶은 물(2컵)과 쌀밥을 넣고 센 불에서 끓어오르면 중간 불로 줄여 20분간 끓인다.

> 찹쌀의 수분 함량에 따라 물의 양을 가감하세요. 새알심이 마르지 않도록 젖은 면포로 덮어두면 좋아요.

6
새알심 데칠 물(5컵)을 끓인다. 볼에 분량의 새알심 재료를 넣고 치대어 한 덩어리를 만든 후 지름 1cm 크기의 새알심을 빚는다.

Cooking Note

⑦

⑥의 끓는 물에 새알심을 넣고 떠오를 때까지 1분 30초간 끓인 후 건져 찬물에 헹궈 그대로 물기를 뺀다.

⑧

⑤의 냄비에 ⑦의 새알심, 소금, 설탕을 넣고 중간 불에서 1분간 끓인다. 기호에 따라 소금, 설탕으로 간을 더한다.

새알심 팥죽

★ 동지에 팥죽을 먹는 이유

동지는 해가 가장 짧고 밤이 가장 긴 날이에요. 어두운 음의 기운이 가득 찼다고 해서 선조들은 음의 기운을 물리치기 위해 악귀를 쫓는 것으로 알려진 붉은색의 팥을 이용해 팥죽을 쑤어 먹었다고 합니다. 이는 중국에서 전해진 풍속인데요, 〈형초세시기〉에 의하면 중국의 신화적인 인물인 공공 씨의 망나니 같은 아들이 동짓날 죽어서 역귀가 되었고 이 역귀가 생전에 팥을 싫어했기 때문에 동짓날이 되면 팥으로 죽을 쑤어 역귀를 쫓았는데 이것이 풍속으로 전래된 것이라고 해요.

★ 쌀 대신 밥으로 죽을 끓이면 좋은 점

팥죽을 끓일 때 쌀을 넣어 끓이면 쌀이 익어야 하기 때문에 요리 시간이 길어질 뿐만 아니라 1시간 이상 계속 저어야 해서 조리가 번거로워져요. 하지만 밥을 넣어 죽을 만들면 간단하게, 훨씬 부드러운 팥죽을 만들 수 있지요. 팥죽에는 새알심 대신 조랭이떡을 넣어도 맛있어요.

시금치 사과겉절이

★ 겨울에 먹는 시금치, 포항초

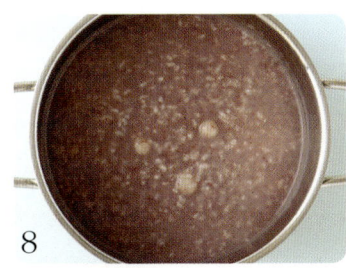

일반 시금치 대신 겨울이 제철인 포항초를 넣어 겉절이를 해보세요. 포항초는 시금치보다 길이가 짧고 밑동이 보라색을 띠고 있어요.
포항초는 겨울에만 먹을 수 있는데, 일반 시금치보다 고소하고 단맛이 더 강하기 때문에 생으로 먹는 샐러드나 겉절이에 잘 어울려요. 또한 비타민 A와 비타민 B, 철분과 엽산이 풍부해 과일과 함께 조리하면 맛과 영양을 모두 잡을 수 있답니다.

쌀국수샐러드
와인 치킨조림
스테이크 & 와인소스

> 크리스마스 파티 준비하시나요? 홈 파티의 단골 메뉴인 스테이크는 물론 치킨을 와인에 넣어 뭉근히 조린 프랑스 요리 '와인 치킨 브레제'를 재해석한 와인 치킨조림도 소개할게요. 조리법에 비해 맛이 굉장히 고급스러워서 뿌듯할 거예요. 여기에 요즘 인기가 많은 쌀국수샐러드까지 더한다면 코스 요리로 대접해도 손색이 없답니다.

세 가지 메뉴 한꺼번에 장보기

정육
- 닭다릿살 5쪽(500g)
- 쇠고기 등심(또는 안심, 스테이크용, 두께 2cm) 400g

해산물
- 냉동 생새우살 10마리 (작은 사이즈, 50g)

채소
- 파프리카 1과 1/2개(300g)
- 샐러드 채소(또는 쌈채소) 100g
- 양파 1/3개(70g)
- 단호박 1/16개(60g)
- 방울토마토 4개(40g)
- 브로콜리 1/10개(30g)
- 청양고추 1과 1/3개
- 홍고추 1/3개

향신료
- 말린 로즈메리 1/2작은술

기타
- 쌀국수 1줌(1mm 버미셀리, 50g)

세 가지 메뉴 한 끼에 차리기

쌀국수샐러드	와인 치킨조림	스테이크 & 와인소스
● start		
쌀국수 찬물에 담가 30분간 불리기		
새우 찬물에 담가 해동하기	닭다릿살 손질해 밑간한 후 20분간 재우기	쇠고기 밑간해 10분간 재우기
파프리카, 홍고추, 청양고추 손질한 후 썰기	파프리카, 양파 손질한 후 썰기	단호박, 브로콜리, 방울토마토 손질한 후 썰기
쌀국수와 새우 데칠 물 끓이기		와인소스 졸이기
드레싱 섞기	소스 섞기	
쌀국수 데친 후 찬물에 헹구고 체에 밭쳐 물기 빼기		
새우 데치기		
모든 샐러드 재료를 담고 드레싱 곁들여 완성하기	와인 치킨조림 완성하기	스테이크와 채소 구운 후 소스 곁들여 완성하기
● finish		

와인 치킨조림

2~3인분 / 40~50분

재료 및 분량
- 닭다릿살 5쪽(500g)
- 파프리카 1개(200g)
- 양파 1/3개(70g)
- 식용유 1큰술
- 소금 약간
- 발사믹 식초 3큰술

밑간
- 말린 로즈메리 1/2작은술 (또는 생로즈메리 10cm)
- 소금 1/2작은술
- 후춧가루 약간

소스
- 양조간장 2큰술
- 사과잼 3큰술
- 청양고추 1개(또는 마른 고추 2개)
- 레드 와인 1/2컵(100㎖)
- 물 1/4컵(50㎖)

1. 닭다릿살은 껍질과 기름을 제거한 후 3cm 폭으로 썬다. 접시에 담고 밑간 재료와 함께 버무려 20분간 둔다.

2. 파프리카와 양파는 2×3cm 크기의 마름모 모양으로 썬다. 소스 재료의 청양고추는 2cm 두께로 어슷하게 썬다.

3. 달군 팬에 식용유를 두르고 파프리카, 양파, 소금을 넣고 센 불에서 2분간 볶아 그릇에 덜어둔다.

4. ③의 팬을 다시 달군 후 ①의 닭다릿살을 넣어 중간 불에서 5분간 앞뒤로 뒤집어가며 굽는다.

소스의 비법 253쪽

5. 소스 재료와 청양고추를 넣고 센 불로 끓어오르면 중간 불로 줄여 닭고기를 뒤적이며 소스가 자작해지도록 약한 불에서 7분간 조린다.

6. 소스가 자작해지면 고추는 건지고 발사믹 식초를 넣어 3분간 뒤집어가며 조린다. 그릇에 담고 ③을 곁들인다.

스테이크 & 와인소스

2~3인분 / 30~40분

재료 및 분량
- 쇠고기 등심(또는 안심, 스테이크용, 두께 2cm) 400g
- 단호박 1/16개(60g)
- 브로콜리 1/10개(30g)
- 방울토마토 4개(40g)
- ★ 모든 채소는 동량으로 대체 가능

밑간
- 올리브유 2큰술
- 소금 1/2작은술
- 후춧가루 약간

와인소스
- 레드 와인 6큰술
- 발사믹 식초 4큰술
- 맛술 4큰술
- 우스터소스 4큰술
- 토마토케첩 4큰술

1. 쇠고기는 밑간 재료의 소금, 후춧가루를 앞뒤로 뿌린 후 밑간 재료인 올리브유를 앞뒷면에 골고루 발라 10분간 둔다. 단호박은 모양대로 얇게 썰고, 브로콜리는 한 입 크기로 썬다.

(고기에 올리브유 바르는 이유 253쪽)

2. 팬에 와인소스 재료를 넣고 섞어 중간 불에서 끓어오르면 약한 불로 줄여 10분간 반으로 줄어들 때까지 조린다.

(소스 농도는 주르륵 흐르는 정도가 좋아요.)

3. 팬을 연기가 나도록 센 불로 달군 후 쇠고기를 올리고 약한 불로 줄여 3분간 굽는다.

4. 뒤집어 다른 쪽 면을 굽는다. 이때 미디엄은 3분, 미디엄 웰던은 4분, 웰던은 5분간 굽는다. 다 구운 스테이크는 그릇에 담는다.

5. 팬을 닦은 후 단호박, 브로콜리, 방울토마토를 앞뒤로 뒤집어가며 중간 불에서 2분간 노릇하게 굽는다.

6. ④의 그릇에 스테이크와 ⑤의 구운 채소를 담고 ②의 와인소스를 뿌린다.

쌀국수샐러드

2~3인분 / 25~35분(+ 쌀국수 불리기 30분)

재료 및 분량
- 쌀국수 1줌(1mm 버미셀리, 50g)
- 냉동 생새우살 10마리
  (작은 사이즈, 50g)
- 파프리카 1/2개(100g)
- 샐러드 채소(또는 쌈채소) 100g

드레싱
- 홍고추 1/3개
- 청양고추 1/3개
- 설탕 2큰술
- 레몬즙 3큰술
- 피시소스(또는 멸치 액젓) 1큰술
- 칠리소스 1큰술
- 다진 마늘 1작은술

1
그릇에 쌀국수와 잠길 만큼의 찬물을 담아 30분간 불린다.

2
냉동 생새우살은 찬물(2컵)에 5분간 담가 해동한 후 체에 밭쳐 물기를 뺀다.

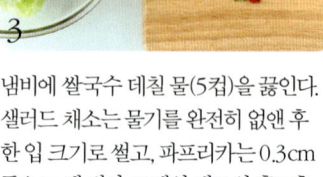

3
냄비에 쌀국수 데칠 물(5컵)을 끓인다. 샐러드 채소는 물기를 완전히 없앤 후 한 입 크기로 썰고, 파프리카는 0.3cm 폭으로 채 썬다. 드레싱 재료의 홍고추, 청양고추는 잘게 다진다.

4
볼에 드레싱 재료를 넣고 섞는다.

5
③의 끓는 물에 쌀국수를 넣어 센 불에서 10초간 데친다. 체로 건져 찬물에 헹군 후 체에 밭쳐 물기를 완전히 뺀다. 물은 계속 끓인다.

6
물기를 뺀 쌀국수는 4등분한다.

Cooking Note

쌀국수샐러드

★ **잘 붙지 않는 쌀국수, 버미셀리**

버미셀리는 가는 쌀국수로 다른 굵기의 쌀국수와는 다르게 잘 붙지 않아서 냉장고에 넣었다가 먹어도 식감이 변하지 않아요. 그래서 쌀국수 샐러드는 저녁에 만들어두었다가 바쁜 아침에 꺼내 든든하게 먹을 수 있지요. 또한 열량이 낮아 다이어트 한 끼 식사로도 손색이 없답니다.

와인 치킨조림

★ **와인 치킨조림의 소스 비법**

와인 치킨조림은 달콤하고 짭조름한 소스의 비율이 중요해요. 또한 소스의 비율대로 섞어 조린 다음 발사믹 식초를 넣어 새콤한 맛을 더해야 하지요. 발사믹 식초는 열에 약해 특유의 새콤한 맛이 날아갈 수 있으니 꼭 마지막 단계에 넣으세요.

★ **스테이크 고기에 올리브유를 바르는 이유**

쇠고기에 바르는 올리브유는 나쁜 지방 성분(포화지방)을 녹이는 역할을 해요. 때문에 쇠고기 밑간을 할 때 소금과 후춧가루로 간을 한 다음 앞뒷면으로 골고루 올리브유를 바르면 식감도 부드러워지고 나쁜 지방 성분도 없어지지요.

스테이크 & 와인소스

★ **스테이크 오븐에 굽기**

220℃로 예열한 오븐의 가운데 칸에 넣어 미디엄은 7분, 미디엄 웰던은 9분, 웰던은 11분간 구우면 돼요.

7
⑤의 끓는 물에 청주(1큰술)와 생새우살을 넣고 1분간 데친 후 체에 밭쳐 물기를 뺀 후 그대로 식힌다.

8
완성 그릇에 쌀국수와 샐러드 채소, 새우를 담고 ④의 드레싱을 곁들인다.

안동식 찜닭
어리굴젓
매생이 굴떡국

> 새로운 해의 첫날! 온 가족의 건강을 바라는 정성 가득한 상차림을 준비했어요. 겨울에만 맛 볼수 있는 매생이와 싱싱한 굴로 만드는 두 가지 요리, 매생이 굴떡국과 어리굴젓은 정말 맛있으니 꼭 만들어보세요. 안동식 찜닭도 쉽고 푸짐해 강력 추천하는 메뉴예요.

겨울 학기_5주차

세 가지 메뉴
한꺼번에 장보기

정육
- 닭(닭볶음탕용) 1kg

해산물
- 굴 2와 3/4컵(550g)
- 매생이 2컵(200g)

채소
- 감자 2개(400g)
- 양파 1개(200g)
- 무 지름 10cm, 두께 1.5cm(150g)
- 시금치 2줌(100g)
- 당근 1/3개(70g)
- 쪽파 10줄기(50g)
- 대파(흰 부분) 10cm
- 대파 10cm
- 마늘 5쪽
  (또는 다진 마늘 5작은술, 25g)
- 청양고추 4개

기타
- 떡국 떡 3컵(300g)
- 당면 2줌(200g)

세 가지 메뉴
한 끼에 차리기

안동식 찜닭	어리굴젓	매생이 굴떡국
● start		
	● 어리굴젓 완성해 하루 동안 숙성시키기	
● 당면 찬물에 담가 1시간 불리기		● 찬물에 다시마 담가 30분간 두기
● 감자, 당근, 양파, 대파, 시금치, 청양고추, 손질한 후 썰기 ● 닭 데칠 물 끓이기		● 대파 손질한 후 썰기
		● 매생이와 굴 손질해 체에 밭쳐 물기 빼기
● 닭 1분간 데치기 ● 냄비에 양념 재료 넣어 끓인 후 닭 넣고 10분간 끓이기		
● 감자, 당근 넣고 10분 더 끓이기		● 매생이 굴떡국 완성하기
● 시금치, 다진 마늘 넣고 끓여 안동식 찜닭 완성하기		
● finish		

어리굴젓

10회분 / 30~40분(+ 무 절이기 20분 + 굴 물기 빼기 1시간 + 숙성시키기 1일)

재료 및 분량
- 굴 2컵(400g)
- 무 지름 10cm, 두께 1.5cm(150g)
- 쪽파 10줄기(50g)
- 마늘 5쪽(또는 다진 마늘 5작은술, 25g)

무 절임
- 설탕 1/2작은술
- 소금 1/2작은술

양념
- 고춧가루 4큰술
- 멸치 액젓 2큰술
- 생강술 1큰술(또는 다진 생강 1/4작은술 + 청주 1큰술)
- 올리고당 2큰술

1
굴은 체에 밭쳐 물(8컵) + 소금(2큰술)에 넣고 살살 흔들어 씻은 후 2~3회 정도 헹군다. 체에 밭쳐 냉장고에 넣고 그대로 1시간 동안 물기를 뺀다.

2
무는 1.5×1.5×0.3cm 크기로 썬다. 볼에 절임 재료와 함께 넣고 버무려 20분간 절인 후 손으로 물기를 꼭 짠다.

3
쪽파는 3cm 길이로 썰고, 마늘은 가늘게 채 썬다.

> 고춧가루를 양념 재료와 섞어두면 고춧가루가 수분을 흡수해 무쳤을 때 물이 생기지 않아요.

4
큰 볼에 양념 재료를 넣고 섞어 5분간 그대로 둔다.

5
④의 볼에 무, 쪽파, 마늘을 넣고 골고루 섞은 후 굴을 넣고 가볍게 버무린다.

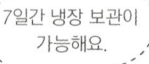

> 7일간 냉장 보관이 가능해요.

6
밀폐 용기에 담아 뚜껑을 덮고 냉장실에서 하루 동안 숙성시킨 후 먹는다.

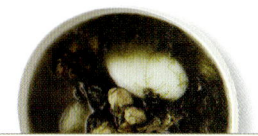

매생이 굴떡국

3~4인분 / 40~50분

재료 및 분량
- 매생이 2컵(200g)
- 굴 3/4컵(150g)
- 떡국 떡 3컵(300g)
- 참기름 1큰술
- 대파(흰 부분) 10cm

국물
- 다시마 5×5cm 2장
- 물 6컵(1.2ℓ)

양념
- 다진 마늘 1/2큰술
- 참치 액젓(또는 국간장) 1큰술
- 소금 1작은술
- 국간장 1작은술

> 멸치국물보다 다시마 국물로 끓여야 훨씬 깔끔한 맛을 낼 수 있어요.

1
볼에 국물 재료를 넣고 30분간 다시마 물을 우려낸다.

2
매생이는 체에 넣고 물에 담근 후 흔들어가며 이물질을 제거한다. 물을 4~5회 갈아가며 맑은 물이 나올 때까지 헹군 후 그대로 물기를 뺀다. 가위로 2~3등분한다.

3
작은 볼에 양념 재료를 넣고 섞는다. 대파는 0.3cm 두께로 송송 썬다. 굴은 체에 밭쳐 물(3컵) + 소금(1큰술)에 넣어 살살 흔들어 씻은 후 그대로 물기를 뺀다.

> 매생이는 마지막 단계에 넣어 살짝 끓이세요.

4
냄비에 참기름을 두르고 굴을 넣어 중간 불에서 2분간 볶은 후 ①의 국물을 넣어 센 불로 끓인다.

5
끓어오르면 떡국 떡을 넣고 다시 끓어오르면 중간 불로 줄여 3분간 더 끓인다.

6
매생이를 넣고 센 불로 올려 끓어오르면 중간 불로 줄여 2분간 끓인다. ③의 양념과 대파를 넣고 1분간 끓인다.

안동식 찜닭

3~4인분 / 50~60분 (+ 당면 불리기 1시간)

재료 및 분량
- 닭(닭볶음탕용) 1kg
- 당면 2줌(200g)
- 감자 2개(400g)
- 당근 1/3개(70g)
- 양파 1개(200g)
- 시금치 2줌(100g)
- 대파 10cm
- 청양고추 4개(또는 베트남 고추 7개)
- 다진 마늘 1큰술
- 참기름 1큰술

양념
- 설탕 2큰술
- 생강술 2큰술(또는 다진 생강 1/3작은술 + 청주 2큰술)
- 양조간장 3/5컵(약 120㎖)
- 올리고당 3/5컵(약 120㎖)
- 물 3컵(600㎖)
- 후춧가루 약간

1 볼에 당면과 잠길 만큼의 물을 담고 1시간 이상 불린다. 체에 밭쳐 물기를 뺀 후 가위를 이용해 10cm 길이로 자른다. 닭 데칠 물(7컵)을 끓인다.

2 ①의 끓는 물에 닭을 넣고 1분간 데친 후 체에 밭치고 찬물에 헹궈 그대로 물기를 뺀다.

3 감자, 당근은 1cm 두께의 모양대로 썰고 양파는 3×3cm 크기로 썬다.

4 시금치는 지저분한 잎을 떼어내 칼로 뿌리를 제거하고 큰 잎은 2등분한다. 흐르는 물에 씻은 후 체에 밭쳐 그대로 물기를 뺀다. 청양고추는 2cm, 대파는 4cm 길이로 어슷하게 썬다.

5 깊은 팬에 양념 재료, 청양고추를 넣고 센 불에서 끓어오르면 닭을 넣는다. 다시 끓어오르면 중간 불로 줄여 10분간 끓인다.

6 감자, 당근을 넣고 센 불에서 끓어오르면 중간 불로 줄여 10분간 끓인다.

Cooking Note

양파, 당면을 넣고 센 불로 올려 끓어오르면 중간 불로 줄여 4분간 끓인다.

대파를 넣고 2분, 시금치, 다진 마늘을 넣고 2분간 끓인 후 불을 끄고 참기름을 넣어 섞는다.

어리굴젓

★ 제철 재료, 굴 이야기

'바다의 우유'라 불릴 정도로 영양이 풍부하죠. 10~2월이 제철인 굴은 철분, 구리, 타우린 성분이 많아요. 굴은 빈혈 예방과 혈중 콜레스테롤 저하에도 효과적인 고단백 식품이지요.

장보기 빛깔이 밝고 선명하며 광택이 나고 탄력이 있는 것, 우윳빛인 것을 고르세요. 색이 선명하지 않고 흐린 것은 신선하지 않은 것입니다.

손질하기 소금물에 굴을 넣고 2~3회 흔들어 씻어요. 너무 많이 씻으면 굴 향이 없어지므로 주의하세요.

보관하기 지퍼백에 담아 2~3일간 냉장 보관이 가능하며 냉동 보관하면 육즙이 빠져 나와 좋지 않으니 먹을 만큼 구입해 최대한 빨리 먹는 것이 좋습니다.

★ 어리굴젓의 보관 기간

어리굴젓의 '어리'라는 뜻은 '덜 짠', '짜지 않은'이라는 의미를 지니고 있어요. 그래서 어리굴젓의 보관 기간은 길지 않아요. 어리굴젓을 담글 때 가장 중요한 포인트는 젓갈에 물이 생기지 않도록 하는 것이에요. 물이 생기면 비린내가 많이 나기 때문에 굴의 물기를 최대한 빼야 해요. 물기를 빼기 위해서 체에 밭친 채 냉장고에 하루 종일 두어도 돼요. 시간이 없다면 키친타월을 이용해 물기를 제거하는 것도 좋은 방법이랍니다. 어리굴젓에는 알이 굵은 대굴보다 자그마한 소굴이 진한 맛을 내기 때문에 더 좋아요

매생이 굴떡국

★ 제철 재료, 매생이 이야기

매생이

'실크 파래'라고도 부르는 매생이는 11~1월이 제철입니다. 생활습관병 예방과 피부 미용, 변비 예방에 효과가 있는 매생이는 고단백 저칼로리 식품으로 다이어트에도 도움을 주지요.

장보기 표면에 광택이 있고 짙은 녹색을 띠며 냄새가 나지 않는 것을 고르세요.

보관하기 밀폐 용기에 담아 3일간 냉장 보관이 가능하며 한 번 먹을 분량씩 지퍼백에 담아 6개월간 냉동 보관도 가능해요. 제철인 겨울에 구입해 냉동해두었다가 여름에 별미로 즐기세요.

겨울학기 6주차

매콤 쌀국수볶음
유린기
단호박샐러드

> 밖에서 먹는 비싼 음식보다 집에서 더 맛있게 만들어 외식하는 기분을 한껏 즐겨보세요.
> 다채로운 소스를 황금비율로 섞어 만든 개운한 쌀국수볶음과 부드럽고 바삭한 유린기,
> 식탁을 화사하게 만들어주는 초간단 단호박샐러드까지 함께 차린다면 충분하지요.
> 유린기는 채소를 곁들여 유린기샐러드로 활용해도 좋답니다.

겨울 학기_6주차

세 가지 메뉴
한꺼번에 장보기

정육
- 닭다릿살 4쪽(400g)

해산물
- 냉동 생새우살 4마리 (킹사이즈, 60g)
- 오징어 1마리(270g, 손질 후 180g)

채소
- 단호박 1/2개(400g)
- 고구마 1개(200g)
- 감자 1/2개(100g)
- 표고버섯 2개(50g)
- 양파 1/4개(50g)
- 숙주 4줌(200g)
- 청피망 1/3개(30g)
- 홍피망 1/3개(30g)
- 대파 10cm
- 청양고추 3개
- 홍고추 1개

식료품
- 달걀 3개

유제품
- 우유 2와 1/2컵(500㎖)
- 버터 1큰술

기타
- 쌀국수 2줌(7mm, 200g)

세 가지 메뉴
한 끼에 차리기

매콤 쌀국수볶음	유린기	단호박샐러드
start		
쌀국수 찬물에 담가 30분간 불리기	닭다릿살 손질해 밑간한 후 15분간 재우기	
새우 찬물에 담가 해동하기 / 오징어 손질하기		
숙주, 청피망, 홍피망, 표고버섯, 청양고추, 양파 손질한 후 썰기	홍고추, 청양고추, 대파 손질한 후 썰기	단호박, 고구마, 감자 손질한 후 썰기
양념 섞기	소스 섞기	
쌀국수 데칠 물 끓이기 / 달걀 풀기	튀김기름 170℃로 예열하기	단호박 샐러드 완성하기
쌀국수 데친 후 찬물에 헹궈 체에 밭쳐 물기 빼기	닭다릿살에 튀김옷 입혀 튀긴 후 키친타월에 올려 기름기 빼기	
매콤 쌀국수볶음 완성하기	완성 그릇에 닭튀김 담고 소스 곁들여 유린기 완성하기	
finish		

유린기

2~3인분 / 30~40분

재료 및 분량
- 닭다릿살 4쪽(400g)
- 달걀흰자 1개분
- 감자 전분 2/3컵(140g)
- 식용유 3컵(600㎖) + 3큰술

밑간
- 소금 1/3 작은술
- 청주 1큰술
- 후춧가루 약간

소스
- 홍고추 1개
- 청양고추 1개
- 대파 10cm
- 설탕 2큰술
- 식초 3큰술
- 양조간장 2큰술
- 청주 1큰술
- 굴소스 1작은술
- 다진 마늘 1작은술

> 달걀흰자를 넣으면 닭고기가 더 부드러워져요.

1 닭다릿살은 껍질과 기름을 제거한 후 3×3cm 크기로 썬다. 큰 볼에 밑간 재료와 함께 버무려 15분간 둔다.

2 소스 재료의 홍고추, 청양고추, 대파는 송송 썬다. 볼에 소스 재료를 넣고 섞는다.

3 냄비에 식용유(3컵)을 붓고 센 불에서 170℃(닭다릿살 하나를 넣었을 때 냄비 중간까지 가라앉았다가 2초 정도 후 바로 떠오르는 정도)로 끓인다. ①의 볼에 달걀흰자를 넣고 버무린다.

4 ③의 볼에 감자 전분과 식용유(3큰술)를 넣어 섞는다.

5 ③의 냄비에 닭다릿살을 넣고 4분간 튀긴 후 키친타월에 올려 기름기를 뺀다.

6 완성 그릇에 튀긴 닭을 담고 소스를 곁들인다.

단호박샐러드

2~3인분 / 30~40분

재료 및 분량
- 단호박 1/2개(400g)
- 고구마 1개(200g)
- 감자 1/2개(100g)
- ★ 모든 채소는 동량으로 대체 가능
- 우유 2와 1/2컵(500㎖)
- 설탕 2큰술
- 소금 1/2작은술
- 버터 1큰술

1 단호박은 숟가락으로 씨 부분을 깨끗이 긁어내고 껍질째 사방 3cm 크기로 썬다.

2 고구마와 감자는 껍질을 벗기고 고구마는 사방 2cm 크기, 감자는 사방 1cm 크기로 썬다.

3 냄비에 모든 재료를 넣고 뚜껑을 덮어 끓인다.

눌어붙지 않도록 중간중간 저으세요.

4 김이 나기 시작하면 중간 불에서 25분간 끓인다.

매콤 쌀국수볶음

2~3인분 / 30~40분(+ 쌀국수 불리기 30분)

재료 및 분량
- 쌀국수 2줌(7mm, 또는 10mm, 200g)
- 냉동 생새우살 4마리(킹사이즈, 60g)
- 오징어 1마리(270g, 손질 후 180g)
- 숙주 4줌(200g)
- 청피망 1/3개
  (또는 홍피망, 부추 1/2줌, 30g)
- 홍피망 1/3개(30g)

- 양파 1/4개(50g)
- 표고버섯 2개(50g)
- 청양고추 2개
- 달걀 2개
- 소금 1/4작은술
- 식용유 1큰술
- 고추기름 2큰술
- 다진 마늘 2작은술

양념
- 설탕 1큰술
- 피시소스(또는 까나리액젓) 1큰술
- 굴소스 2큰술
- 칠리소스 1큰술
- 레몬즙(또는 식초) 1작은술

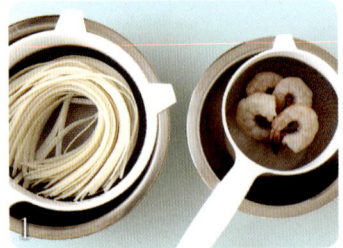

1
볼에 쌀국수와 따뜻한 물(3컵)
+ 찬물(1컵)을 넣고 30분간 불린 다음 체에 밭쳐 물기를 뺀다. 냉동 생새우살은 찬물(2컵)에 10분간 담가 해동한 후 체에 밭쳐 흐르는 물에 헹궈 물기를 뺀다.

2
손질한 오징어는 칼을 비스듬히 눕혀 몸통 안쪽에 세로 방향으로 0.3cm 간격 칼집을 넣고 가로 방향으로 0.3cm 간격 칼집을 1회 넣은 후 그 방향 그대로 써는 것을 반복한다. 지느러미는 2cm 폭으로, 다리는 5cm 길이로 썬다.

오징어 손질법 159쪽

3
숙주는 체에 밭쳐 흐르는 물에 씻은 후 그대로 물기를 뺀다. 피망, 양파는 0.2cm 폭으로 채 썰고, 표고버섯은 기둥을 제거한 후 0.3cm 두께로 채 썬다. 청양고추는 길게 반으로 썰어 씨를 빼고 0.2cm 폭으로 채 썬다.

4
냄비에 쌀국수 데칠 물(4컵)을 끓인다. 볼에 달걀과 소금을 넣고 푼다. 다른 볼에 양념 재료를 넣고 섞는다.

5
④의 끓는 물에 쌀국수를 넣고 10초간 데친 후 체에 밭쳐 찬물에 헹궈 그대로 물기를 뺀다.

6
달군 팬에 식용유를 두르고 달걀을 넣어 중약 불에서 그대로 30초 둔 후 젓가락으로 저어가며 1분~1분 30초간 익혀 그릇에 덜어둔다.

Cooking Note

⑥의 팬을 다시 달궈 고추기름을 두르고 다진 마늘, 양파, 청양고추를 넣어 중간 불에서 1분간 볶는다.
센 불로 올려 오징어, 새우를 넣고 2분, 표고버섯, 피망, ④의 양념을 넣고 1분간 볶는다.

중간 불로 줄여 쌀국수, 숙주를 넣고 30초, 달걀을 넣어 30초간 볶는다.

★ **쌀국수의 종류는 1, 3, 5, 7, 10!**

베트남 국수로 알려진 쌀국수는 식감이 부드럽고 잘 붇지 않아 요리에 다양하게 활용하기 좋아요. 쌀국수는 면의 굵기에 따라 1mm, 3mm, 5mm, 7mm, 10mm의 다섯 종류가 있어요. 종류에 따라 활용하면 좋은 요리가 다르지요.

1mm 버미셀리라고 불리며 샐러드로 활용하면 좋아요.
3mm, 5mm 주로 국물이 있는 면 요리에 사용해요.
7mm, 10mm 굵은 편이라 볶음 요리에 주로 사용해요. 면이 납작해 양념이 잘 배어 더욱 좋지요.

★ **쌀국수 불릴 시간이 없다면? 삶아도 돼요**

쌀국수를 불릴 시간이 부족하다면 불리는 대신 삶아도 됩니다. 중간 불에서 끓는 물(4컵)에 4분간 삶은 다음 체에 밭치고 찬물에 헹궈 그대로 물기를 빼세요. 다른 과정은 동일하게 진행하세요.

겨울학기 7주차

쇠고기장국
파래 무생채무침
매콤한 꽁치 무조림

> 한창 추운 겨울, 얼큰하고 뜨끈한 장국으로 추위를 녹여야죠. 든든한 쇠고기장국에 비린 맛이 적은 통조림 꽁치와 무를 매콤하게 조린 꽁치 무조림을 곁들이면 맛도 영양도 모두 챙길 수 있답니다. 겨울에만 먹을 수 있는 영양 만점 파래도 놓치면 안 되겠죠? 입맛을 돋워줄 수 있도록 새콤달콤하게 무쳐 즐기세요.

겨울 학기_7주차

세 가지 메뉴
한꺼번에 장보기

정육
- 쇠고기 양지머리 (또는 치맛살) 300g

해산물
- 파래 1과 1/2컵(200g)

채소
- 무 지름 10cm, 두께 5.5cm(550g)
- 삶은 얼갈이배추 300g
- 콩나물 2줌(100g)
- 표고버섯 2개(50g)
- 대파 20cm
- 풋고추 1개

기타
- 꽁치 통조림 1캔(250g)

세 가지 메뉴
한 끼에 차리기

쇠고기장국	파래 무생채무침	매콤한 꽁치 무조림
start		
쇠고기 손질해 밑간한 후 20분간 재우기	무 채 썰어 절임 재료에 20분간 재우기	무, 풋고추, 대파 손질한 후 썰기 무 15분간 삶기
콩나물, 삶은 얼갈이배추, 무, 표고버섯, 대파 손질한 후 썰기		꽁치 통조림 체에 밭쳐 국물 빼기
양념 섞기	양념 섞기	양념 섞기
쇠고기장국 끓여 완성하기	파래 손질한 후 물기 꼭 짜기	
	파래 무생채무침 완성하기	매콤한 꽁치 무조림 완성하기
finish		

쇠고기장국

3~4인분 / 1시간~1시간 10분

재료 및 분량
- 쇠고기 양지머리(또는 치맛살) 300g
- 콩나물 2줌(100g)
- 삶은 얼갈이배추 300g
- 무 지름 10cm, 두께 2cm(200g)
- 표고버섯 2개(50g)
- 대파 10cm
- 다시마 5×5cm 2장
- 물 10컵(2ℓ)
- 소금 약간(기호에 따라 가감)

밑간
- 소금 1/2작은술
- 다진 마늘 2작은술
- 참기름 2작은술
- 후춧가루 약간

양념
- 고춧가루 3큰술
- 다진 마늘 1큰술
- 국간장 2큰술
- 참치 액젓(또는 국간장) 2큰술
- 된장 2큰술
- 고추장 1큰술
- 소금 2/3작은술

1. 쇠고기는 키친타월로 감싸 핏물을 없애고 3×3×0.5cm 크기로 썬다. 볼에 밑간 재료와 함께 버무려 20분간 재워둔다. 다른 볼에 양념 재료를 넣고 섞는다.

2. 콩나물은 체에 받쳐 흐르는 물에 씻은 후 그대로 물기를 뺀다. 삶은 얼갈이배추는 흐르는 물에 헹궈 물기를 꼭 짠 후 밑동을 제거하고 4cm 길이로 썬다.

3. 무는 0.5cm 폭으로 채 썬다. 표고버섯은 기둥을 제거하고 0.5cm 두께로 썬다. 대파는 어슷 썬다.

> 고기를 볶을 때는 달궈지지 않은 팬에 넣어 볶으세요. 팬이 달궈지면서 고기의 표면이 살짝 익으면 잘 볶아지고, 국물이 깔끔해져요.

4. 달궈지지 않은 냄비에 ①의 쇠고기를 넣고 중간 불에서 2분, 얼갈이배추, 무, 표고버섯, ①의 양념을 넣고 1분간 볶는다.

5. 다시마, 물(10컵)을 넣고 센 불에서 끓어오르면 중간 불로 줄여 5분간 끓인 후 다시마를 건지고 뚜껑을 덮어 30분간 더 끓인다.

6. 콩나물을 넣고 뚜껑을 덮어 5분간 끓인 후 뚜껑을 열어 대파를 넣고 1분 더 끓인다. 부족한 간은 소금으로 더한다.

파래 무생채무침

3~4인분 / 30~40분

재료 및 분량
- 파래 1과 1/2컵(200g)
- 무 지름 10cm, 두께 1.5cm(150g)

무 절임
- 설탕 1큰술
- 식초 2큰술
- 물 2큰술
- 소금 1/2작은술

양념
- 통깨 1큰술
- 고춧가루 1큰술
- 양조간장 1큰술
- 식초 1큰술
- 참기름 1큰술
- 설탕 2작은술
- 다진 마늘 1작은술

> 절이면서 수분을 최대한 빼야 무친 후에도 물이 많이 생기지 않고 아삭아삭한 식감이 살아나요.

1 무는 0.3cm 두께의 편으로 썬 다음 다시 0.3cm 폭으로 채 썬다.

2 볼에 무와 무 절임 재료를 넣고 버무려 20분간 두었다가 물기를 꼭 짠다.

3 작은 볼에 양념 재료를 넣고 섞는다.

4 다른 큰 볼에 파래가 잠길 만큼의 물을 담고 파래를 체에 올린 다음 체를 살살 흔들어 떠오르는 이물질을 제거한다. 물을 3~4회 갈아가며 맑은 물이 나올 때까지 헹군다.

5 그대로 파래를 체에 밭쳐 물기를 뺀 다음 손으로 가볍게 짠다. 물기를 닦은 볼에 담고 가위를 이용해 5cm 길이로 자른다.

6 ⑤의 볼에 절인 무와 ③의 양념을 넣고 조물조물 무친다.

매콤한 꽁치 무조림

2~3인분 / 40~50분

재료 및 분량
- 꽁치 통조림 1캔(250g)
- 무 지름 10cm, 두께 2cm(200g)
- 풋고추 1개
- 대파 10cm
- 다시마 5×5cm
- 물 1과 1/4컵(250㎖)

양념
- 고춧가루 2큰술
- 설탕 1큰술
- 생강술 3큰술(또는 다진 생강 1/2작은술 + 청주 3큰술)
- 다진 마늘 1큰술
- 양조간장 1큰술
- 올리고당 1큰술
- 고추장 2큰술
- 참기름 1큰술
- 후춧가루 약간

1
무 삶을 물(5컵)을 끓인다. 무는 2cm 두께의 부채꼴로 썬다. 풋고추, 대파는 어슷 썬다.

2
①의 끓는 물에 무를 넣어 중간 불에서 15분간 삶은 후 체에 밭쳐 물기를 뺀다.

3
꽁치 통조림은 체에 밭쳐 국물을 뺀다. 볼에 양념 재료를 넣고 섞는다.

4
냄비에 다시마를 깔고 삶은 무와 꽁치를 올린 후 ③의 양념을 넣는다.

5
냄비 가장자리로 물(1과 1/4컵)을 부어 센 불로 끓어오르면 뚜껑을 열고 5분간 끓인 후 중간 불로 줄이고 뚜껑을 덮어 10분간 끓인다.

6
풋고추, 대파를 넣고 2분간 끓인다.

겨울학기 8주차

{ 파래자반볶음
샤부샤부 부대찌개
메추리알 버섯조림

> 얼큰한 부대찌개에 샤부샤부 고기를 넣어 깊은 맛을 더했어요.
> 반찬이 필요 없는 밥도둑 부대찌개라서 밑반찬으로 가볍게 먹을 수 있는
> 파래자반볶음과 메추리알 버섯조림이 잘 어울려요.

세 가지 메뉴
한꺼번에 장보기

정육
- 쇠고기 샤부샤부용 150g

해산물
- 마른 파래 25g

채소
- 익은 배추김치 1과 1/3컵(200g)
- 만가닥버섯 4줌(200g)
- 꽈리고추 20개(100g)
- 양파 1/3개(70g)
- 쑥갓 1/2줌(25g)
- 대파 20cm
- 청양고추 4개
- 풋고추 1/2개
- 홍고추 1/2개

난류
- 메추리알 25개(250g)

냉장 가공품 & 유제품
- 통조림 햄 1캔(작은 것, 200g)
- 프랑크 소시지 3개(150g)
- 두부 큰 팩 1/2모(찌개용, 150g)
- 슬라이스 치즈 2장(40g)

세 가지 메뉴
한 끼에 차리기

파래자반 볶음	샤부샤부 부대찌개	메추리알 버섯조림
● start		
		● 메추리알 삶아 한 김 식혀 껍질 벗기기
● 마른 파래 위생팩에 넣어 찢기	● 멸치국물 끓이기	
	● 통조림 햄, 프랑크 소시지, 배추김치, 쑥갓, 대파, 양파, 홍고추, 풋고추, 두부 손질한 후 썰기	● 만가닥버섯, 꽈리고추, 대파, 청양고추 손질한 후 썰기
	● 양념 섞기	
	● 냄비에 부대찌개 재료 돌려 담기	● 메추리알 버섯조림 완성하기
● 파래자반 볶음 완성하기	● 냄비에 멸치국물 붓고 끓여 완성하기	
● finish		

파래자반볶음

2~3 인분 / 10~20분

재료 및 분량
- 마른 파래 25g
- 참기름 1큰술
- 식용유 1/2큰술
- 통깨 1/2큰술
- 설탕 1/2큰술
- 소금 1/4작은술
- 올리고당 1큰술

1. 파래 가루가 날리지 않도록 큰 위생팩에 마른 파래를 넣고 손으로 잘게 뜯는다.

2. 달군 팬에 마른 파래를 넣고 약한 불에서 1분간 볶은 후 덜어둔다.

3. ②의 팬에 참기름과 식용유를 두르고 볶아둔 파래를 넣어 약한 불에서 1분간 볶는다. 불을 끄고 여열이 남았을 때 통깨, 설탕, 소금을 넣고 골고루 버무린다.

바삭하게 즐기려면 올리고당은 넣지 않아도 돼요.

4. 올리고당 1큰술을 넣고 버무려 완성한다.

샤부샤부 부대찌개

2~3인분 / 40~50분

재료 및 분량
- 쇠고기 샤부샤부용 (또는 불고기용) 150g
- 통조림 햄 1캔(작은 것, 200g)
- 프랑크 소시지 3개(150g)
- 익은 배추김치 1과 1/3컵(200g)
- 쑥갓 1/2줌(25g)
- 양파 1/3개(70g)
- 대파 10cm

- 홍고추(또는 풋고추) 1/2개
- 풋고추(또는 홍고추) 1/2개
- 두부 큰 팩 1/2모(찌개용, 150g)
- 슬라이스 치즈 2장(40g)

국물
- 국물용 멸치 10마리(10g)
- 다시마 5×5cm
- 물 6컵(1.2ℓ)

양념
- 고춧가루 2큰술
- 다진 마늘 2큰술
- 생강술 2큰술(또는 다진 생강 1/3작은술 + 청주 2큰술)
- 참치 액젓 2큰술
- 양조간장 1큰술
- 고추장 1큰술
- 설탕 1작은술
- 소금 1/3작은술
- 후춧가루 약간

> 완성된 국물의 양은 5컵(1ℓ)이며 부족한 경우 물을 더하세요.

1 냄비에 국물 재료를 넣고 센 불에서 끓어오르면 중약 불로 줄여 5분, 다시마를 건져 10분간 더 끓인 후 멸치를 건지고 불을 끈다. 볼에 양념 재료를 넣고 섞는다.

2 쑥갓은 체에 밭쳐 흐르는 물에 씻어 그대로 물기를 뺀 후 4cm 길이로 썬다. 양파는 0.5cm 두께로 채 썰고, 고추와 대파는 어슷 썬다. 두부는 길이로 2등분해 1cm 두께로 썬다.

3 쇠고기는 키친타월로 감싸 핏물을 제거한다. 배추김치는 길게 2등분한 후 2cm 폭으로 썬다. 통조림 햄은 2등분한 후 0.7cm 두께로 썰고, 소시지는 0.5cm 두께로 어슷 썬다.

4 전골냄비에 김치를 넣고 햄, 소시지, 두부, 양파, 대파, 고추를 돌려 담은 뒤 ①의 양념을 넣는다.

5 ①의 국물을 붓고 센 불에서 끓어오르면 중간 불로 줄여 7분간 끓인다.

6 쇠고기를 넣고 고기가 익으면 슬라이스 치즈를 넣어 끓어오르면 1분간 더 끓인 후 쑥갓을 넣고 30초간 끓인다.

메추리알 버섯조림

3~4인분 / 30~40분

재료 및 분량
- 메추리알 25개(250g)
- 만가닥버섯 4줌
  (또는 새송이버섯 2와 1/2개, 200g)
- 꽈리고추 20개(100g)
- 대파 10cm
- 청양고추(또는 마른 고추) 4개
- 통깨 2작은술

국물
- 설탕 1큰술
- 양조간장 3큰술
- 맛술 1큰술
- 다시마 5×5cm 2장
- 물 1과 1/2컵(300㎖)

> 메추리알을 삶을 때 식초를 1작은술 넣으면 알과 껍데기의 분리가 쉬워져요. 또한 메추리알을 밀폐 용기에 담아 물 3큰술을 넣고 흔들면 껍질을 쉽게 벗길 수 있어요.

1
냄비에 메추리알, 소금(1작은술), 식초(1작은술), 잠길 만큼의 물을 붓고 센 불에서 끓어오르면 6분간 삶는다.

2
찬물에 담가 한 김 식힌 후 껍데기를 벗긴다.

3
꽈리고추는 큰 것은 반으로 썰고, 만가닥버섯은 밑동을 제거하여 결대로 찢는다. 대파, 청양고추는 2cm 길이로 썬다.

4
냄비에 국물 재료를 넣어 섞은 후 만가닥버섯, 청양고추, 대파를 넣고 센 불에서 5분간 끓인다. 다시마를 건져내고 5분간 더 끓인다.

5
메추리알을 넣고 끓어오르면 6분간 더 끓인다.

6
꽈리고추를 넣고 2분간 조린 후 불을 끄고 통깨를 넣어 섞는다.

겨울학기
설날
9주차

녹두전
김치 고기만두 & 만두전골
호박식혜

" 가족이 모두 모이는 설 명절, 설맞이 음식을 준비해볼까요? 모두 둘러앉아 만두를 함께 빚고, 채소를 듬뿍 넣어 반죽한 녹두전을 바삭하게 부치면 정겨운 이야기 소리와 고소한 냄새가 집 안에 가득해지지요. 디저트는 정성이 듬뿍 들어간 빛깔 고운 호박식혜가 잘 어울린답니다. "

겨울 학기_9주차

세 가지 메뉴
한꺼번에 장보기

정육
- 다진 쇠고기 200g
- 다진 돼지고기 200g
- 돼지고기 삼겹살 150g

채소
- 익은 배추김치 3과 1/3컵(500g)
- 단호박 1/2개(400g)
- 숙주 7줌(350g)
- 간 녹두 1컵
  (불리기 전 160g, 불린 후 340g)
- 양파 약 1과 1/2개(290g)
- 알배기배춧잎 3장(90g)
- 표고버섯 2개(50g)
- 쑥갓 2줄기(10g, 생략 가능)
- 대파(흰 부분) 20cm
- 대파 10cm
- 풋고추 1/3개
- 홍고추 1과 1/3개

난류
- 달걀 2개

냉장 가공품
- 두부 작은 팩 2모(부침용, 420g)

기타
- 멥쌀 1컵(160g)
- 떡국 떡 1과 1/2컵(150g)
- 시판 엿기름 1컵(120g)
- 멥쌀가루 1/2컵(65g)
- 만두피(지름 8cm) 80장

세 가지 메뉴
한 끼에 차리기

녹두전	김치 고기만두 & 만두전골	호박식혜
● start		
		● 호박식혜 완성해 냉장실에 넣어두기
● 녹두 불리기 ● 녹두 껍질 벗겨 물 넣고 갈기	● 만두 소 재료 만들어 김치 고기만두 빚기	
	● 만두전골에 쓸 멸칫국물 끓이기	
● 대파, 양파, 홍고추, 쑥갓, 김치, 돼지고기 손질한 후 썰기 ● 숙주 데칠 물 끓이기	● 알배기배춧잎, 대파, 홍고추, 풋고추, 양파, 표고버섯 손질한 후 썰기	
● 돼지고기, 김치, 양파, 대파 버무린 후 볶아 한 김 식히기 ● 숙주 데쳐 썰기	● 전골냄비에 만두전골 재료 돌려 담기 ● 양념 섞기	
● 녹두전 반죽 만들어 노릇하게 구워 완성하기	● 전골냄비에 멸칫국물과 양념 넣고 끓여 완성하기.	
● finish		

김치 고기만두

80개분 / 1시간 30분~1시간 40분

재료 및 분량
- 만두피(지름 8cm) 80장
  (만드는 법 279쪽)
- 다진 쇠고기 200g
- 다진 돼지고기 200g
- 두부 작은 팩 2모(부침용, 420g)
- 숙주 4줌(200g)
- 익은 배추김치 2컵(300g)
- 달걀 2개

양념
- 다진 대파(흰 부분) 1큰술
- 통깨 2큰술
- 다진 마늘 1큰술
- 생강술 1큰술(또는 다진 생강 1/4작은술 + 청주 1큰술)
- 양조간장 1큰술
- 참기름 4큰술
- 설탕 1큰술
- 소금 2작은술
- 후춧가루 약간

1 숙주 데칠 물(5컵)을 끓인다. 볼에 양념 재료를 모두 넣어 섞는다.

2 다진 쇠고기, 다진 돼지고기는 키친타월로 감싸 핏물을 없애고 ①의 볼에 넣는다. 두부는 칼날 옆면으로 눌러 곱게 으깬 다음 젖은 면포로 감싸 물기를 꼭 짠 후 ①의 볼에 넣는다.

3 숙주는 체에 밭쳐 흐르는 물에 씻은 후 ①의 끓는 물에 넣고 30초간 데친다. 체에 밭쳐 물기를 뺀 후 그대로 식혀 물기를 꼭 짜고 2cm 길이로 썰어 ②의 볼에 넣는다.

4 배추김치는 소를 털어내고 잘게 다져 물기를 꼭 짠 후 ③의 볼에 넣는다.

5 달걀을 넣고 섞어 3~4분간 충분히 치댄다.

6 만두피에 만두소 2작은술을 올리고 만두피를 반으로 접어 만두소를 가볍게 누른다. 안에 남아 있는 공기를 빼며 만두피 가장자리를 꾹꾹 눌러 붙인다.

Cooking Note

★ 만두피 만들기

재료 및 분량(지름 8cm, 80개분)
밀가루 4컵(강력분, 400g), 소금 2작은술, 식용유 2큰술, 물 1/2컵(100㎖)

1 볼에 밀가루, 소금을 넣고 섞은 후 식용유, 물을 넣고 반죽해 한 덩어리로 만든다.
2 위생팩에 넣어 냉장실에서 1시간 숙성시킨다.
3 8g씩 지름 2cm 정도로 떼어내 동그랗게 만든다.
4 손가락으로 눌러 납작하게 만든 후 밀대로 민다.

★ 완성한 만두 냉동 보관법

수제 만두는 찜기에 쪄서 얼음물에 담갔다가 건져 물기를 제거한 후 쟁반에 펼쳐 냉동하세요. 꽁꽁 얼면 지퍼백에 담아 3개월간 냉동 보관 가능합니다. 혹은 만두소를 냉동 보관했다가 해동해 시판 만두피로 바로 빚어 먹는 것도 좋지요.

> 만두를 담아두는 그릇에 밀가루를 얇게 펴 바르고 만두를 담은 뒤 마르지 않도록 마른 면포로 덮어두면 좋아요.

7 만두의 양쪽 끝을 모아 꾹꾹 눌러 만두를 빚는다. 찜기의 1/2 지점까지 물을 붓고 뚜껑을 덮어 센 불에 끓인다.

8 찜 판에 젖은 면포를 깔고 만두를 겹치지 않게 올린 후 찜기에 넣고 뚜껑을 덮어 중간 불에서 11~13분간 만두피가 투명해질 때까지 찐다.

만두전골

3~4인분 / 30~40분

재료 및 분량
- 김치 고기만두 10개
  (500g, 만드는 법 278쪽)
- 알배기배춧잎 3장
  (또는 배춧잎 2장, 90g)
- 대파 10cm
- 홍고추(또는 풋고추) 1/3개
- 풋고추(또는 홍고추) 1/3개
- 양파 1/3개(70g)
- 표고버섯 2개(50g)
- 떡국 떡 1과 1/2컵(150g)

국물
- 국물용 멸치 10마리(10g)
- 양파 1/3개(70g)
- 다시마 5×5cm 2장
- 물 8컵(1.6ℓ)

양념
- 다진 마늘 1큰술
- 국간장 1큰술
- 참치 액젓(또는 국간장) 1큰술
- 맛술 1큰술
- 소금 1작은술
- 후춧가루 약간

완성된 국물의 양은 7컵(1400㎖)이며 부족한 경우 물을 더하세요.

1 냄비에 국물 재료를 넣고 센 불에서 끓어오르면 중약 불로 줄여 5분, 다시마를 건져내고 15분간 더 끓인 후 나머지 재료를 건진다.

2 알배기배춧잎은 1.5×5cm 크기로 썬다. 대파, 고추는 어슷 썬다. 양파는 0.5cm 두께로 채 썬다.

3 표고버섯은 기둥을 제거하고 0.3cm 두께로 썬다. 볼에 양념 재료를 넣고 섞는다.

4 전골냄비에 모든 재료를 돌려 담고 ①의 국물(7컵)을 부은 다음 ③의 양념을 넣어 센 불에서 끓어오르면 중간 불로 줄여 5분간 끓인다.

호박식혜

20회분 / 50~60분(+ 엿기름 가라앉히기 10시간 + 밥알 띄우기 6시간)

재료 및 분량
- 단호박 1/2개(400g)
- 시판 엿기름 1컵(120g)
- 멥쌀 1컵(160g)
- 설탕 1/4컵 + 1컵
- 물 20컵(4ℓ)
- 소금 1/2작은술

> 가라앉은 엿기름 앙금이 들어가면 국물이 텁텁하고 식혜가 검게 되니 주의하세요.

1
망주머니에 엿기름을 넣어 볼에 담은 후 물(10컵)을 넣고 손으로 주물러 뽀얀 물을 큰 통에 따라둔다. 물(5컵)을 붓고 주물러 뽀얀 물이 나오면 큰 통에 붓는 것을 2~3회 반복한다. 10시간 동안 그대로 두어 엿기름과 웃물을 나눈다.

2
멥쌀은 흐르는 물에 여러 번 씻어 전기밥솥에 물(1컵)과 함께 넣고 고슬고슬하게 밥을 한다. 밥솥에 ①의 웃물(맑은 엿기름물)을 붓고 설탕 (1/4컵)을 넣어 보온으로 6시간 둔다.

3
찜기의 1/3 지점까지 물을 붓고 뚜껑을 덮어 센 불에서 끓인다. 단호박은 반을 썰어 가운데 씨 부분을 숟가락으로 긁어낸다.

> 완전히 식으면 바로 먹을 것은 냉장고에, 두고 먹을 것은 냉동실에 보관하세요. 7일간 냉장 보관, 3개월간 냉동 보관이 가능해요.

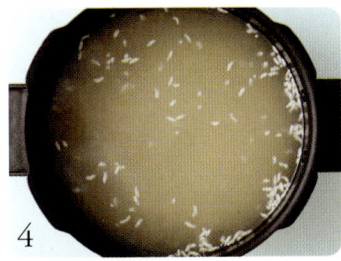

4
밥알이 30알 정도 떠오르면 식혜 발효가 잘된 것으로 밥솥에서 꺼내 큰 냄비로 옮긴다.

5
믹서에 찐 단호박과 ④의 식혜(3컵)를 넣어 곱게 간다.

6
④의 큰 냄비에 ⑤를 넣고 소금, 설탕 (1컵)을 넣어 센 불에서 끓어오르면 중간 불로 줄여 10분간 끓인 후 식힌다. 거품은 걷어낸다.

녹두전

4인분 / 50~60분 (+ 녹두 불리기 5시간)

재료 및 분량
- 깐 녹두 1과 1/2컵
  (불리기 전 240g, 불린 후 460g)
- 돼지고기 삼겹살(또는 목살) 150g
- 익은 배추김치 1과 1/3컵(200g)
- 대파(흰 부분) 10cm
- 양파 3/4개(150g)
- 숙주 3줌(150g)
- 식용유 1큰술 + 4큰술
- 멥쌀가루 1/2컵
  (또는 찹쌀가루, 65g)
- 홍고추 1개(생략 가능)
- 쑥갓 2줄기(10g, 생략 가능)

밑간
- 설탕 1큰술
- 소금 2작은술
- 다진 마늘 2큰술
- 생강술 3큰술(또는
  다진 생강 1/2작은술+청주 3큰술)
- 양조간장 1큰술
- 참기름 2큰술
- 후춧가루 약간

1 녹두는 씻어 넉넉한 물을 부어 냉장실에서 5시간 이상 불린다.

2 불린 녹두는 손으로 비벼가며 껍질을 벗기고 믹서에 물 1과 1/4컵을 넣어 함께 간다.

3 돼지고기는 2cm 두께로 썰고 배추김치는 양념을 털어내 꼭 짠 후 1×1cm 크기로 썬다. 대파는 0.3cm 두께로 송송 썰고 양파는 사방 0.5cm 크기로 다진다.

4 큰 볼에 밑간 재료를 넣어 섞은 후 배추김치, 돼지고기, 대파, 양파를 넣고 섞는다. 숙주 삶을 물(5컵)을 끓인다.

5 팬에 식용유 1큰술을 두르고 ④를 중간 불에서 5분간 볶아 한 김 식힌다.

6 숙주는 체에 밭쳐 흐르는 물에 씻은 후 ④의 끓는 물에 30초간 데친 후 찬물에 헹궈 2cm 길이로 썬다.

Cooking Note

반죽은 국자로 떨어뜨려 보았을 때 뚝뚝 떨어지는 정도가 좋아요.

7

간 녹두에 ⑤와 데친 숙주를 넣고 섞은 후 멥쌀가루를 넣어 되직한 농도로 반죽한다.

녹두전은 두툼하게 부쳐야 맛있어요. 반죽을 너무 얇게 펴지 마세요.

8

뜨겁게 달군 팬에 식용유 4큰술을 두르고 반죽을 한 국자씩 올려 지름 10cm 크기로 편다. 홍고추는 어슷 썰고 쑥갓은 작은 잎을 골라 올려 중약 불에서 3분, 뒤집어서 2분간 노릇하게 굽는다.

녹두전

★ **녹두 대신 두부로 대체하기**

녹두는 보관이 어렵고 손질이 번거로운 식재료예요. 고소한 맛의 녹두전도 맛있지만, 만들기가 번거롭다면 두부를 활용해보세요. 두부 큰 팩 1모를 잘 으깬 후 녹두 대신 넣어 두부전을 만들면 됩니다. 부드럽고 담백해 또 다른 별미지요.

★ **부침개 예쁘게 부치는 방법**

녹두전이나 김치부침개 등 전류를 부칠 때 가장 어려워하는 부분이 부침개를 뒤집는 과정이에요. 자칫하면 찢어지기 쉽고, 너무 늦게 뒤집어 태우기도 하지요. 부침개가 잘 찢어지는 이유는 수분 때문입니다. 수분 함량이 많을수록 전이 부드러워 바삭하게 구워지지 않아 뒤집기가 어려운 것이지요. 탄수화물 성분이 많을수록 바삭하게 구워지니 너무 묽지 않게 반죽을 잘 만들어야 부침개를 예쁘게 부칠 수 있어요. 또한 팬을 충분히 달군 후 반죽을 올리세요. 뜨거운 팬에서 반죽이 바로 익으면서 표면이 바삭해져 한 번에 뒤집어진답니다. 한 가지 더! 부침개 뒤집기가 잘 되지 않는다면 어느 정도 익은 후 팬째로 흔들어 전이 움직일 때 뒤집어보세요. 팬에서 부침개가 움직인다는 것은 바닥이 잘 익었다는 것이므로 더 쉽게 뒤집을 수 있답니다.

호박식혜

★ **시판 엿기름 잘 고르기**

엿기름은 보리에 싹을 틔운 후 말려 가루로 만든 것으로 엿기름으로 조청을 만들고, 조청을 더 끓이면 엿이 되지요. 식혜를 만들 때 꼭 필요한 엿기름은 대형 마트에서 쉽게 구입할 수 있습니다. 시판 엿기름을 고를 때는 미세하게 보이는 푸른색의 싹과 하얀 가루가 많은지 확인하세요. 생각보다 어렵지 않은 식혜! 호박을 넣지 않고 일반 식혜로 만들어도 맛있으니 오늘 마트에서 엿기름을 구입해 도전해보세요!

겨울학기 10주차

{ 맥적
채소 들깨소스 무침
홍합 굴짬뽕

> 굴과 홍합이 풍성한 겨울의 대표적인 별미인 홍합 굴짬뽕을 소개합니다.
> 비타민을 넉넉히 보충해줄 고소한 채소 들깨소스 무침과 우리나라 최초의 불고기인 맥적을
> 곁들이면 주말 별식이나 손님 초대 요리로 참 좋답니다.

겨울 학기_10주차

세 가지 메뉴
한꺼번에 장보기

정육
- 돼지고기 안심 400g

해산물
- 오징어 1마리(270g)
- 홍합 10~12개(200g)
- 굴 1/2컵(100g)

채소
- 알배기배춧잎 7장
  (손바닥 크기, 200g)
- 부추 3줌(150g)
- 시금치 2줌(100g)
- 파프리카 2/3개
- 양파 1/3개(70g)
- 달래 1줌(50g)
- 상추 5장(50g)
- 애호박 1/4개(50g)
- 당근 1/4개(50g)

기타
- 생소면 500g

세 가지 메뉴
한 끼에 차리기

맥적	채소 들깨소스 무침	홍합 굴짬뽕
● start		
달래, 부추, 돼지고기 손질한 후 썰기 / 볼에 맥적 양념 재료 섞은 후 채소와 돼지고기 버무려 30분간 재우기		멸칫국물 끓이기
	부추, 상추, 파프리카 손질한 후 썰기	양파, 당근, 애호박, 알배기배춧잎, 시금치 손질한 후 썰기
	양념 섞기	양념 섞기
		홍합, 굴, 오징어 손질하기
맥적 구워 완성하기		면 삶을 물 끓이기
		면 삶아 찬물에 헹궈 체에 밭쳐 물기 빼기
	채소 들깨소스 무침 완성하기	홍합 굴짬뽕 완성하기
● finish		

맥적

2~3인분 / 20~30분 (+ 돼지고기 안심 재우기 30분)

재료 및 분량
- 돼지고기 안심 400g
- 달래 1줌(또는 부추, 50g)
- 부추 1줌(또는 달래, 50g)
- 식용유 1큰술

양념
- 양파 1/3개(70g)
- 설탕 1큰술
- 통깨 1큰술
- 다진 마늘 1큰술
- 생강술 2큰술(또는 다진 생강 1/3작은술 + 청주 2큰술)
- 맛술 2큰술
- 올리고당 3큰술
- 된장 3큰술 (집 된장 2와 1/2큰술)
- 참기름 1큰술
- 후춧가루 약간

1
돼지고기 안심은 키친타월로 감싸 핏물을 없애고 0.7cm 두께로 썰어 칼로 두들긴다.

달래 손질법 21쪽

2
달래는 깨끗이 손질해 알뿌리 부분을 칼날 옆면으로 눌러 으깬다. 부추는 시든 잎을 제거하고 흐르는 물에 씻어 체에 밭쳐 물기를 뺀다.

3
달래와 부추는 0.7cm 길이로 썬다. 큰 볼에 양념 재료를 넣어 섞은 후 달래와 부추를 넣고 섞는다.

하룻밤 두면 간이 잘 배고 숙성되어 더욱 좋아요.

4
③의 볼에 돼지고기 안심을 넣고 버무려 냉장실에 30분간 넣어둔다.

220℃(미니 오븐 동일)로 예열된 오븐의 가운데 칸에 넣고 10분간 구워도 좋아요.

5
달군 팬에 식용유를 두르고 ④를 넣어 중약 불에서 3분간 굽고 고기를 뒤집어 2~3분간 굽는다.

채소 들깨소스 무침

2~3인분 / 10~20분

재료 및 분량
- 부추 2줌(100g)
- 상추 5장(또는 쌈 채소, 50g)
- 파프리카 2/3개(140g)

양념
- 설탕 2큰술
- 들깻가루 2큰술
- 식초 2큰술
- 올리브유 3큰술
- 소금 1작은술

1. 부추는 시든 잎을 제거하고 흐르는 물에 씻은 후 체에 밭쳐 물기를 빼고 5cm 길이로 썬다. 파프리카는 0.3cm 두께로 채 썬다.

2. 상추는 길게 2등분해 1cm 두께로 썬다.

3. 볼에 양념 재료를 넣고 섞는다.

4. ③의 볼에 모든 채소를 넣고 가볍게 버무린다.

홍합 굴짬뽕

3~4인분 / 50~60분

재료 및 분량
- 생소면 500g
- 홍합 10~12개(200g)
- 오징어 1마리(270g, 손질 후 180g)
- 굴 1/2컵(100g)
- 양파 1/3개(70g)
- 당근 1/4개(50g)
- 애호박 1/4개(50g)
- 알배기배춧잎 7장
  (또는 배추 5장, 손바닥 크기, 200g)

- 시금치 2줌
  (또는 부추 30g, 청경채 3개) 100g
- 고추기름 2큰술
- 다진 마늘 2큰술
- 참기름 1/2작은술

국물
- 국물용 멸치 10마리
- 다시마 5×5cm
- 물 7컵(1.4ℓ)

양념
- 고운 고춧가루 3큰술
- 참치 액젓 2큰술
- 청주 2큰술
- 양조간장 1/2큰술
- 굴소스 1큰술
- 설탕 2작은술
- 소금 1작은술

> 완성된 국물의 양은 6컵(1.2ℓ)이며 부족한 경우 물을 더하세요.

1. 냄비에 국물 재료를 넣고 센 불에서 끓어오르면 중약 불로 줄여 5분, 다시마를 건져내고 10분간 더 끓인 후 멸치를 건져 볼에 덜어둔다.

> 홍합 손질법 289쪽
> 오징어 손질법 159쪽

2. 손질한 오징어 몸통은 길이로 2등분한 후 1cm 폭으로 썬다. 지느러미는 1cm 폭으로 썰고 다리는 5cm 길이로 썬다. 홍합은 손질해 씻은 후 체에 받쳐 물기를 뺀다.

3. 굴은 체에 받쳐 물(3컵) + 소금(1큰술)에 넣어 살살 흔들어 씻은 후 헹궈 그대로 물기를 뺀다. 볼에 양념 재료를 넣고 섞는다.

4. 양파, 당근은 0.5cm, 애호박은 0.7cm 두께로 채 썬다. 시금치는 지저분한 잎을 떼어내고 칼로 뿌리를 제거한 후 2등분해 씻어 물기를 뺀다. 알배기배춧잎 줄기는 폭 1cm, 잎은 폭 2cm로 썬다.

5. 냄비에 면 삶을 물(15컵)을 끓인다. 깊은 팬을 달궈 고추기름을 두르고 다진 마늘을 넣어 중간 불에서 30초간 볶는다. 양파, 당근, 애호박, 알배기배춧잎을 넣고 센 불로 올려 3분 더 볶는다.

> 매콤하게 즐기려면 청양고추 2개를 송송 썰어 넣어도 좋아요.

6. 홍합, 오징어, 굴을 넣고 1분, ③의 양념을 넣고 1분간 볶는다. ①의 국물을 붓고 센 불에서 끓어오르면 2분간 끓인다.

Cooking Note

★ 제철 재료, 홍합 이야기

10~12월이 제철인 홍합은 이른 겨울부터 봄까지 가장 맛이 좋아요. 속살에 푸른빛이 도는 것이 수놈, 붉은빛인 것이 암놈이에요. 수놈보다는 암놈이 더 크고 감칠맛이 좋은 편이지요.

장보기 껍데기가 손질된 것을 구입하세요. 상처가 없으며 껍데기에서 윤기가 나고 나쁜 냄새가 나지 않는 것을 고르세요.

손질하기
1 소금물에 넣고 껍데기끼리 비벼가며 흔들어 씻는다.
2 수염은 가위로 자른다.

보관하기 지퍼백에 담아 2~3일간 냉장 보관이 가능해요. 살짝 데친 후 살만 발라내어 국물과 함께 지퍼백에 담아두면 1개월간 냉동 보관할 수 있습니다.

★ 짬뽕 국물 맛 내는 비법

채소부터 넣어 볶는 것이 중요해요. 채소를 볶으면서 나오는 물로 해산물을 볶으면 짬뽕 국물 맛을 낼 수 있어요. 이렇게 재료를 조리하는 순서에 따라 맛이 확 달라지니 신기하죠? 또한 굵은소금으로 간을 맞춰야 국물이 깔끔하답니다.

시금치를 넣고 1분간 끓인 후 참기름을 넣고 불을 끈다.

⑤의 끓는 물에 생소면을 넣고 포장지에 적힌 시간대로 삶는다. 삶은 면은 체에 밭쳐 찬물에 헹군 후 물기를 뺀다. 각자의 그릇에 소면을 담고 ⑦을 나눠 담는다.

겨울학기
정월대보름
11주차

말린 취나물볶음
말린 고구마줄기볶음
호박고지나물
말린 가지나물볶음

보름나물
보름잡곡밥

> 새로운 해의 첫 보름달이 뜨는 정월대보름에는 풍년과 무사태평을 기원하는 뜻에서 다섯 가지 곡식(쌀, 조, 수수, 팥, 콩)으로 지은 오곡밥과 말려두었던 묵은 나물을 먹는 풍습이 있어요. 영양이 가득한 보름잡곡밥에 재료 고유의 맛을 살린 네 가지 나물을 함께 드시고, 새해에도 건강하세요!

세 가지 메뉴
한꺼번에 장보기

채소
- 호박고지 60g(불린 후 200g)
- 말린 고구마줄기 25g
  (삶은 고구마줄기 200g)
- 말린 취나물 20g
  (불린 취나물 120g)
- 말린 가지 20g(불린 가지 150g)

기타
- 멥쌀 1과 1/2컵
  (불린 쌀 2컵, 약 220g)
- 잡곡 1컵(약 150g)

세 가지 메뉴
한 끼에 차리기

- 보름나물
- 보름잡곡밥

start
- 각각의 말린 나물 씻어 불리기
- 멥쌀과 잡곡 불리기

- 각각의 말린 나물 삶기
- 각각의 양념 섞기

- 잡곡밥 완성하기

- 각각의 양념에 나물 버무려 볶아 완성하기

finish

보름잡곡밥 & 호박고지나물

3~4인분 / 25~35분(+ 멥쌀, 잡곡 불리기 30분)
2~3인분 / 10~20분(+ 호박고지 불리기 3~4시간)

보름잡곡밥
재료 및 분량
- 멥쌀 1과 1/2컵(불린 쌀 2컵, 약 220g)
- 잡곡 1컵(약 150g)
- 물 4컵(800㎖)
- 소금 2작은술

호박고지나물
재료 및 분량
- 호박고지 60g(불린 후 200g)
- 통깨 약간
- 참기름 1큰술

양념
- 들깻가루 1큰술
- 국간장 1과 1/2큰술
- 식용유 1큰술
- 들기름 1큰술
- 다진 마늘 2작은술
- 다진 대파 4작은술

→ **보름잡곡밥 만들기**

전기 압력밥솥으로 밥을 짓는다면 물을 3과 1/2컵(700㎖)으로 줄이세요.

1 멥쌀과 잡곡은 흐르는 물에 여러 번 씻은 후 볼에 담아 잠길 만큼의 물을 붓고 30분간 불린 후 체에 밭쳐 물기를 뺀다.

2 냄비에 ①과 물(4컵), 소금을 넣고 센 불에서 바글바글 끓어오르면 약한 불로 줄인다.

3 뚜껑을 덮어 약한 불에서 10분, 불을 끄고 그대로 10분간 뜸을 들인다.

→ **호박고지나물 만들기**

충분히 불려 부드러워지면 볶는 시간이 줄어요. 만약 덜 불었다면 물을 조금씩 넣어가며 부드러워질 때까지 볶으세요.

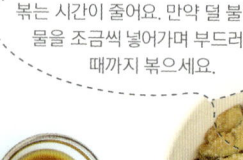

1 호박고지는 찬물에 한 번 헹군 후 미지근한 물(뜨거운 물 1컵 + 찬물 4컵)에 3~4시간 불려 보들보들해지면 찬물에 두 번 헹구고 체에 밭쳐 물기를 뺀다.

2 불린 호박고지는 손으로 물기를 꼭 짠다. 볼에 양념 재료를 넣고 섞은 후 호박고지를 넣어 조물조물 무친다.

3 달군 팬에 ②를 넣고 중간 불에서 5분간 볶은 후 불을 끄고 통깨, 참기름을 넣어 섞는다.

말린 고구마줄기볶음

2~3 인분 / 20~30분(+ 말린 고구마줄기 불리기 12시간)

재료 및 분량
- 말린 고구마줄기 25g
  (삶은 고구마줄기 200g)

양념
- 들깻가루 2큰술
- 국간장 1과 1/2큰술
- 들기름 2큰술
- 다진 마늘 2작은술
- 다진 대파 4작은술

1
말린 고구마줄기는 찬물에 헹군 후 미지근한 물(뜨거운 물 1컵 + 찬물 4컵)에 12시간 불리고 체에 밭쳐 물기를 뺀다.

2
냄비에 불린 고구마줄기와 물(5컵)을 넣어 센 불에서 끓어오르면 중간 불로 줄여 10분간 삶는다. 불을 끄고 2시간 동안 그대로 둔다. 체에 밭쳐 물기를 빼고 손으로 물기를 꼭 짠 다음 7cm 길이로 썬다.

3
볼에 양념 재료를 넣고 섞은 후 고구마줄기를 넣고 조물조물 무친다.

4
달군 팬에 ③을 넣고 중간 불에서 5분간 볶는다. 수분이 부족하면 물을 3큰술씩 넣어가며 부드러워질 때까지 10분간 볶는다.

말린 취나물볶음

2 인분 / 20~30분(+ 말린 취나물 불리기 3시간 + 쓴맛 빼기 1시간)

재료 및 분량
- 말린 취나물 20g(불린 취나물 120g)

양념
- 들깻가루 1큰술
- 다진 대파 1큰술
- 다진 마늘 1/2큰술
- 들기름 1큰술
- 국간장 2작은술

> 쓴맛을 빼는 동안 물을 3~4회 갈아주면 좋아요.

1
말린 취나물은 찬물에 헹군 후 미지근한 물(뜨거운 물 1컵 + 찬물 4컵)에 3시간 이상 불린 후 찬물에 헹군다.

2
냄비에 불린 취나물과 물(5컵)을 담고 센 불에서 끓어오르면 중간 불로 줄여 10분간 삶는다. 불을 끄고 1시간 그대로 두어 쓴맛을 뺀다.

3
찬물에 3~4회 헹궈 쓴맛을 뺀 후 체에 밭쳐 물기를 빼고 3등분한다.

4
볼에 양념 재료를 넣고 섞는다.

5
④의 볼에 ③의 취나물을 넣고 조물조물 무친다.

6
달군 팬에 ⑤를 넣고 중간 불에서 볶는다. 물기가 없고 양념이 탁탁 튀어오를 때마다 물을 3큰술씩 넣어가며 취나물이 부드러워질 때까지 5분간 볶는다.

말린 가지볶음

2~3 인분 / 15~25분(+ 말린 가지 불리기 2시간 + 아린 맛 빼기 30분)

재료 및 분량
- 말린 가지 20g(불린 가지 150g)

양념
- 국간장 1큰술
- 들기름 1큰술
- 들깻가루 2작은술
- 맛술 2작은술

> 아린 맛을 빼는 동안 물을 3~4회 갈아주면 좋아요.

1 말린 가지는 찬물에 한 번 헹군 후 미지근한 물(뜨거운 물 1 컵 + 찬물 4 컵)에 2시간 이상 부드러워질 때까지 불린다.

2 냄비에 불린 가지와 물(5컵)을 담고 센 불에서 끓어오르면 중간 불로 줄여 3~5분간 삶는다. 불을 끄고 30분간 그대로 두어 부드러워지면 찬물에 여러 번 헹궈 아린 맛을 뺀다. 체에 밭쳐 물기를 빼고 손으로 물기를 꼭 짠다.

3 볼에 양념 재료를 넣고 섞은 후 가지를 넣고 조물조물 무친다.

4 달군 팬에 ③을 넣고 중간 불에서 볶는다. 물기가 없고 양념이 탁탁 튀어오를 때마다 물을 3큰술씩 넣어가며 가지가 부드러워질 때까지 5분간 볶는다.

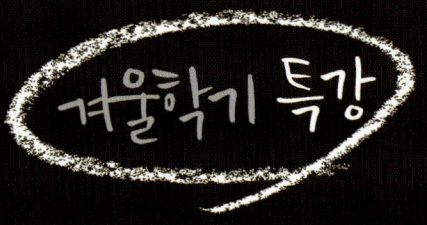
겨울학기 특강

초간단 맛탕

달걀푸딩

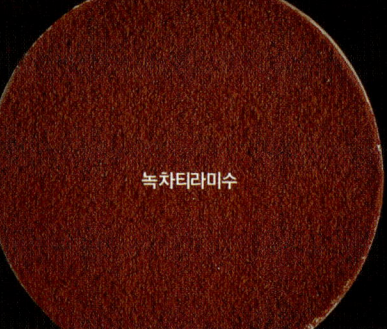
녹차티라미수

단팥퐁뒤

김선영이 추천하는
홈 파티에 어울리는
참 쉬운 디저트 4가지

초간단 맛탕
2~3인분 / 20~30분

> 젓가락으로 찔렀을 때 부드럽게 들어가면 잘 익은 거예요.

재료 및 분량
- 고구마 2개(400g)
- 설탕 1/2컵(75g)
- 식용유 5컵(1ℓ)
- 파마산 치즈 가루 약간

1 고구마는 껍질을 벗겨 사방 3cm 크기로 썬다.
2 깊은 팬에 고구마와 설탕을 넣고 손으로 비벼가며 골고루 버무린다.
3 ②의 팬에 식용유를 붓고 센 불에서 고구마를 노릇해질 때까지 튀긴다. 체에 밭쳐 탈탈 턴다.
4 완성 그릇에 담고 파마산 치즈 가루를 뿌린다.

★ **튀김 냄비 닦기**

고구마에 달라붙지 못한 설탕은 기름이 식으면서 굳는다. 기름은 따라내어 재활용하고 냄비는 뜨거운 물을 부어 설탕을 녹여 닦는다.

달걀푸딩

지름 7cm, 높이 5cm 용기 4개분 / 1시간~1시간 10분

재료 및 분량
- 달걀 2개
- 우유 2컵(400㎖)
- 설탕 8큰술(80g)

1. 오븐은 170℃(미니 오븐 동일)로 예열한다. 볼에 달걀을 넣고 거품기로 잘 푼다.
2. 냄비에 우유와 설탕을 넣고 60℃ 정도로 데워 따뜻해지면 불에서 내린다 (끓지 않고 따뜻한 정도).
3. ①의 달걀물에 ②의 데운 우유를 졸졸 흘려 넣어가며 젓는다.
4. 체에 두 번 내린다.
5. 푸딩 용기(지름 7cm, 높이 5cm)에 ④를 80%까지 담는다.
6. 오븐 팬에 뜨거운 물을 1/2 지점까지 붓고 ⑤를 넣은 후 오븐에서 55분간 굽는다.
   ★ 푸딩 용기의 크기에 따라 시간을 달리한다.

단팥퐁듸

2~3인분, 찹쌀떡 30개분 / 40~50분(+ 팥 불리기 6시간)

재료 및 분량
- 찹쌀가루 120g
- 소금 1/2작은술,
- 뜨거운 물 6큰술
- 삶은 밤 3개(생략 가능)
- 계핏가루 약간(생략 가능)

단팥소스
- 팥 100g
- 설탕 5큰술
- 팥물 1컵(200㎖)

1 팥은 씻어 6시간 이상 불린다. 냄비에 팥과 잠길 만큼의 물을 붓고 센 불에서 끓어오르면 1분간 데친 후 체에 밭쳐 물기를 뺀다.

2 냄비에 다시 팥과 물(6컵)을 넣고 중간 불에서 끓어오르면 35분간 팥이 부드러워질 때까지 삶는다. 중간중간 팥 거품을 제거한다.

3 체에 밭쳐 팥과 팥물을 분리하고 냄비에 단팥소스 재료를 넣어 저어가며 끓인다.

4 찹쌀떡 삶을 물(3컵)을 끓인다. 볼에 찹쌀가루, 소금을 넣어 섞은 다음 뜨거운 물을 1큰술씩 더해가며 익반죽하여 1.5cm 크기로 동그랗게 빚는다.

5 ④의 끓는 물에 반죽을 넣고 중간 불에서 끓이다가 찹쌀떡이 떠오르면 건져 찬물에 헹군다.

6 퐁듸 그릇에 따뜻하게 데운 ③의 단팥소스를 담고 4등분한 삶은 밤을 넣은 후 계핏가루를 뿌린다.

녹차티라미수

5~6조각 / 20~30분 (+ 냉장실에 두기 1시간)

재료 및 분량
- 실온에 둔 마스카르포네 치즈 1통(250g)
- 시판 카스텔라 5~6조각(75g)
- 생크림 4/5컵(160㎖)
- 달걀노른자 2개
- 설탕 4큰술
- 녹찻가루 1큰술(생략 가능)
- 코코아 가루(또는 타 먹는 초콜릿 가루, 생략 가능) 약간

커피 시럽
- 설탕 4큰술
- 시판 커피 가루(또는 에스프레소) 2큰술
- 뜨거운 물 1/2컵

1

3

5

6

1. 카스텔라는 0.7cm 두께로 썬 후 완성 그릇에 담는다.
   볼에 커피 시럽 재료를 넣어 섞은 후 카스텔라가 충분히 적셔지도록 바른다.
2. 볼에 생크림을 넣고 핸드 믹서의 거품기로 저어 뿔 모양이 되도록 거품을 낸다.
3. 다른 큰 볼에 달걀노른자, 설탕, 녹찻가루를 넣고 핸드 믹서의 거품기로 낮은 단에서 30초간 섞는다.
4. ③의 볼에 실온에 둔 마스카르포네 치즈를 넣고 핸드 믹서의 거품기로 낮은 단에서 골고루 섞일 때까지 30초간 섞는다.
5. ④에 ②의 생크림을 넣고 주걱으로 가르듯이 살살 섞는다.
6. ⑤의 녹차 치즈를 ①의 카스텔라에 올려 편 다음 냉장실에 1시간 이상 둔다. 먹기 전 고운체를 이용해 코코아 가루를 뿌린다.

★ **냉동 보관하기**
코코아 가루를 뿌리기 전 단계까지 진행하여 2주간 냉동 보관이 가능하다.
냉장실에서 자연 해동한 후 코코아 가루를 뿌려 먹는다.

★ **크림치즈로 만들기**
마스카르포네 치즈 대신 동량의 크림치즈(250g)를 넣는다. 나머지 과정은 동일하게 진행한다.

Index

ㄱㄴㄷ순으로 요리 찾기

ㄱ
간장양념 닭불고기 71
간장게장 76
갈비찜 168
갈치 무조림 164
감자 양파조림 140
감자채 파프리카볶음 133
개성식 돼지불고기 163
견과류 멸치김밥 83
고등어 김치조림 221
고사리나물 170
고추전 175
골뱅이 파무침과 소면 72
곰취장아찌 78
과일양념 삼겹살구이 95
궁중 약선 닭죽 146
김치 고기만두 278
깐풍새우 186
깻잎 된장절임 65
깻잎채 생선전조림 179
깻잎·대파채를 곁들인 삼겹살조림 52
깻잎장아찌 79
꽃게 양념무침 197
꽃새우 아욱된장국 130
꽈리고추 콩가루찜 111

ㄴ
낙지 미나리볶음 204
녹두전 282
녹차티라미수 300
느타리버섯볶음 180

ㄷ
단팥퐁뒤 299
단호박샐러드 263
달걀푸딩 298
달래 오이무침 19
닭고기 가지볶음 124
닭고기 두반장 채소볶음 191
닭볶음탕 178
대구 맑은탕 198
도라지 깻잎무침 90
도라지나물 171
두반장 오이피클 185
두부 새우볶음 222
뚝배기 달걀찜 34

ㅁ
마늘종 건새우볶음 134
마파두부 184
만두전골 280
말린 가지볶음 295
말린 고구마줄기볶음 293
말린 취나물볶음 294
매생이 굴떡국 257
매콤 쌀국수볶음 264
매콤 제육김밥 81
매콤한 꽁치 무조림 270
매콤한 돼지갈비찜 42
매콤한 아귀찜 192
맥적 286
메추리알 버섯조림 275
무말랭이 고춧잎무침 240
무생채 196
묵은지 맛 돼지고기 김치찜 66
미역 토마토무침 116

ㅂ
바삭한 멸치볶음 203
바지락살 강된장찌개와 쌈채소 30
바질 토마토떡볶이 59
방풍나물무침 70
배추 포기김치 214
백김치 216
버섯떡갈비 60
버섯 순두부 들깨탕 77
버섯불고기 135
보름 잡곡밥 292
봄나물 닭불고기피자 24
봄나물 해산물냉채 18
부추 달걀탕 209
부추잡채와 꽃빵 210
비빔냉면 93

ㅅ
사천식 가지볶음 139
새알심 팥국 246
새우 루콜라샌드위치 226
새우 브로콜리볶음 233
새우 크림소스 스파게티 26
새우 해파리냉채 105
새우전 173
생강소스 삼겹살찜 215
생선매운탕 54
샤부샤부 부대찌개 274
쇠고기 깻잎전골 99
쇠고기 달걀덮밥 123
쇠고기 뭇국 202
쇠고기 미역국 239
쇠고기샐러드 58
쇠고기샤부샤부 48
쇠고기장국 268
고기 반죽 172
숙주 셀러리 건새우전 104
숙주나물 40
순두부찌개 112
스테이크 & 와인소스 251
시금치 사과겉절이 244
시금치나물 170
쌀국수샐러드 252

ㅇ
아삭 깍두기 41
안동식 찜닭 258
애호박나물 128
양배추김치 144
양파장아찌 79
양파잼샌드위치 225
어리굴젓 256
어묵 가지볶음 110
어묵 꽈리고추조림 129
여름동치미 106
연근 새우무침 208
연근조림 190
영양부추무침 117
오이 미역냉국 138
오이 비트 무피클 25
오이고추무침 94
오징어 오이 두반장무침 47
오징어볶음 158
오징어전 174
와인 치킨조림 250
와인조림 김밥 82
우엉조림 157
유린기 262
육개장 20
LA갈비 양념구이 220

ㅈ
절임무 오징어젓갈무침 145
제육 고추장볶음 31
주꾸미볶음 36
중국식 채소절임 232
중화풍 냉잡채 100

ㅊ
차돌박이 감자 고추장찌개 88
차돌박이 두부조림 98
참나물 잔멸치볶음밥 35
참나물전 29
채소 들깨소스 무침 287
초간단 맛탕 297

ㅋ
케이준 치킨샌드위치 227
코다리강정 89
코다리조림 238
콩나물무침 40

ㅌ
토란대볶음 162

ㅍ
파래 무생채무침 269
파래자반볶음 273
팥칼국수 245
표고버섯 닭강정 64
푸딩 달걀찜 122

ㅎ
해물잡채 46
햇양파김치 53
호박고지나물 292
호박식혜 281
홍합 굴짬뽕 288
황태 양념구이 156
흑미 보양삼계탕 118
희한한 생선찜 234

종류별로 요리 찾기

나물류
고사리나물 170
도라지나물 171
말린 가지볶음 295
말린 고구마줄기볶음 293
말린 취나물볶음 294
숙주나물 40
시금치나물 170
애호박나물 128
콩나물무침 40
토란대볶음 162
호박고지나물 292

볶음 및 조림류
감자 양파조림 140
감자채 파프리카볶음 133
느타리버섯볶음 180
마늘종 건새우볶음 134
메추리알 버섯조림 275
바삭한 멸치볶음 203
어묵 가지볶음 110
어묵 꽈리고추조림 129
연근조림 190
우엉조림 157
파래자반볶음 273

장아찌, 절임 및 김치류
간장게장 76
곰취장아찌 78
깻잎 된장절임 65
깻잎장아찌 79
두반장 오이피클 185
배추 포기김치 214
백김치 216
아삭 깍두기 41
양배추김치 144
양파장아찌 79
어리굴젓 256
여름동치미 106
오이 비트 무피클 25
중국식 채소절임 232
햇양파김치 53

무침류
골뱅이 파무침과 소면 72
꽃게 양념무침 197
달래 오이무침 19
도라지 깻잎무침 90
무말랭이 고춧잎무침 240
무생채 196
미역 토마토무침 116
방풍나물무침 70
봄나물 해산물냉채 18
새우 해파리냉채 105
시금치 사과겉절이 244
연근 새우무침 208
영양부추무침 117
오이고추무침 94
오징어 오이 두반장무침 47
절임무 오징어젓갈무침 145
중화풍 냉잡채 100
채소 들깨소스 무침 287
파래 무생채무침 269

볶음 및 튀김류
간장양념 닭불고기 71
개성식 돼지불고기 163
깐풍새우 186
낙지 미나리볶음 204
닭고기 가지볶음 124
닭고기 두반장 채소볶음 191
닭볶음탕 178
두부 새우볶음 222
버섯불고기 135
사천식 가지볶음 139
새우 브로콜리볶음 233
오징어볶음 158
유린기 262
제육 고추장볶음 31
주꾸미볶음 36
코다리강정 89
표고버섯 닭강정 64
해물잡채 46

구이 및 전류
고기 반죽 172
고추전 175
과일양념 삼겹살구이 95
녹두전 282
맥적 286
버섯떡갈비 60
새우전 173
숙주 셀러리 건새우전 104
오징어전 174
참나물전 29
황태 양념구이 156
LA갈비 양념구이 220

찜 및 조림류
갈비찜 168
갈치 무조림 164
고등어 김치조림 221
깻잎새 생선전조림 179
깻잎·대파채를
곁들인 삼겹살조림 52
꽈리고추 콩가루찜 111
뚝배기 달걀찜 34
마파두부 184
매콤한 꽁치 무조림 270
매콤한 돼지갈비찜 42
묵은지 맛돼지고기 김치찜 66
생강소스 삼겹살찜 215
매콤한 아귀찜 192
안동식 찜닭 258
차돌박이 두부조림 98
코다리조림 238
푸딩 달걀찜 122
희한한 생선찜 234

국, 찌개, 탕
꽃새우 아욱된장국 130
대구 맑은탕 198
만두전골 280
바지락살 강된장찌개와
쌈채소 30
버섯 순두부 들깨탕 77
부추 달걀탕 209
생선매운탕 54
샤부샤부 부대찌개 274
쇠고기 깻잎전골 99
쇠고기 뭇국 202

쇠고기 미역국 239
쇠고기샤부샤부 48
쇠고기 장국 268
순두부찌개 112
오이 미역냉국 138
육개장 20
차돌박이 감자 고추장찌개 88

일품요리
견과류 멸치김밥 83
궁중 약선 닭죽 146
김치 고기만두 278
매생이 굴떡국 257
매콤 쌀국수볶음 264
매콤 제육김밥 81
바질 토마토떡볶이 59
봄나물 닭불고기피자 24
부추잡채와 꽃빵 210
비빔냉면 93
새알심 팥죽 246
새우 루콜라샌드위치 226
새우 크림소스 스파게티 26
쇠고기 달걀덮밥 123
쇠고기샐러드 58
스테이크 & 와인소스 251
쌀국수샐러드 252
양파잼샌드위치 225
와인 치킨조림 250
와인조림 김밥 82
참나물 잔멸치볶음밥 35
케이준 치킨샌드위치 227
팥칼국수 245
홍합 굴짬뽕 288
흑미 보양삼계탕 118

기타
녹차티라미수 300
단팥퐁뒤 299
단호박샐러드 263
달걀푸딩 298
보름 잡곡밥 292
초간단 맛탕 297
호박식혜 281

재료별로 요리 찾기

채소류
감자 양파조림 140
감자채 파프리카볶음 133
고사리나물 170
고추전 175
곰취장아찌 78
깻잎 된장절임 65
깻잎장아찌 79
꽃새우 아욱된장국 130
꽈리고추 콩가루찜 111
느타리버섯볶음 180
단호박샐러드 263
달래 오이무침 19
도라지 깻잎무침 90
도라지나물 171
두반장 오이피클 185
마늘종 건새우볶음 134
말린 가지볶음 295
말린 고구마줄기볶음 293
말린 취나물볶음 294
무말랭이 고춧잎무침 240
무생채 196
미역 토마토무침 116
바질 토마토떡볶이 59
방풍나물무침 70
배추 포기김치 214
백김치 216
사천식 가지볶음 139
숙주 셀러리 건새우전 104
숙주나물 40
시금치 사과겉절이 244
시금치나물 170
아삭 깍두기 41
애호박나물 128
양배추김치 144
양파장아찌 79
여름동치미 106
연근 새우무침 208
연근조림 190
영양부추무침 117
오이 미역냉국 138
오이 비트 무피클 25
오이고추무침 94
우엉조림 157
절임무 오징어젓갈무침 145
중국식 채소절임 232
참나물전 29

채소 들깨소스 무침 287
초간단 맛탕 297
콩나물무침 40
토란대볶음 162
파래 무생채무침 269
햇양파김치 53
호박고지나물 292

달걀, 두부, 어묵
달걀푸딩 298
두부 새우볶음 222
뚝배기 달걀찜 34
마파두부 184
메추리알 버섯조림 275
버섯 순두부 들깨탕 77
부추 달걀탕 209
순두부찌개 112
어묵 가지볶음 110
어묵 꽈리고추조림 129
푸딩 달걀찜 122

닭고기류
간장양념 닭불고기 71
궁중 약선 닭죽 146
닭고기 가지볶음 124
닭고기 두반장 채소볶음 191
닭볶음탕 178
봄나물 닭불고기피자 24
안동식 찜닭 258
와인 치킨조림 251
유린기 262
케이준 치킨샌드위치 227
표고버섯 닭강정 64
흑미 보양삼계탕 118

돼지고기
개성식 돼지불고기 163
과일양념 삼겹살구이 95
김치 고기만두 278
깻잎·대파채를 곁들인
삼겹살조림 52
녹두전 282
만두전골 280
매콤 제육김밥 81
매콤한 돼지갈비찜 42
묵은지 맛 돼지고기 김치찜 66
부추잡채와 꽃빵 210

생강소스 삼겹살찜 215
제육 고추장볶음 31

쇠고기
갈비찜 168
고기 반죽 172
맥적 286
버섯떡갈비 60
버섯불고기 135
샤부샤부 부대찌개 274
쇠고기 깻잎전골 99
쇠고기 달걀덮밥 123
쇠고기 뭇국 202
쇠고기 미역국 239
쇠고기샐러드 58
쇠고기샤부샤부 48
쇠고기장국 268
스테이크 & 와인소스 251
육개장 20
중화풍 냉잡채 100
차돌박이 감자 고추장찌개 88
차돌박이 두부조림 98
LA갈비 양념구이 220

생선
갈치 무조림 164
고등어 김치조림 221
깻잎채 생선전조림 179
대구 맑은탕 198
매콤한 꽁치 무조림 270
생선매운탕 54
매콤한 아귀찜 192
코다리강정 89
코다리조림 238
황태 양념구이 156
희한한 생선찜 234

오징어, 주꾸미, 낙지
낙지 미나리볶음 204
매콤 쌀국수볶음 264
봄나물 해산물냉채 18
오징어 오이 두반장무침 47
오징어볶음 158
오징어전 174
주꾸미볶음 36
해물잡채 46

꽃게, 새우
간장게장 76
깐풍새우 186
꽃게 양념무침 197
새우 루콜라샌드위치 226
새우 브로콜리볶음 233
새우 크림소스 스파게티 26
새우 해파리냉채 105
새우전 173
쌀국수샐러드 252

굴, 조개, 해조류
매생이 굴떡국 257
바지락살 강된장찌개와
쌈채소 30
어리굴젓 256
파래자반볶음 273
홍합 굴짬뽕 288

기타
견과류 멸치김밥 83
골뱅이 파무침과 소면 72
녹차티라미수 300
단팥퐁뒤 300
바삭한 멸치볶음 203
보름 잡곡밥 292
비빔냉면 93
양파잼샌드위치 225
와인조림 김밥 82
참나물 잔멸치볶음밥 35
새알심 팥죽 246
팥칼국수 245
호박식혜 281

303

당신의 작은 행복을 위한 감성 공작소
레시피팩토리

매일 즐거운 이야기가 오고가는 SNS

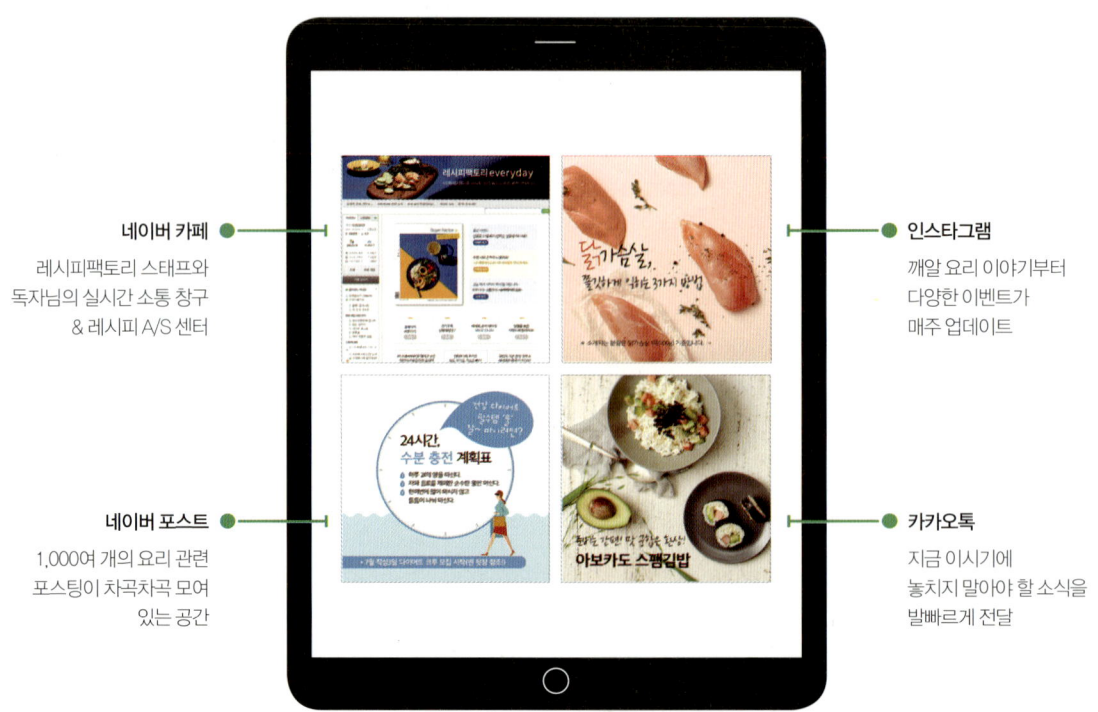

● 네이버 카페
레시피팩토리 스태프와
독자님의 실시간 소통 창구
& 레시피 A/S 센터

● 인스타그램
깨알 요리 이야기부터
다양한 이벤트가
매주 업데이트

● 네이버 포스트
1,000여 개의 요리 관련
포스팅이 차곡차곡 모여
있는 공간

● 카카오톡
지금 이 시기에
놓치지 말아야 할 소식을
발빠르게 전달

―― Online Channel ――

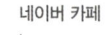
네이버 카페
cafe.naver.com/
superecipe

네이버 포스트
레시피팩토리
everyday

네이버TV
레시피팩토리
TV

유튜브
레시피팩토리
TV

카카오톡
레시피팩토리
everyday

카카오스토리
레시피팩토리
everyday

인스타그램
@recipefactory

페이스북
레시피팩토리
everyday

레시피팩토리는 다양한 SNS 채널과 요리책을 통해 행복 레시피를 전합니다.
요리와 영양 전문가들이 믿고 따라 할 수 있는 레시피를 개발하며, 항상 독자님의 가까이에서 소통하고자 합니다.
★ 레시피팩토리 스토어(www.recipefactory-store.co.kr)에서 더 많은 책을 만나보세요.

함께 소장하면 더 가치 있는 요리책

국민 요리책이자 요리 교과서,
320여개의 기본 요리

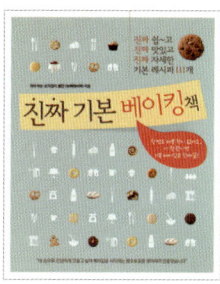

특별한 재료와 도구가 없어도
따라 하면 성공하는 베이킹

간식, 식사, 도시락, 홈파티 등
상황에 따른 다양한 샌드위치

소문난 치킨 맛집 레시피 & 나만의
치킨을 찾는 마니아를 위한 필독서

어렵게만 느껴졌던 파스타,
따뜻한 집밥으로의 변신

성장기 아이들이 잘 먹는
영양 가득한 아침 식사 80개

몸과 마음이 편안해지는
가정식 버전의 사찰음식

김밥 기본 & 나만의 김밥을 만들
수 있는 레시피와 응용 아이디어!

문화센터 인기요리수업 한 권으로 끝내기

1판 1쇄 펴낸 날 2015년 11월 30일
1판 4쇄 펴낸 날 2018년 8월 27일

편집장	이소민
책임편집	김유진
편집	김진희·김진우·송미라
레시피 검증	배정은·백운숙·김지나·장연희
아트 디렉터	원유경
디자인	조운희
사진	이지아
스타일링	김형남(어시스턴트 임수영)
요리 어시스턴트	김윤희
교정	전남희
마케팅	송지윤·이솔지
영업·관리	염금미·윤혜영
고문	조준일
펴낸이	박성주
펴낸곳	(주)레시피팩토리
주소	서울특별시 송파구 올림픽로 35가길 10 (잠실더샵스타파크) B동 408호, 409호
독자센터	1544-7051
팩스	02-534-7019
홈페이지	www.recipe-factory.co.kr
독자카페	cafe.naver.com/superecipe
출판신고	2009년 1월 28일 제25100-2009-000038호
제작·인쇄	(주)대한프린테크

값 15,800원

ISBN 979-11-85473-11-6

Copyright ⓒ 김선영
이 책은 저작권법 및 저자와 (주)레시피팩토리의 독점계약에 의해 보호받는
저작물이므로 이 책에 실린 글, 레시피, 사진의 무단 전재와 무단 복제를 금합니다.

* 인쇄 및 제본에 이상이 있는 책은 구입하신 서점에서 교환해 드립니다.

소품 협찬
윤현핸즈, 봉주르키친(bonjourkitchen.com), 마페씽(mfts.co.kr), 광주요(ekwangjuyo.com), 르쿠르제(e-lecreuset.co.kr)